KB212730

아르케
북스
036

빅터 터너의

제의에서 연극으로 놀이의 인간적 진지성

초판1쇄 발행 2014년 12월 30일

지은이 빅터 터너
옮긴이 김익두 · 이기우 **펴낸이** 홍기원
편집주간 박호원 **총괄** 홍종화
편집 · 디자인 오경희 · 조정화 · 오성현 · 신나래
정고은 · 김선아 · 이효진
관리 박정대 · 최기엽
펴낸곳 민속원 **출판등록** 제18-1호
주소 서울 마포구 대흥동 337-25 **전화** 02) 804-3320, 805-3320, 806-3320(代) **팩스** 02) 802-3346
이메일 minsok1@chollian.net, minsokwon@naver.com
홈페이지 www.minsokwon.com

ISBN 978-89-285-0683-5
SET 978-89-285-0359-9 94380

이 도서의 국립중앙도서관 출판시도서목록(CIP)은 서지정보유통지원시스템 홈페이지(http://seoji.nl.go.kr)와
국가자료공동목록시스템(http://www.nl.go.kr/kolisnet)에서 이용하실 수 있습니다. (CIP제어번호 : CIP2014036304)

책 값은 뒤표지에 있습니다.
잘못된 책은 바꾸어 드립니다.

민속원 아르케북스 036 minsokwon archebooks

빅터 터너의

제의에서 연극으로

놀이의 인간적 진지성

| 빅터 터너 지음 |

| 김익두 · 이기우 옮김 |

민속원

옮긴이의 말

이 책은 출판된 지 한 세대가 지났음에도 불구하고, 여전히 새로운 세기를 향해 강력한 빛을 던져주고 있다. 아니, 오히려 지금에 와서 그 빛은 더욱 더 눈부셔지고 있다. 인문학의 빛은 자못 이런 것인가 하는 생각이 든다. 그리고 이토록 눈부신 빛을 이 책에 담아놓은 저자 빅터 터너 선생의 사려 깊은 사유와 학문과 그 속에서 열리고 있는 21세기적 비전에 대해, 다시 한 번 찬탄의 마음을 금할 수가 없게 된다. 특히, 개인적으로는 소수민족인 아일랜드계 캘트족 가문 출신인 그가 견지하고 있는 민족적 자주정신에 역자는 깊은 감동과 격려를 받은 바 있다. 저자는 아일랜드에서 스코틀랜드로 이주한 켈트족 가문 출신으로 스코틀랜드의 전기 기술자였던 부친과 열렬한 민족주의 연극배우였던 모친 사이에서 태어나, 잉글랜드 남쪽 오지인 본머스의 아름다운 바닷가에 있던 조부모 집에서 어린 시절을 보내면서 꿈을 키운 후, 인류학의 길을 걷게 되었다.

이 책은 비록 다른 책들에 비해 그 분량은 많지 않은 비교적 작은 책자에 불과하지만, 그 속에 담긴 사유의 깊이와 폭과 수준의 면에서는, 역자가 본 그 어떤 현대 인문·사회학의 논저들보다도 탁월한 책이라고 확신한다. 이 책은 묘하게 문장 자체가 매우 문학적이고 상징적이다. 논리적인 문장을 읽으면서, 마치 매우 비유적이고 상징적인 산문 문학의 정수인, 라이너 마리아 릴케의 산문을 읽는 것과 같은 착각을 느끼게 되는 것은 역자만일까.

이 책의 문장들은 매우 복잡하고 길다. 이것은 그 속에 저자의 사고의 깊이와 폭과 복잡성을 반영하고 있기 때문이라고 할 수가 있을 것이다. 이런 문장들을 번역함에 있어서는, 조금 답답하긴 하더라도, 그것을 임의대로 자르거나 분해하는 식의 번역, 혹은 본의에서 벗어난 지나친 의역은 결코 바람직하지 않다고 생각된다. 이런 생각에서, 본서는 원저의 문맥을 거의 그대로 살리는 방향으로 번역하였다. 독자들은 이 책의 문장들을 읽으면서 저자 특유의 만연체 문장들 속에서 빛을 발하는 현학적이면서도 미묘한 의미의 굴곡들을 행복하게 즐길 수가 있을 것이다. 이 책의 가장 훌륭한 장점은 바로 이렇게 인문·사회학적 사유의 질과 수준을 드높여주는 매우 탁월한 기회를 제공해준다는 점이다.

그동안 이 책은 역자가 번역한 학술서적들 중에서 아마도 가장 많이 읽힌 책이 아닌가 한다. 아무쪼록, 독자들에게 빅터 터너의 학문적 사유의 세계에 좀 더 수월하게 다가갈 수 있는 계기가 되었으면 한다. 그동안 이 책을 사랑해주신 독자 여러 분들, 그리고 이 책을 출판해 주시는 민속원의 홍종화 사장님께도 이 자리를 빌려 다시 한 번 깊은 감사의 마을을 표하고자 한다.

2014년 여름

전주, 건지원 연구실에서

김익두

간행에 부쳐

공연이란 무엇인가? 놀이란 무엇인가? 연주회란 무엇인가? 우리는 TV에서 무엇을 보는가? 서커스와 카니발이란 무엇이고 거기서 우리는 무엇을 보는가? 누군가에 의해 하게 되는 대통령의 기자회견은 무엇이며 우리는 거기서 무엇을 보는가? 대중매체가 그리는 바와 같은 로마교황의 촬영 모습은 무엇이며 리 하비 오스왈드Lee Harvey Oswald가 케네디를 저격하는 장면의 녹화 재생은 무엇인가? 이러한 이벤트들은 제의, 브로츠와프Wroclaw*밖의 숲속에서 그로토프스키와 지내는 한 주일, 혹은 발리섬 펠리아탄Peliatan에서 공연되는 가면무용극 토펭Topeng 등과 어떤 관련이 있는가?

공연performance이라고 하는 것은 이제 정의를 내리거나 위치를 정하기가 어렵게 되었다. 그 개념과 구조는 도처에서 각양각색으로 나타나고 있다. 그것은 민족적이면서도 문화상호적이고, 역사적이면서도 비역사적이며, 미학적이면서도 제의적이고, 사회학적이면서도 정치적이다. 공연은 일종의 행위양식, 일종의 체험에의 접근방법이다. 즉 그것은 놀이 · 스포츠 · 미학 · 대중오락 · 실험극 등의 것들이다. 그러나 폭넓은 시야에서 공연을 발전시키기 위해서는 그것에 관한 정확하고도 아주 치밀한 글쓰기가 행해져야만 한다. 이 시리즈의 편집자들은 이것을 공연의 본질, 공연이 작동하는 방법, 그리고 탈현대사회에서의 공연의 위상 등을 탐색하는 하나의 공개토론회로서 기획하였다. 비록 이 시리즈에 실린 전공논문들 중의 어떤 것은 이러한 여러 분야들 중의 어느 한 분야 혹은 그 이상의 분야들을 통합하고 있기는 할지라도, 공연학Performance Studies이라고 하는

* 폴란드 돌노실롱스키에 주의 주 수도. 독일어로는 브레슬라우(Breslau)이다. 오데르강 연안에 있으며, 10세기에 블라디슬라프 1세에 의해 건설되었다. 이곳에서 폴란드의 연극 연출가 예르지 그로토프스키가 유명한 '가난한 연극(poor theatre)'의 연극실험을 하였다.

것은, 적당하게 연극적이고, 영화적이고, 인류학적이고 예술적인 것은 아니다. 우리는 공연학에로의 새로운 접근방법을 촉진하고자 하기에, 새로운 연구 작업들을 통합하기 위해서 이 시리즈를 자유해답식의 시리즈로 개방해 두고자 한다. 우리는 이 시리즈가, 이 분야 — 서커스로부터 마부 마인즈Mabou Mines에 이르기까지, 로데오 경기로부터 각종 치료의식에 이르기까지, 남아프리카 흑인들의 공연으로부터 유니언 시Union City의 그리스도 수난극Passion Play에 이르기까지 — 의 폭과 깊이와 자질을 가늠하게 되기를 바란다. 공연학은, 공연의 개념들을 확장하고 심화시키고자 하는 연극인들을 위한 것뿐만 아니라, 여러 다른 공연 영역들에서 연구하고 있는 사람들을 위해서도 가치가 있을 것이다.

브룩스 맥나마라 · 리차드 셰크너

일러두기

- 원서의 형식문단들은 매우 길어서, 우리가 일반적으로 하나의 형식문단으로 이해하는 범위를 훨씬 넘어서는 경우가 많기 때문에, 역자의 생각에 따라 하나의 긴 형식문단을 몇 개로 나누어 처리하였다.
- 원서에는 각주가 전혀 없으나, 독자들의 이해를 돕기 위해 역자가 필요하다고 판단되는 각주들을 각 페이지 하단에 붙이기로 하였다.
- 본문의 각주는 아라비아 숫자를 붙여 표시하고, 본문 이외의 각주는 *를 붙여 표시하였다.
- 원저자가 강조한 부분은 굵은 글자로 표시하고, 그 바로 뒤에 ( )를 두어 그 안에 '저자 강조'라는 말을 붙여 두었다.
- 이 책의 원문에는 표시되어 있지 않으나, 역자가 볼 때 이 책의 이해를 위해 매우 중요하다고 판단되는 용어들은 굵은 글자로 표시하여, 독자들의 이해를 돕고자 했다.
- 따옴표(' ', " ") 부분은 그 실제 성격에 따라 따옴표 혹은 다른 기호로 번역·처리하였다.
- 원문의 ( )안에 있는 구절들은 경우에 따라 '—특히 그의 공상과학 소설들—' 등과 같이 맞줄표로 바꾸어 번역하기도 하였다.

차례

서론

서론

이 책에 실린 논문들은, 제의적 공연ritual performance에 대한 전통 인류학적 연구로부터 현대연극 특히 실험극에 대한 활발한 관심에 이르기까지의, 내 개인적인 발견의 여정들을 기록하고 있다. 그러나 어떤 면에서 보면 이 여정은 또한 '박해 받은 자들이 고향으로 돌아가는 귀환'의 과정이기도 하다.

나의 어머니 바이올렛 위터Violet Witter는 글래스고우Glasgow[1]-에 설립된 스코틀랜드 민족극장Scottish National Theater 창설 멤버의 중의 한 사람이자 이 극장의 배우였다. 1920년대에 이 극장은 비록 더블린의 위대한 극장인 애비극장Abbey Theater[2]-에 견줄 만한 것은 못되었어도, 그 극장과 대등한 수준에 도달하는 것을 목표로 삼고 있었다. 슬프게도, 노르만인들Norman[3]-과 캘빈주의자들에 의해 오염된 스코틀랜드 켈트족들Scots Celts[4]-은, 해방전쟁으로 가열된 아일랜드 민족주의자들의 웅변이나 강렬하고 초월적인 주장들, 그리고 아일랜드의 풍요한 서정 시인들과 극작가들을 흉내 낼 수는 없었다.

1_ 스코틀랜드 남서부의 항구.
2_ 아일랜드의 수도 더블린에 있는 극장. 1904년 이후 아일랜드 연극운동의 중심적인 역할을 했다. 예이츠, 그레고리 여사, 싱, 오케이시 등 우수한 아일랜드 작가들이 여기서 배출되었다.
3_ 10세기경 북프랑스 등에 침입한 스칸디나비아 출신의 북유럽 부족.
4_ 6세기경 아일랜드에서 스코틀랜드로 이주한 켈트족. 아리안 인종의 한 분파로 아일랜드 웨일즈 및 스코틀랜드 고지대에 분포함. 저자는 이 스코틀랜드 켈트족이 바로 저자의 민족적 혈통임을 은연중에 강조하고 있다.

그래서 글래스고우에 설립되었던 스코틀랜드 민족극장은 곧 손을 들고 말았다. 그러나 나의 어머니는 끝까지 이 극장의 멤버로 남아 있었으며, 루스 드래퍼[5]_ 처럼, 핸릭 입센・버나드 쇼・스트린드베리・오케이시[6]_・올리브 슈라이너[7]_・로버트 번즈[8]_(「아무리 그래도a Man's a Man for a' That」)와 같은 문인들의 반항적인 목소리들로부터 자기의 공연 목록들을 뽑아내어, 단독으로 공연을 하곤 했다. 그녀는 페미니스트다운 점이 있었다. 그녀가 맡아 하는 배역들 중에는, '위대한 연극들로부터 가려낸 위대한 여성들'이란 표제를 붙인 발췌 선집도 있었다. 이 선집에 들어 있는 그녀의 배역 인물들은, 유리피데스의 작품 속에 나오는 등장인물들로부터, 셰익스피어・웹스터[9]_・콩그리브[10]_・위철리[11]_ 같은 작가들의 작품에 나오는 등장인물들을 거쳐, 제임스 베리[12]_・피오우너 맥리오드(실제로는 문필업을 하는 켈트족 사람으로, 남장을 한 비평가 윌암 샤프William Sharp)[13]_ 작품의 등장인물들, 심지어 클래멘스 데인Clemence Dane(셰익스피어의 작품 속에 나오는 엘리자베스 여왕) 및 앞에서 거론한 버나드 쇼의 '위대한 캐더린Great Catherine'・'캔디다Candida'와 같은 일군의 '현대인' 등장인물들까지 망라하고 있었다. 이러한 배역 인물들 속에서 되풀이되는 그녀의 테마는, 여성적 카리스마 즉 내로라하는 지배적 남성들을 위협할 수 있는 타고난 의지의 여왕다움이었다.

그러나 나의 아버지는 전자 기술자로, 텔레비전 기술의 개척자인 존 로건 베어드[14]_

5_ 루스 드래퍼(Ruth Draper, 1884~1956). 미국의 성격 여배우. 혼자서 자작극 속의 모든 등장인물들의 배역을 연기했음.
6_ 오케이시(Sean O'Casey, 1880~1964). 아일랜드의 극작가.
7_ 올리브 슈라이너(Olive Schreiner, 1862~1920). 영국의 여류 소설가 여권신장론자.
8_ 로버트 번즈(Robert Burns, 1759~1796). 스코틀랜드의 시인. 스코틀랜드 남부의 빈촌에서 농부의 아들로 출생. 애국심이 강했던 그는 옛 민요를 수집 가필하여 애국심에 불타는 많은 민요시를 썼다. 「아무리 그래도(a Man's a Man for a' That)」는 그의 시 중의 하나로서, 계급을 초월한 평등하고 순수한 감각과 가치를 노래하고 있다.
9_ 존 웹스터(John Webster, 1580~1625?). 영국의 극작가.
10_ 윌리엄 콩그리브(William Congreve, 1670~1729). 영국의 풍속희극 작가.
11_ 윌리엄 위철리(William Wycherly, 1640~1716?). 영국의 극작가. 시인.
12_ 제임스 베리(Sir James Matthew Barrie, 1860~1937). 스코틀랜드의 극작가. 소설가.
13_ 피오우너 맥리오드(Fiona McLeod, 1855?~1905). 스코틀랜드의 시인. 비평가.
14_ 존 로건 베어드(John Logan Baird, 1888~1946). 영국의 발명가, 텔레비전 개발자.

와 함께 일했던 발명 사업가였다. 그는 한 번 만난 적이 있는 웰즈H. G. Wells의 소설들 — 특히 그의 공상 과학소설들 — 을 아주 좋아하긴 했지만, 연극에 관한 흥미나 통찰력은 거의 없었다.

결국, 나의 부모의 이 서로 다른 '두 문화'는 시인 키플링Joesph Rudyard Kipling(1865~1936)[15]- 이 말한 '동쪽과 서쪽East and West' 이상으로 '서로 화합하기 힘든' 것이었다. 이분들이 이혼을 하게 되자, 나는 잉글랜드 남쪽 오지奧地인 본머스Bournemouth에서 은둔생활을 하시던 할아버지 · 할머니 식구들과 함께 살게 되었고, 이때 내 나이 비록 11살이었지만, 이미 열렬한 스코틀랜드의 민족주의자가 되었다. 나의 할아버지 · 할머니가 사시던 이 바닷가는, 비록 베를렌느 · 랭보 · 월터 스코트Walter Scott · 톨스토이 · 로버트 루이스 스티븐슨Robert Louis Stevenson · 제임스 얼로이 플렉커James Elroy Flecker 및 이 밖에 이들보다 덜 유명한 다른 작가들에 의해서도 이따금씩 아름답게 미화되어 오기는 했지만, 정말 이곳의 자연 — 이곳의 문화가 아니라, 이곳의 바다 경치와 곶串과 근처의 삼림지대인 뉴 포레스트New Forest[16]-와 이곳의 향기로운 소나무들과 같은 것들 — 에 나는 깊은 감동을 받게 되었다.

나는 어머니 · 아버지로부터 완전히 떨어져서 — 나의 어머니는 가까스로 '자유학교Free School'[17]-의 젊은 숙녀들에게 델사르트[18]-의 원리와 웅변술을 가르치면서 남부 잉글랜드를 돌아다니셨고, 나의 아버지는 '1930년대의 공황'으로 인하여 스코틀랜드에서 파산하여 '빈털터리가 되셨다' — 예술과 과학, 그리고 스포츠와 여러 고전 작품들을 이리저리 맛보고 다녔다. 나는 열두 살 때 「살라미스Salamis」[19]-란 제목의 시를 써서 학교에

15_ 영국의 작가, 1907년 노벨문학상을 수상함.

16_ 영국의 잉글랜드 남부, 햄프셔주(Hampshire) 서남부의 삼림지대로, 국립공원으로 지정되어 있음.

17_ 전통적인 교수법에 구애받지 않고 학생이 흥미 있는 과목을 자유로이 배우는 학교.

18_ 프랑스의 음악가 음악교사 프링스와 델사르트(Francois Delsa'rte, 1811~71). 동작 · 몸의 움직임으로써 음악적 · 연극적인 표현을 향상시키려고 델사르트가 창안해낸 체조법을 델사르트 메소드(Delsa'rte Me'thod) 또는 델사르트 시스템(Delsa'rte System)이라 함.

19_ ① 그리스 동남 해안 먼 바다, 아테네 서쪽, 아이기나 만에 있는 섬. ② 지중해와 사이프러스 섬에 있던 고대도시. ③ 그리스 신화의 아소포스(Asopus)와 메토페(Metope) 사이의 딸로서, 포세이돈(Poseidon)과의 사이에 아들 키크레우스(Cychreus)를 낳았음.

서 상을 받게 되었다. 이로 인하여 나는 여러 해 동안 친구들의 놀림을 받았는데, 나는 이러한 감수성의 오명에서 벗어나기 위해 매우 격렬한 축구와 크리킷 선수로 활동하면서, 사람들의 주의를 끌려고 노력하기도 했다. 그래서 나는 쑥스럽게도 '탱크'라는 자랑스러운 별명도 얻었다.

그 후 머지않아 나는, 19세기 '자연과학'의 모델에 의지해서 '문화과학'을 촉진시키려는 사람들과 '우리'(서구인들)이 '타자'(비서구인들)과 인간성을 공유할 수 있는 방법을 찾으려는 사람들 사이에서, 어렵게 균형을 잡고 있는 학문 분야인 인류학에 관심을 갖게 되어, 인류학자의 길을 가게 되었다. 이것은 결코 놀라운 일이 아니다. 자연과학은 일의적一義的인 물질주의에 의거해서 의견을 제시하고, 문화과학은 상호적인 커뮤니케이션에 의거해서 의견을 제시한다. 이 접근 방법들은 우리에게 둘 다 필요한 것이다. 우리는 구체적인 시공간 속에서 살고 있는 여러 인간 집단들의 문화적 표현이 어떻게 왜 서로 비슷하면서도 다른가를 알려고 노력하지 않으면 안 된다. 우리는 또한 모든 남성과 여성들이 서로를 이해할 수 있는 방법과 그 근거들을 탐구해야만 한다. 맨 처음에 나는, 영국의 경험주의 철학자들인 존 로크와 T. E. 흄의 후예일 뿐만 아니라, 프랑스 실증주의자인 콩트와 뒤르껭의 후예이기도 한, 영국의 '구조 - 기능주의자들structural-functionalists'의 가르침도 받았다. 이론뿐인 마르크스주의자들은, 1950년대의 의심할 나위 없는 이데올로기 — 전전戰前의 인류학자들에게 있어서는 식민정책이고, 오늘날에 와서는 신제국주의 이데올로기 — 를 '과학적'으로 객관화하기 위한 학문이었던 '구조 - 기능주의'를 '이용하여', 아프리카 · 말레이시아 · 오세아니아의 여러 마을 '주민들people'의 세계에 접근해 들어가서 생활한 우리들에게 비난의 화살을 퍼부었다. 이 완고한 현대판 '의회당원들Roundheads'[20]은 권력에만 관심을 기울인 나머지, 직접적으로 '체험'되는 인생의 다층적 복합성(즉, 아이러니 · 용서 · 화해 가능성 등)을 감지하지 못했다.

나의 현지조사 훈련은 나의 내부에 있는 자연과학자적 천성 즉 아버지에게서 물려

20_ 영국 17세기의 내란 때 반국왕파로서 머리를 짧게 깎은 청교도들의 별명. 여기서는 맑시스트들을 가리킴.

받은 천성을 일깨워 주었고, 나의 현지조사 체험은 어머니에게서 물려받은 연극적 천성을 소생시켜 주었다. 나는 내가 '사회극social drama'이라고 명명한, 일련의 기술記述과 분석의 단위를 창안해 냄으로써, 이 두 가지 천성을 내 안에서 화합시켰다. 현장에 있었다는 점에서, 우리 가족과 나는 어떤 '상아탑' 속에서도 살지를 않았다. 약 3년 동안을 우리는, 대개 응뎀부족Ndembu・람바족Lamba・코사족Kosa・기수족Gisu 등의 아프리카 오막살이 초가집에서 보냈다. 이러한 부족사회에서는, '드라마'와 비슷한 어떤 것이 사회생활의 표면으로까지 매우 특이한 방법으로 드러나고 또 분출되어 나오곤 하였다.

이러한 **'사회극'**[21]-에 관해서, 나는 내가 부모에게서 물려받은 천성을 통해서 다음과 같은 것들을 파악할 수 있었다. 첫째, 나는 (아버지에게서 물려받은) 나의 과학자적 천성을 통해서 (친족적인 결속관계, 구조적인 위치, 사회적 계층, 정치적 지위와 같은) 연기자들 사이의 분류학적인 여러 관계들, 그들의 관심사와 우정의 동시대적 결속과 대립, 그들의 개인적인 결속관계와 비공식적인 여러 관계들을 파악했다. 둘째, 나는 (어머니에게서 물려받은) 나의 예술가적 천성을 통해서, 개성・인간 스타일・수사적 재능・도덕적 미학적 특징들 및 다른 여러 가지 선택의 기회들을 파악했다. 무엇보다도, 사회극은 나에게 인간적인 커뮤니케이션에 있어서의 '상징의 힘'을 일깨워 주었다. 이 힘은 우리가 공유하는 음성언어와 문자언어의 어휘 목록과 문법 속에 내재해 있을 뿐만 아니라, 은유・환유・모순어법・'현명한 수사修辭wise words'(서부 아파치족의 발화방식) 등과 같은 설득적인 비유와 수사법을 통한 개인의 교묘한 혹은 시적인 재능 속에도 내재해 있다. 그러나 그 어떤 것도, 그 어느 누구도, 언어에 제한된 상징들을 통한 커뮤니케이션만을 고집할 수는 없다. 각 문화 및 그 속에 살고 있는 사람들 각자는, 어떤 메시지들을 전달하기 위해서 지각 전체의 레퍼토리들을 두루 활용하기 때문이다. 개인적인 레벨에서는 손짓・얼굴 표현・신체 자세・호흡의 완급 경중・눈물 등의 목록들을 사용하고, 문화적

21_ 이 책에서 계속해서 반복적으로 사용될 이 '사회극(social drama)'이란 용어는 터너가 사용하는 중요한 인류학적 용어로, 그 의미가 매우 복잡한 것이긴 하나, 대체로 보아 우선 '어떤 사회 공동체 내에 중요한 계기를 형성하는 극적인 사건의 전개'를 가리키는 말로 이해해도 좋을 듯하다.

인 레벨에서는 양식화된 제스처 · 무용 패턴 · 규정된 침묵 · (퍼레이드와 같은) 동시발생적 움직임 · 게임의 움직임과 '놀이들' · 스포츠 · 제의 등의 목록들을 활용한다. 이렇게 정보가 전달될 수 있는 다양한 '지각 코드들'과 그 코드들이 서로 결합되고 번역될 수 있는 방법에 대해 우리의 주의를 환기시킨 선각자들 중의 한 사람이 바로 클로드 레비-스트로스Claude Levi-Strauss였다.

아마도, 내가 일찍부터 연극을 접하지 않았더라면 — 연극 공연에 대한 나의 분명한 첫 번째 기억은 내가 다섯 살 때 본 프랭크 벤슨 경Sir Frank Benson 버전의 『템페스트 *The Tempest*』였다 — 나는 사회생활의 '연극적' 잠재력에, 특히 아프리카 마을과 같은 긴밀하게 단결된 공동체들 속에 있는 사회생활의 연극적 잠재력에, 정신을 집중할 수는 없었을 것이다. 사실상, 그러한 마을 공동체 안에 존재하고 있는 여러 가지 긴장관계들을 아주 분명하게 보여주는 일련의 '자발적' 사건들과, 비록 제한되고 축소된 크기이긴 하지만 아리스토텔레스 이후로부터 혹은 서구의 서사시와 무용담으로부터 특징적으로 드러나는 서구 드라마의 '과정적 형식processual form' 사이의 유추관계, 실제적인 상동관계를 보지 못할 사람은 아마 아무도 없을 것이다. 더욱이, 그러한 마을 안에서는 '연극적 시간'이 관습화된 사회생활을 대체하는 때가 언제인지를 모르는 사람은 없을 것이다.

행위behavior라고 하는 것은, 신경생물학자들에게는 '에르고트로픽ergotropic'하다고 알려진 특성을 가지고 있다. 그들의 용어로 보자면, 그것은 '각성 · 강화된 행동성 · 정서적 반응' 등을 드러낸다. 내가 만일 그런 것들을 측정할 수 있는 기술적인 방법들을 알고 있었다면, 틀림없이 나는 '증가되는 심장 박동 · 혈압 · 땀 분비 · 동공 팽창, 그리고 위장 근육운동 및 분비기능 억제'와 같은, 증가되는 교감신경의 반응들을 사회극의 '연기자들' 속에서 발견할 수 있었을 것이다(Barbara Lex, "Neurobiology of Ritual Trance", *The Spectrum of Ritual*, 1979 : 136). 바꾸어 말하자면, **'사회극'**이 행해지는 동안, 한 집단의 정서적 분위기는 천둥 번개와 변화무쌍한 분위기의 흐름flow으로 가득 차게 되는 것이다! 여기서는 관습화된 코드들의 진지한 파괴로부터 불경행위 · 구타 · 살인 행위에 이르기까지의 공적인 '위반breach'이 그 사회제도의 정상적인 작동 속에서 일어난다. 이러한

위반은 진실한 감정이나 정욕에 의한 범죄에서 생길 수도 있고, 잔존하는 권력구조에 도전하기 위해 고안된 정치적 행동과 같이 냉정한 계산으로부터 나올 수도 있다. 또한 이 위반은, 술집에서의 싸움이나 무의식적으로 한 말이나 귓결에 얼핏 들은 말들 및 우연한 다툼과 같은, 고의적이 아니고 운 나쁘게 일어난 형태를 취하기도 한다. 그럼에도 불구하고, 이러한 경우에 어떤 집단 구성원들이 불가피하게 어느 쪽을 편드는 적대관계는 공공연하게 형성된다. 한편에서는, 그러한 위반에 개입되는 경쟁자들 사이의 관계를 화해・조정하려고도 한다. **위반**은 슬그머니 '**위기**crisis'의 단계로 미끄러져 들어가고, 그 위기를 비판적으로 생각하는 사람들은 평화를 회복하려고 노력한다. 이러한 위기 비판자들은 보통 '**그 이전의 상태**', 즉 연장자・입법자・행정관・재판관・사제 및 그 공동체와 관련된 법률 시행자 등을 유지 보호하는 데에 강한 관심을 가지는 사람들이다.

그래서 이들 모두 혹은 몇몇 부류의 사람들은 그러한 위반으로 인한 위기에 대해 '**교정기구**redressive machinery'를 적용하려고 시도한다. 즉, 그들은, 법정의 재판 수단과 재판 절차에 의해서 혹은 종교제도가 제공하는 제의적 수단에 의해서, 싸움을 수습하고, 파괴된 사회적 유대관계를 정비하고, '사회조직social fabric' 속에 뚫린 구멍을 메우려고 시도한다. 이러한 수습을 위한 제의적 수단으로는, (마법・조상 대대로의 천벌・신의 불만과 같은) 여러 가지 사회적 갈등의 숨겨진 원인에 대한 예언, 질병을 예방하기 위한 희생, (악령 퇴치굿・신과의 화해굿 등을 포함한) 치료제의治療祭儀 등이 있다. 이러한 수단들은, 가장 폭넓게 인식되고 있는 문화적・도덕적 공동체의 여러 가치들, 공통의 관심사들, 도덕적 질서 등을 공표하는 주요 제의의 공연을 위한 용이한 방법들을 찾도록 해주고, 각 지역집단의 분리를 극복하게 해준다. 이 '**사회극**'은 — 만일 그것이 '마지막 막last act'을 가지고 있다고 말할 수 있다면 — 경쟁하는 당파와의 화해reconciliation 속에서, 혹은 서로의 차이를 인정하는 상호 동의agreement 속에서 끝이 난다. 또 이러한 화해와 동의는 그 원래의 공동체로부터 탈퇴하여 새로운 거주지를 찾아가는 소수의 반대자들을 낳을 수도 있다. (이것은 중앙아프리카 여러 마을들의 분열을 통해서 좀 더 작은 단위로 예증될 수 있는 '출애굽기적'인 주제이기도 하다).

대규모의 현대사회 속에서는, 이 사회극이 지역적인 레벨에서부터 국가적인 변혁에 이르기까지 널리 퍼져 존재하고 있으며, 처음부터 국가 간의 전쟁 형태를 취하기도 한다. 가족 단위나 마을 단위의 갈등에서 국가 상호간의 갈등에 이르기까지, 이 모든 경우에 있어서, 사회극은 그 사회구조의 '피하조직'의 여러 레벨들을 드러내 준다. 왜냐하면, '사회체계'라고 하는 것은, 부족으로부터 국가에 이르기까지, 나아가 국가 상호 간의 여러 관계의 영역에 이르기까지, 계층에 따라 달리 규정되고 여러 부분들로 나누어지는 수많은 '집단'과 '사회적 카테고리'와 여러 '지위와 역할들'로 구성되기 때문이다. 작은 규모의 사회 속에도 씨족 · 문중 · 혈족 · 가계 · 연령집단 · 종교적 - 정치적 모임 등의 사이에 여러 가지 대립들이 있다. 우리가 살고 있는 산업사회 속에서 우리는, 계층 · 소계층 · 민족 집단 · 각종 종파 및 분파, 그리고 여러 종교 · 정당 · 성씨姓氏 모임 · 노동자 모임 · 동년배 연령집단 등등의 사이에 존재하는 대립 갈등에 익숙해져 있다. 어떤 사회들은 카스트 제도와 전통적인 직업에 의해서 내적으로 분리되기도 한다. 이러한 '**사회극**'은 이 '계층적/분류적' **대립들**oppositions과 그밖에 다른 많은 것들을 활성화시키는 습성을 가지고 있다. 예컨대, (직접적이고 현시적인 관심사들을 해결하기 위해 전통적인 카스트 제도 · 계급 · 혈통 · 계보를 초월할 수 있는) **당파들**, 외국에 대한 연대적인 대항을 하기 위해 이전의 '부족적인' 적들을 동원할 수 있는 **종교적 재활성화 운동들**, 좀 더 우월한 군사기술로써 봉건적인 대군주들을 식민지화하는 일, 그들의 적과 관심사가 같다고 생각하여 — 그런데 그들은 종종 국가적 · 종교적 · 계급적 · 이데올로기적 · 경제적 조직이 하나같이 다르다 — 함께 어떤 갈등conflicts 속으로 뛰어들게 되지만, 이데올로기상으로는 본질적으로 다른 여러 집단들의 **동맹**alliances과 **연합**coalitions 등이 다 그러한 예이다.

사회생활이라고 하는 것은 겉으로 보기에는 아주 고요한 순간일지라도, 여러 가지 사회극들을 '배태胚胎하고 있는' 것이 특징이다. 그것은 마치 우리 각자가 다 '평화'의 얼굴과 '전쟁'의 얼굴을 둘 다 가지고 있으며, 협동의 프로그램을 짜면서도 갈등을 준비하는 것과 같은 것이다. 한 해의 처음에 그리고 해마다 계속되는 경쟁적인 양식은 바로 이 '사회극'이다. 그러나 우리 인간 종족은, 시간을 통과해 움직이면서, 여러 가지 상징들을 좀 더 교묘하게 사용조작하게 되고, 자연에 대한 우리 테크놀로지의 지배력과 자기 파괴력이 지난 몇 천 년에 있어서 보다 기하급수적으로 훨씬 더 크게 증가함에 따라, 그 증가와 비슷한 정도로 위기에 맞서고, 위기를 이해하고, 위기에 의미를 부여하고, 때때로 위기를 극복하는 문화적 양식들을 고안해 내는 데에도 좀 더 숙달되게 되었다. 그러나 이러한 제2단계도, 어느 때 어느 곳에서나 그리고 어떤 사회문화적 조직체제 속에서나, 항상 우리를 에워싸고 따라다니는 '사회극'을 완전히 근절할 수는 없는 단계이다.

교정의 양식인 **제3단계**, 적어도 항상 자아반성self-reflexivity의 조짐을 내포하고 있는, 즉 우리의 사회적 행위를 사정査定 평가하는 공적인 방법을 내포하고 있는 제3단계는, 이미 법률과 종교의 영역으로부터 다양한 예술의 영역으로 이동했다. 점점 증가하는 노동의 복잡한 사회적・경제적 분화는, 총체적으로 진행되는 사회적 과정 속에 끼어들어가는 고통으로부터 벗어나려는 사람들의 기회를 특성화・전문화시키면서, 그들 스스로에 대해서 자세히 음미하기 위한 효과적인 수단들을 가진 복잡한 사회문화적 체계를 우리에게 제공하게 되었다. 인형극・그림자극・무용극・직업적인 이야기 방법 등을 포함하는 연극과 같은 장르에 의해서, 한 공동체의 허약성을 면밀히 검토하고, 그 공동체의 지도자들에게 책임을 묻고, 그 공통체가 소중히 여기는 여러 가지 가치와 신념을 음미하고, 그 공동체의 독특한 갈등들을 극적으로 표현하고, 그 갈등들의 치유 방법을 제시하고, 기존 '세계' 내에서의 그 공동체의 최근 상황을 자세히 뜯어보는 공연들이 실연實演되는 것이다.

이렇듯이, 연극의 뿌리는 '사회극'에 있으며, 사회극은 아리스토텔레스가 그리스 극작가들의 작품들로부터 추상해낸 드라마의 형식과 조화・일치된다. 그러나 '문명화'된 스케일의 복잡하고 도시화된 사회 속에서의 연극은, 이제 하나의 전문화된 영역이 되어버렸고, 그곳에서의 연극은 여러 가지 합법적인 표현 양식들을 가지고 실험을 하게 되었으며, 많은 연극들이 아리스토텔레스의 양식으로부터 급격히 (실제적으로, 의식적으로) 분리되었다. 그러나 이 정교화에 의한 분리・이탈은, 그 분리・이탈 자체가 연극의 특수한 발생 기원을 이 제3단계에 두고 있다는 사실을 암시하며, 연극은 본질적으로 최근에 리차드 셰크너가 '과거의 복원'이라는 말로 기술한 바 있는 그런 과정에 의해서 '사회극적인' 사건들로부터 의미가 발생하도록 하려는 시도라는 사실을 암시한다. 사실, 연극은 법적·제의적 과정의 이상 발달이요 과장이다. 그것은 사회극의 '자연적'·총체적·과정적 패턴에 대한 단순한 반응이 아니다. 그러므로 연극 속에는 법의 테두리 안에서 행해지는 행동에 대한 탐색적이고 심판적이고 형벌적이기까지 한 어떤 성격, 때로는 희생이라고 말해도 좋을 정도의 신성하고 신화적이고 신령스럽고 '초자연적'이기까지 한 종교적 행동의 어떤 성격이 담겨 있다. 그로토프스키는 이러한 양상을 '성스러운 배우holy actor'와 '세속의 성사聖事secular sacrum'라는 말로 잘 표현해낸 바 있다.

내가 그들의 개념과 방법을 먼저 교육받은 바 있는 실증주의 및 기능주의 인류학파[22] 학자들은, 이 '사회극'의 역할에 대해서는 나에게 극히 제한된 통찰력만을 제시해주었다. 나는 어떤 사회극 속에 포함되어 있는 사람들의 숫자를 헤아릴 수 있고, 그들의 사회적 지위로부터 나오는 역할과 그들의 행위를 기술할 수 있고, 다른 사람들로부터 그들의 인생 역정에 관한 정보들들 수집할 수도 있으며, 그 사회극에 의해서 표명된 그 공동체의 사회체계 속에다가 그들을 구조적으로 위치 지을 수도 있다. 그러나 프랑스 사회학자 뒤르껭이 연구자들에게 하도록 가르친 바와 같이, '사회적 사실을 사물로 취급'하는 이러한 방법은, 여러 가지 목적들이 물처럼 스며들어가 있는 정서적이고 의미심장한 사건들 속에 있는 사회적 연기자들의 여러 가지 행동 동기들과 성격들을 이해하는 데에는, 거의 도움을 주지 못한다.

나는 차츰 상징적 과정을 연구하기 위해서 잠깐씩, 반백의 늙은 농부의 모습을 연상시키는 독일의 위대한 사상가 빌헬름 딜타이Wilhelm Dilthey(1833~1911)에 의해서 윤곽이 잡혀진 그런 기본적인 자세를 지향하면서, 상징적 상호작용의 이론·사회 현상학자들의 견해·프랑스 구조주의자들과 '해체주의자들'의 충격적인 견해 등에 이끌리게 되었다. 이 입장은 **'체험'**(독일어로 Erlebnis, 글자 그대로는 '몸소 겪어온 것')이라는 개념에 의존하

22_ 말리노프스키(Malinowski)와 래드클리프 브라운(A. R. Radcliffe-Brown)에 의해 형성된 인류학의 한 분파. 문화와 사회를 유기적인 통합체로 보고 각 구성요소들이 현존하는 사회와 문화 속에서 서로 어떻게 관련되고 있는가, 또는 전체 속에서 어떠한 역할(즉, 기능)을 담당하고 있는가를 밝히고자 한다.

고 있다.

칸트는 체험의 데이터가 '무정형하다'고 주장했다. 딜타이는 칸트의 이런 생각에 동의하지 않았다. 딜타이는, 자연적 형성체든 조직이든 또는 문화적 제도든 정신적 사건이든 간에, 그것이 구별할 수 있는 어떤 '다양체'라면, 그것은 어떤 것이든지 다 분석할 수 있는 형식적인 관계들을 가지고 있다고 생각했다. 딜타이는 통일성과 다양성 · 유사성과 차이점 · 전체와 부분 · 다양한 등급들 · 유사한 기본 개념들을 '형식적 범주들'이라고 불렀다. 딜타이에 관한 글을 쓰면서, 호지스H. A. Hodges는 다음과 같이 요약적인 표현을 하고 있다. "형식논리학에 의해 분석되는 바와 같이, 추론적인 사상의 모든 형식들과 수학의 모든 근본 개념들은 이 '형식적 범주'들로 축소 · 환원될 수 있다. 그것들은, 그 안에서 어떤 주제에 관한 사고 작용이 되었든지 간에 모든 사고 작용이 에워싸여져야만 하는 일종의 그물망들이다. 그것들은 가능한 모든 사고 대상들에다 적용할 수 있지만, **그것들의 독특한 본질은 다른 아무것으로도 표현할 수 없고**(저자 강조), 또 그것들 없이는 어떤 것도 이해될 수 없으나, 또한 **그것들만 가지고서는 아무것도 이해될 수 없는 것이다**(저자 강조)"(Hodges, 1953 : 68~69).

딜타이는 계속해서, 형식적인 측면에서 볼 때 '**체험**'이라고 하는 것은 일반적인 형식 범주들에 의해서 헤아려질 수 있는 것보다 더 풍부하다고 주장하고 있다. 체험하는 주체가, 물질적인 세계의 공간 · 물질의 본질 · 인과적인 상호관계 등과 같은 범주들, 그리고 '정신적인 세계'의 지속 · 창조적 자유 · 가치 · 의미 등과 같은 범주들을 **부과**impose하는 것은 아니다. 오히려, 체험의 데이터들은 '형식에 스며들고', 사고 작용은 사랑의 문제이든 '드레퓌스 사건'과 같은 유명한 역사적 운동이든 혹은 사회극이든, 모든 구별할 수 있는 체험이나 체험 단위 안에다가 암시적인 '구조적 체계'를 세운다. 딜타이에 의하면, 체험의 구조들이라고 하는 것은, 그토록 오랫동안 프랑스 인류학을 지배해 왔던 관념적 - 구조주의자들thought-structuralists[23]-에게 사랑받은 고정적이고 '공시적인', 생기 없는 '인지구조'가 결코 아니다. 물론, 인지라고 하는 것은 어떤 체험구조의

23_ 레비-스트로스 등 인간의 정신적 구조를 파악하려 했던 학자들을 뜻한다.

한 중요한 양상·국면·'차원'이다. 인지는 삶의 체험을 명료하게 하고 일반화하지만, 체험은 정서·의지·가치판단·교훈의 원천들로 가득 차 있다. 딜타이의 '세계화世界畵 world-picture' 뒤에는, 자기의 환경과 맞붙어 씨름하고 있는 총체적 인간 존재(로렌스의, 이른바 '살아 있는 인간'), 즉 지각·사고·느낌·욕망이라는 기본적인 사실이 존재하고 있다. 호지스는 계속해서 다음과 같이 말하고 있다. "철학자가 연구하는 모든 지적-언어적 구조들 및 철학의 문제들이 발생하는 그 언어적 구조들의 복잡성과 모호성은, 인간과 세계 사이의 이러한 상호작용 속에 놓여 있는 이러저러한 사건들 때문인 것이다"(Hodges, 앞의 책, p.349).

나에게 있어서, '공연인류학anthorpology of performance'은 '체험인류학anthorpology of experience'의 필수적인 부분이다. 어떤 의미에서, 모든 유형의 문화적 공연cultural performance, 즉 제의·의식·카니발·연극·시 등을 포함한 모든 유형의 문화적 공연은, 딜타이가 가끔 주장한 바와 같이 삶 그 자체에 대한 설명이자 해석이다. 사회-문화적 삶의 깊은 곳에 있기 때문에 일상적인 관찰과 합리화로는 근접하기 어렵고 정규적으로는 막히고 억제되는 것들이, 이런 문화적 공연 과정 자체를 통해서 외부로 이끌려 나오게 되는 것이다. 이러한 현상을 딜타이는 'ausdrucken'이라는 말로부터 나온, 글자 그대로는 '누르거나 쥐어짠다'는 뜻의, Ausdruck('표현')이라는 말로 설명하고 있다. '의미'라고 하는 것은, 극작가나 시인에 의해서 직접 체험된 사건들로부터 밀려나오거나, 예민하고 상상력 있는 이해Verstehen를 향해 소리치고 있다. '체험'은 그 자체가 그것을 완성하는 '표현'을 '눌러 짜내는' 과정이다. 여기서 '공연performance'이라고 하는 어휘가 우리에게 하나의 유용한 열쇠를 제공해 준다. 왜냐하면, 그것은 '형식form'과는 아무런 관련이 없고, 고대 프랑스어 parfournir('완성하다' 혹은 '완수하다')에서 파생되어 나온 것이기 때문이다. 그래서 '공연'은 체험의 적절한 완결이다.

딜타이의 이른바 '체험의 다섯 가지 모멘트들'이라고 하는 것은, 발생적 순서를 따라 서로 관련되는 다음과 같은 하나의 '과정적 구조'를 가지고 있다. 즉, 여러 가지 체험들이나 어떤 독특한 체험은 다음과 같은 다섯 가지 것들을 가지고 있다. (1) 체험은 지각의 핵심을 이루고 있다. 즉, 쾌락이나 고통과 같은 체험은 관례화된 반복적 행위들보다 더 강렬하게 느껴질 수 있다. (2) 과거 체험들에 관한 이미지들은 '외부 윤곽의 특수한 명료성 · 감각의 강도 · 투사의 에너지'와 함께 환기된다(R. A. Makreel, 1975 : 141). (3) 그러나 과거의 사건들은, 원래 그 사건들과 결부되어 있던 느낌들이 완전히 되살아나지 않는다면, 활기 없이 생기를 잃은 채로 있게 된다. (4) '의미'는 과거와 현재의 사건들 사이의 상호관계들에 관한 감동적인 사고에 의해서 생성된다. 여기서 딜타이는 '의미 Bedeutung'와 '가치Wert'를 구분하고 있다. 가치는 본질적으로 의식적인 현재에 있어서의 체험에 속한다. 가치는 현재의 정서적인 즐거움 속에 내재한다. 가치는 어떤 체계적인 방법으로 서로서로를 내부에서 관련짓는 것이 아니다. 이 점에 관해서, 딜타이는 다음과 같이 말하고 있다. "가치라는 입장에서 보면, 삶은 긍정적 · 부정적인 여러 존재 가치들의 무한한 유별類別로 나타난다. 그것은 마치 갖가지 조화와 부조화로 이루어진 카오스와 같다. 그 각 조화와 부조화들은 현재를 채우고 있는 일종의 음색 - 구조 tone-structure이다. 그러나 그것들은 서로서로 어떤 '음악적 관계'도 가지고 있지 않다." 그런데 '의미'를 발견하고 확립하는 과정이 형성되는 것은, 과거와 현재를 '음악적 관계'로 이끄는 데서이다. 그러나 이것의 힘만으로 의미를 갖기에는 충분하지 않다. (5) 하나의 '체험'은, 그것이 '표현'되어서야 비로소, 즉 그것이 다른 사람에게 언어적 용어로든 그밖에 다른 용어로든 이해될 수 있는 용어로 전달되어서야 비로소, 참으로 완성되는 것이다. '문화'는 그 자체가 이러한 여러 가지 표현들로 이루어진 앙상블인 것이다. 여기서, 각 개개인들의 '체험'은 사회에 유용하게 되며, 다른 사람들의 '마음minds'에 동정적으로 침투해 들어가는 일을 용이하게 해준다. 이러한 이유 때문에, 딜타이는 문화를 '객관화된 마음'이라고 생각했다. 딜타이에 의하면, "체험 속에 주어지는 우리의 지식은 객관화된 삶에 대한 해석을 통해서 확장되고, 이 해석은 주관적인 체험의 깊이를 재는 작업에 의해서만이 가능하다"(Dilthey: Selected Writings, 1976 : 195~6). 이처럼 우리는 자기반성에 의해서 못지않게, 다른 사람들의 마음에 의해서 '표현된' 의미심장한 객관화들을 음미함에 의해서도, 우리 자신의 주관적인 깊이를 알 수 있다. 또 보충적인 방법으로서의 '자아 - 음미self-scruting'도 다른 사람들의 체험으로부터 생성되는 객관화된 삶으로 침투해 들어가는 열쇠를 제공해줄 수 있다. 여기에는 일종의 '해석학적 순환hermeneutic circle'이 존재하며, 그 각 순환은 앞서의 순환을 넘어서는 순환이므로, 이것은 일종의 '나선형으로 된' 해석학적 순환인 것이다.

딜타이에게 있어서 '표현'은 몇 가지 등급이 있다. 표현의 첫 번째 등급에는, 고도의 일반성을 가지고 있고 그렇기 때문에 정확하게 전송될 수 있는 '아이디어ideas'가 있다. 그러나 이 **아이디어들**은 그것들이 처음 나타나는 특정한 사람의 의식에 관해서는 우리에게 아무것도 말해주지 않는다. "여기서 우리의 이해는 정확하지만, 그 이해가 깊지는 않다"라고 딜타이는 말한다(Dilthey, Gesammelte Schriften, 그의 전집으로, 앞으로는 'G.S.'로 인용함, Ⅶ, 205~6). "그것은 누군가가 가지고 있는 아이디어가 무엇인가에 관해서는 우리에게 말해 주지만, 그가 어떻게 해서 그런 아이디어를 갖게 되는가에 관해서는 우리에게 말해 주지 않는다"(Dilthey, 앞의 책, 같은 페이지).

표현의 두 번째 등급은 인간적 '**행동**acts'의 등급이다. 딜타이는 모든 행동은 어떤 목적 의지의 실행이며, 그 행동과 목적의 관계는 규칙적이고 긴밀하고, 그 목적은 그 행동 안에서 해독될 수 있다고 보고 있다. 행동은 목적을 표현하기 위해서 행해지는 것이 아니라, 목적을 충족시키기 위해서 행해진다. 그럼에도 불구하고, 외부의 관찰자에게는 그 행동이 목적을 표현하는 것으로 보인다(Hodges, 앞의 책, p.130). 이것은 동작주인 개인 한 사람의 삶의 행동에 대해서 뿐만 아니라, 입법자들의 공적인 행동 및 여러 가지 공적인 상황들에 처한 대중들의 행동에 대해서도 적용된다. 예를 들어, 나는 아프리카와 그밖에 다른 지역의 사회극들을 기술하고 분석하는 데 있어서 행동 · 목적 · 목표 사이의 관계에 대해서 아주 많은 것들을 알게 되었으며, 딜타이보다 훨씬 더 앞으로 나아가 **무의식적인 여러 가지 목적 · 목표들**을 표현하고 충족시키는 것으로서의 많은 행동들에 관해서도 알게 되었다.

표현의 세 번째 등급은 '**예술작품**works of art'이다. 이러한 세 번째 표현 등급인 예술작품들이 관련되는 곳에서는 무의식적 형성 요소들이 훨씬 더 중요하다. 딜타이는 그가 다음과 같이 썼을 때 이런 요소들의 중요성을 알았음에 틀림없다. "나는 스스로 괴테의 예술적 · 문학적 · 자연과학적 출판물 및 그의 그밖에 다른 글들 전체를 내 앞에 늘어놓는다. ……여기서, 괴테 자신이 이해한 것보다 **더 확실한 감각으로** 내적인 리얼리티를 이해하는 문제가 해결될 수 있다"(Dilthey, 'G.S.', Vol. Ⅶ, 1927 : 206). 예술작품은 많은 정치적 체험의 표현들과는 다르다. 정치적 체험의 표현들은 이기적 혹은 당파적 이해의 힘 아래에 놓여 있고, 그러므로 진정한 체험의 산물들을 억압하고 왜곡시키고 위조한다. 예술가들은 속이거나 숨기려는 어떤 동기를 가지고 있지 않으면서도, 그들의 체험을 담을 수 있는 완전한 체험 형식을 찾으려고 애쓴다. 윌프레드 오웬Wilfred Owen[24]은 "참된 시인들은 틀림없이 정직하다"라고 말했다. 어떤 면에서, 시인들은 낯선 '리미널 영역liminal space'[25]에 대한 어떤 순수한 파악력을 가지고 있다. 우리들 모두가 다 그렇지만, 예술가들은 더욱 그렇다. 여기서 예술작품은 마치 딜타이가 "삶은 관찰하고 반성하고 이론화하기 어려운 깊이에서 그 스스로를 드러낸다"(Dilthey, 'G.S.' Vol. Ⅶ, 1927 : 207)라고 쓴 것과 같다. 어쨌든, 일단 한번 예술작품으로 '표현되면', 그것은 말하자면 조화된 삶이 그 스스로를 드러내는, 우리 인간 종족들의 체험의 깊이로부터 나온 믿을 만한 메시지들이기 때문에, 독자·시청자들은 그것들에 대해서 반성할 수가 있다.

이제 요약하자면, 우리는 사회극의 제3단계인 교정행동redressive action으로부터 연극적 공연theatrical performance에 이르는 길을 추적해 왔다. 연극적 공연은 딜타이주의자의 '**체험**Erlebnis'이나 그 체험의 '다섯 번째 모멘트'인 '표현' 혹은 체험의 구조화된 단위 같은 것과 관련된다. 시인·예술가·극작가가 '리얼리티의 경계를 넘어서 자유롭게 이미지들을 펼쳐내는 것'(Dilthey, G. S., Ⅵ, 1924 : 137)은 바로 이 다섯 번째 모멘트인 '표현'에서이다. 예술가는 표현에 의해서 곧바로 체험의 본질 자체에로 침투해 들어가고자 한다. 그렇게 하는 가운데 그는 '삶이 삶을 포착하는' 그 깊이에로 자유롭게 접근할 수가 있게 된다.

지난 5년 동안, 나는 리차드 셰크너Richard Schechner로부터, 1960년대 후반과 1970년대 초반에 미국에서 유행했지만 유감스럽게도 오늘날에 와서는 종잡을 수 없는 지껄임

24_ 영국의 시인(1893~1918).
25_ '리미널(liminal)'이란 용어의 의미에 관해서는 본서의 제1장 각주 3과 부록을 볼 것.

이 되어버린 실험극의 작업들에 관해서 소개를 받아왔다. 이 책에 실린 몇 편의 논문들은 연극 제작자로서의 셰크너의 이론과 실천에 관련되어 있다. 셰크너의 연극은, 우리 시대의 '사회극들'에 대해 살아있는 관계를 유지하고 있었으며, 연극이 처한 곤경의 본질을 포착하기 위해 '리얼리티의 경계를 넘어서 자유롭게 이미지들을 펼쳐내는 작업'으로 삶을 탐구하고 있다. 실로, 하나의 연극적 주제를 결정한 뒤 그가 전개한 그 여정의 전체 과정은, 직접적인 경험으로서의 체험으로부터 시작하여 의미심장하고 미학적인 하나의 예술작품으로서의 결과에 도달한다고 하는 딜타이의 내적인 움직임을, 명백하고 공적인 용어들로 바꾸어 표현한 것이었다. '직접체험'은, 대체로 셰크너 자신의 삶이나 그가 연출자로 있던 '**퍼포먼스그룹**performance Group'의 삶에 있어서는, 항상 정도程度의 문제를 동반하는 것이었다. 그는 자기의 문제를 음미하기 위해, 그에게 일종의 '거울'을 제공해 주고 '반성적인 의장'을 제공해주는 '텍스트'나 '대본'을 찾곤 하였다. 또한 배역선정 과정에 있어서도 '직접체험'의 문제들이 따랐다. 그러나 이런 문제들의 복잡성에 대해서는 내가 여기서 논의할 여유가 없다.

그 다음으로 나는 리차드 셰크너와 '워크숍' 과정을 시작하였다. 그것은 가끔 1년 동안이나 지속되기도 했는데, 나는 이것을 다음과 같이 비유적으로 말한 적이 있다. 즉, 이 워크숍 과정은, 아프리카인들의 보편화된 표현을 사용하자면, 마치 그들 스스로를 자기-훈련된 성숙한 인격으로 '재성장'시키기 위해, 그들이 지녔던 그 이전의 사회적 퍼스넬리티들을 효과적으로 용해·해체시키면서 창조 신화들을 펼쳐내는 가운데, 신참자들을 그들 부족의 먼 조상들과 신들의 가면을 쓴 신령한 인물들과 만나게 하고, 그 신참자들에게 호된 시련을 경험케 하며, 유용하고 실질적인 여러 가지 테크닉들을 훈련시키고, 비교적祕敎的인 지식을 전해주는, 아프리카인들의 할례제의割禮祭儀에다가 신참자들을 입문시키는 숲속의 야영과 같은 것이라고 말한 적이 있다.

'포스트모던'(즉 제2차 세계대전 후) 연극에서 관례적으로 그런 것처럼, 때때로 '리허설'을 하는 동안에 텍스트가 구성되거나 기존의 텍스트가 분해되어 개작되기도 한다. 이런 경우에는 텍스트들에 어떤 특권이 부여되는 것이 아니다. 여기서는, 어떤 공통문제에 대한 반성들이, 여기서 이루어지는 연극적 앙상블의 인간적 구성요소들로 형성된 커뮤니타스communitas[26]-의 어떤 희귀한 순간들로부터 나올 것이므로, 연극적인 공간 · 공연자 · 연출자 · 사용된 매체(스피치의 증폭과 왜곡 · 텔레비전 스크린 · 필름 · 슬라이드 · 테이프 · 음악 · 녹음/녹화에 맞추어 노래하는 공연 · 불꽃놀이 · 그 밖의 많은 것들) · 여러 가지 의장意匠들에 의한 일련의 역할과 공연자의 분리 등, 모든 단위들과 의장들이 유연하게 결합되고 재결합된다.

이 다중적이고 중간적인 수단과 코드들은, 오늘날 형성되고 있는 새로운 생물인지권 biosphere-noosphere을 구성하는 포스트모던 연극의 하위문화 멤버들의 '체험'에 대한 시험적이고 실험적인 반응인 셈이다. 그리고 이러한 체험들은, 전 지구적 커뮤니케이션과 전달, 무수한 정보 비트들bits[27]-로의 컴퓨터화, 직접적인 정치적 인식을 피하는 안 보이는 과두정치가 주도하는 다국적 기업 촉수의 확산, 객관적으로 모든 것을 위협하고 주관적으로는 끊임없이 진행 중에 있는 파괴력, 인간의 '현대적' 진보주의를 정지시킬 수 있는 '다모클레스의 칼Damocles' sword'[28]-같은 핵무기 파괴력의 질적인 도약 등에 의해서 만들어지고 있다. 셰크너는 이 점을 『공연예술 저널*Performing Arts Journal*』 10권 1호에 발표한 「휴머니즘의 종말The End of Humanism」이란 논문에서 강조하고 있다. 그는 이 논문에서 오늘날의 '체험'이라고 하는 것이 '서사적'(p.11)이고 '의미심장한'(p.13) 선조적線條的 국면을 따라 일어나는 일상적 사건들과 동일한 것으로 보고, 이렇게 된 이유를, 지금은 이미 벗어나고 있는, 인간행동에 대한 '근대적'이면서도 본질적으로는 르네상스적인 견해의 탓으로 돌린다.

하지만 이 '체험'이란 용어는 시간과 공간 속에서 그렇게 협소하게만 경계가 지워질 수 있는 것이 아니다. '체험'이라는 용어는, 기원이 같은 다른 여러 어형들 속에, 인도-

26_ '완전한 공동체', '가장 이상적인 공동체'라는 의미의 용어.

27_ 컴퓨터에서 사용하는 용어로 정보량의 최소단위.

28_ 행복 속에도 숨어 있는, 언제나 신변에 다가오는 위험. 다모클레스는 시라쿠스(Syracus)의 독재왕 디오니시우스(Dionysius)의 신하. 다모클레스가 평소에 지나치게 아부만 하고 왕의 행복을 찬양하기 때문에, 어느 날 왕은 연회 석상에서 그를 옥좌에 앉히고 그가 모르게 한 가닥의 머리털로 그의 머리 위에 칼을 매달게 하여 연회가 진행되는 도중에 위를 보게 함으로써 독재왕의 행복이 얼마나 위험한 것인가를 가르쳤다고 함.

유럽 공통조어共通祖語로부터 나온 많은 언어들 속에, 아직도 살아남아 있는 단어이다. 지질학・고고학・심층심리학에 근거한 '유추의 방법'을 통해서 우리는, 주요한 언어들에서 사용되는 핵심적인 용어들의 어원을, 여러 층위가 계속적으로 침전된 역사적 '체험'의 여러 켜들로 이루어진 하나의 다층화된 체계로 받아들일 수 있다. 어원학은 결국, '과거 복원'의 한 양식, 일종의 언어적 '자기-반성self-reflexivity'의 한 형식이다. 다층으로 구성된 혹은 '켜켜이 쌓인laminated' 지구의 지질학적인 외피는 아직도 '살아 있다'(세인트 헬렌 산의 폭발 분화를 생각해 보라).

더군다나, 그 각각이 반복되는 극적 혹은 '외상적外傷的' 체험에 의해 형성되는 여러 겹의 켜 혹은 무리들로 세분되는 의식적・전의식적・무의식적 레벨들을 가지고 있는 인간의 '마음'은 훨씬 더 그러하다. 중추신경 체계를 연구하는 신경생물학자들은, 대뇌신피질과의 상호작용을 계속하는, 뇌・전뇌 속에 있는 살아있는 '고대적archaic' 구조들과 자율적인 체계들을 알고 있다. 이와 비슷하게, 현대 언어가 지니고 있는 과거의 '의미들'은 그것이 갖는 현대적 의미의 농담濃淡에 계속해서 영향을 미치는 것이다.

1959년에 『인도게르만어 어원사전*Indogermanisches Etymolgisches Worterbuch*』을 출간한 쥴리어스 포코니Julius Pokorny와 같은 학자들은, 'experience'의 어원을 찾기 위해 곧바로 가설적인 인도-유럽 조어祖語의 어간 혹은 어근인 **per-*(시도하다, 모험하다, 위험을 무릅쓰고 ~을 하다)로 거슬러 올라가, 우리가 쓰고 있는 'empirical'이란 말의 어원인 그리스어 *peira*('체험')에까지 이르게 된다. 이것은 또한 고대 영어 *faer*(위험, 갑작스런 재난), 즉 현대 영어의 'fear'를 형성한 독일어 **feraz*를 낳은 어근이기도 하다. 그래서 우리는 **per-*의 경우, 그리스어의 계보를 따라서 이 말의 '인지적인' 방향들을 알게 되었고, 독일어의 계보를 통해서는 이 말의 정서적인 방향을 알게 되었다. 이 정서적인 방향은 딜타이를 흥미롭게 했고, 이 점에 대해서는 아마 우리들도 그러하리라 믿어진다! 그러나 좀 더 직접적으로 'experience(체험)'라는 말은 *ex-*(밖으로)와 *peritus*(체험된, 노력하여 배운)가 결합되어 이루어진 *experiri*의 현재분사 *experiens*로부터 생성된 라틴어 *experientia*(재판・증명・실험 등을 뜻하는 말)로부터 나와, 중세 영어와 고대 프랑스어를 거친 말이다. **per-*에 접미사가 붙어 확장된 형태는 *peri-tlo*, 그러니까 라틴어로는 '시련・위험・위난'의 뜻을 가진 *periclum*, *periculum*이다. 다시 한 번, 우리는 'experience(체험)'라는 말이, 재미없는 인지적 학식보다는 '드라마'와 혈통이 닿는 위기(risk, crisis)와 더 관련이 있다는 것을 알게 된다! 인도-유럽 조어의 접미사가 붙은 형태인 **per-*, **per-ya*는 앞에서 언급한 바와 같이 그리스어 peira 속에 나타나지만, 영어 '*pirate*(해적선)'가 '시도하다, 공격하다'란 뜻의 peiran으로부터 나온, '공격자'란 뜻의 그리스 말 *peirates*를 거쳐서 이루어졌다는 것은 앞에서 언급하지 않았다. 월터 스키트Walter Skeat와 포코니Pokorny같은 어원학자들은 훨씬 더 거슬러 올라가, 어근 **per-*가, 아마도 그것의 중심 개념이 '앞으로', '~을 통하여'라는 핵심 의미를 가지고 있는 전치사의 어간과 동사접두사preverbs[29]-로서, 음성학적으로 비슷한 그룹의 일부라고 주장한다. 이처럼, 그리스어 동사 *perao*는 '나는 ~을 통과한다'는 의미를 가지고 있다.

만일 개인적이든 집단적이든, 문화적인 여러 상황들과 상징적인 양식들이, 딜타이식의 용어로, 일단 살아있는 인간 체험의 결정화된 분비물로서 가시화될 수 있다면, 우리는 아마도 '체험experience'이라는 말 자체를 시간을 통하여 체험되는 여행으로 볼 수 있을 것이다! 우리는 또한 이 말을 그것의 주근主根이 '위험한 여행'·'통과제의'라는 의미를 가지고 있는 '나무'로 은유화할 수도 있을 것이다. 인도-유럽어가 (p에서 f에 이르기까지의) 폐쇄자음에 의해서 규칙적인 변화를 받게 된다고 기술하고 있는 '그림의 법칙Grimm's Law'[30]-에 의하면, 영어 단어 'fare(운임, 통행료)'와 'ferry(나룻터, 나룻배)'라는 말도 **per-*로부터 나왔다. 끝으로, 'experience(체험)'와 마찬가지로, 'experiment(실험)'란 말은 '시도하다' 또는 '시험하다'라는 뜻의 라틴어 *experiri*로부터 나왔다.

우리가 만일 이러한 다양한 의미들을 종합한다면, 우리는 '체험'에 초점을 맞춘 '적층화된' 의미론적 체계를 가질 수 있게 되며, 그 체계는 체험을 일종의 여행·(자아에 대한, 다른 사람들에 관한 여러 가지 상상들에 대한)테스트·통과제의·위난 혹은 위험에의 노출·

29_ 동사의 접두사. 'become'의 'be-' 따위.

30_ 야콥 그림(Jakob Grimm)에 의해 정식화된, 인도-유럽 조어(祖語)에서 게르만 조어에 이르기까지의 자음의 체계적인 변화 추이. 유성 기식(氣息) 폐쇄음은 유성 마찰음으로, 유성 무기식 폐쇄음은 무성 폐쇄음으로, 무성 폐쇄음은 무성 마찰음으로 변했다고 함.

두려움의 원천 등으로 묘사할 수 있게 된다. '체험'에 의해서 우리는, '실험적인 발걸음'을 걸으면서, '여러 가지 위난들'을 '두렵게' 통과하여, '여행'을 하는 것이다. 이 모든 것은, 차라리 일련의 사건들을 '헤쳐 나가는', **체험**erleben에 대한 딜타이식 정의처럼 들린다. 그것은 일종의 제의 · 순례 · 사회극 · 친구의 죽음 · 오래 지속되는 노동과 그밖에 다른 **체험**Erlebnisse일 수 있다.

만일 이런 체험의 '모멘트들' 중의 하나가 '공연'이 아니라면, 즉 여러 가지 구체적인 사건들과 체험들에 근거하여 '의미'가 발생하는 어떤 창조적인 회상행위가 아니라면, 이러한 체험은 불완전한 것이다. 이처럼, 체험이란 것은 '헤쳐 나가는 것'이면서 동시에 '돌이켜 생각하는 것'이다. 그것은 또한 그 안에서 희망을 걸고 과거 체험의 실수들과 위험들을 피하고 제거할 미래 체험을 위한 목표들과 모델들을 확립하면서, '기꺼이 앞으로 나아가거나 미래를 열망하는 것'이다.

'실험극'은, '공연되는' 체험, 다른 말로 하자면, '복원되는' 체험이며, 그런 체험과정 — 원래의 체험에 대한, 가끔씩은 주관적으로 지각된 사회극에 대한, '회상체험/재체험'을 통해 의미가 발생하는 체험과정 — 의 모멘트는 종종 오래 지속되고 내적으로 구획 지워진 모멘트이며, 그런 모멘트에는 어떤 적절한 미학적 형식이 부여된다. 그런데 이 미학적 형식은, 서로 다른 사람들이 (이해를 통해서) 자기 자신들을 이해할 뿐만 아니라 그들의 보편적인 리얼리티 '체험'을 이루고 있는 시간들과 문화적 조건들을 이해하도록 도와주는, 전달가능한 지혜가 된다. 리차드 셰크너와 나는 둘 다 각기 다른 방향에서 이 문제에 접근하면서, 고통스럽게 성취되는 체험의 여러 양식들을 문화상호적으로 전달하기 위한 하나의 중요한 수단으로 '연극'을 생각하고 있다. 우리가 만일 연기자들의 두드러진 사회문화적 배경에 대한 충분한 인식을 가지고, 서로의 사회극 · 제의 · 연극적 공연물들을 공연할 수만 있다면, 셰크너가 '트레이닝 — 리허설 — 준비 과정'이라고 부른 바로 그것의 길이와 강도 그 자체가, 우리가 만들어낸 상징적 구조체들이 포착하고 표현하기 위해 끊임없이 노력하는 그 '리얼리티'를 '보고 포착하는 서로 다른 방법들'이 되어, 연기자들을 이끌어들일 것임에 틀림없다.

나는 이 서론을 자서전적 해설로 시작해서 전 지구적 차원에서의 문화 이해를 도모

하기 위한 호소로 끝을 맺게 되었다. 내가 가르치고 있는 버지니아대학교에서의, "만일 제퍼슨 씨였다면 그것을 승인했을 텐데"라는 구절은, 어떤 행동을 승인하는 최종적인 인증印證을 뜻하는 말이다. 이와 비슷하게, '만일 딜타이 교수였다면' 그는, '체험과 자기 - 이해와 인간 상호간의 끊임없는 상호작용의 토대 위에서 자기 자신과 타인들의 표현들을 이해'(*Dilthey: Selected Writings*, 1976 : 218)하려고 하는 인류학과 체험의 연극을 생성해 나아가는 몇 안 되는 인류학자들 · 연극학자들 · 연극실천가들의 시도들을 '승인했을 것'이라고 생각한다. 여기서 '타인들'이란, 우리가 공연적인 목적들에 이용하기에 충분할 만큼의 풍부한 기록들을 가지고 있는 모든 문화와 지역의 사람들을 포함하는 말이다.

세계의 모든 민족지들 · 문헌들 · 제의들 · 연극적 전통들은 이제, 공연을 통한 새로운 초문화적 커뮤니케이션의 종합을 위한 토대로서 우리에게 열려져 있다. 무엇보다도 먼저 우리는, 문화적 체험들을, 곧 공연을 통해서 우리가 가지고 있는 모방적인 근본형식과 같은 어떤 것에로 함께 되돌아갈 수 있는 다양한 '객관화된 마음의 형식들'을, 서로 나누어 가질 수 있는 방향으로 나아갈 수 있다. 이것은, 우리가 만일 권력과 이익의 관심사들에 대한 고의적인 상호 오해를 계속해서 조장할 경우에 틀림없이 당면하게 될 파괴로부터 벗어나는, 인류를 위한 하나의 작은 발걸음일지도 모른다. 우리는 '**체험**'을 통해서, 즉 문화적으로 전달되는 다른 민족들의 연기와 공연을 통해서, 문자를 가진 민족들뿐만 아니라 문자를 갖지 못한 민족들에 관해서도 **배울 수 있는 것이다.**

Dilthey, Wilhelm. *Gesammelte Schriften*. Stuttgart : Teubner: Gottingen: Vandenhoeck & Ruprecht. Vol.Ⅵ, 1924; vol.Ⅶ, 1927.

______________. *Selected Writings*. Ed. and introduced by H. P. Rickman, London: Cambridge University Press(1st published 1883~1911), 1976.

Hodges, H. A., *The Philosophy of Wilhelm Dilthey*. London: Routledge and Kegan Paul, 1953.

Lex, Barbara, "Neurobiology of Ritual Trance" in *The Spectrum of Ritual*. Eds. E. d'Aquili, C. Laughlin, Jr., and J. McManus, New York: Columbia University Press, 1979, pp.117~151.

Makreel, Rudolf A., *Dilthey: Philosophy of the Human Studies*. Princeton: Princeton University Press, 1975.

Pokorny, Julius. *Indogermanisches Etymolgisches Worterbuch*. Bern, 1959.

Schechner, Richard. "The End of Humanism", *Performing Art Journal*, 10/11, vol.Ⅳ, nos.1~2, 1979.

놀이 · 흐름 제의에서의 '리미널'과 '리미노이드'

01

—비교상징학 시론

놀이 · 흐름 · 제의에서의 '리미널'과 '리미노이드'

나는 먼저, 내가 '비교상징학comparative symbology'이란 용어로 무엇을 뜻하며, 또 이 용어가 넓은 의미에서 볼 때 상징 · 기호 · 신호 · 표지 · 색인 · 도상圖像 · 기표記標 · 기의記意 · 기호매체 · 지시대상의 연구와 관련되는 '기호론(혹은 '기호학')'과 같은 학문 분야들과는 어떻게 다른가를 기술하겠다. 결국 나는 '그 안에서' 언어적 혹은 비언어적인 새 상징들이 생성되는 경향이 있는 사회 - 문화적인 여러 과정들과 배경들로 이루어진 몇 가지 유형을 논의하고자 한다. 이것은, 내가 간단히 생각해 보려고 하는 용어인 '리미널 현상liminal phenomena'과 '리미노이드 현상liminoid phenomena'[1]의 비교로 우리를 인도해 가게 될 것이다.

『웹스터 새 세계사전』에 의하면, '상징학'이란, '상징에 관한 연구 혹은 해석'이다.

1_ '리미널liminal'과 '리미노이드liminoid'란 두 용어는 터너가 문화 현상을 설명하고 규정하는 데 사용하는 매우 중요한 용어이다. '리미널'이란 용어는 '공적 - 익명적 전이(公的 - 匿名的 轉移) 혹은 공적 - 익명적 전이영역(公的 - 匿名的 轉移領域)'으로 번역할 수 있는 용어이고, '리미노이드'란 용어는 '개인적 - 변별적 전이(個人的 - 辨別的 轉移) 혹은 개인적 - 변별적 전이영역(個人的 - 辨別的 轉移領域)'으로 번역할 수 있는 용어이다. 이 말의 원래 어원은 라틴어인 'limen(식역)'이란 말이다. 이 말은 이곳과 저곳의 '경계영역' 또는 '문간방(threshold)'이란 의미가 있다. 터너는 이 용어를 어떤 사회 공동체가 어려운 문제에 봉착했을 때나 또는 그런 문제들을 정기적으로 해결하기 위하여 관습적-제도적으로 이룩해 놓고 있는 '전이적 장치들'을 가리키기 위해 사용하고 있다. 이와 유사한 용어를 터너보다 먼저 사용한 사람은 네덜란드의 인류학자 판 헤네프(Arnold Van Gennep)였다. 원래 헤네프는 '통과의례(ristes of passage)'를 설명하기 위해 이 용어를 사용했으나, 터너는 이 용어를 헤네프로부터 가져다가 그 의미를 좀 더 확장하고 다양화하고 세련시켜 문화 전반을 설명하기 위한 용어로 전환시켰다.

이것은 또한 '상징에 의한 표상과 표현'이다. '비교'라는 용어는 예컨대 비교언어학처럼, 단지 하나의 방법이나 코드로서 '비교'를 포함하고 있음을 의미한다. (소쉬르와 바르트의 용어를 사용하자면) '비교상징학'은 데이터와 문젯거리들의 범위에 있어서는 '기호론semiotics' 혹은 '기호학semiology'보다는 그 범위가 더 좁고, '상징인류학symbolic anthropology'보다는 더 넓다. 모든 사람들이 다 알고 있다시피, '기호론'은 '기호와 상징의 일반 이론', 특히 통사론 · 의미론 · 화용론이라는 세 분야를 포함하는 언어기호의 본질과 관계들에 대한 분석이다. 이 세 분야는 다음과 같다.

(1) **통사론**(syntactics) : 그것을 사용하는 사람이나 외적인 지시로부터 분리된 기호와 상징 상호간의 형식적인 여러 관계, 즉 단어 · 구 · 절 · 문장 및 문장구조의 조직과 관계.

(2) **의미론**(semantics) : 기호와 상징이, 그것들이 지시하는 사물과 갖게 되는 관계, 그것들의 지시적 의미.

(3) **화용론**(pragmatics) : 기호와 상징이 그것들의 사용자와 갖는 관계.

내 자신이 행한 제의적 상징에 관한 분석에서는, '통사론'은 대개 내가 '맥락적 의미positional meaning'라고 부르는 것과 비슷하고, '의미론'은 내가 '해석적 의미exegetical meaning'라고 부르는 것과 비슷하며, '화용론'은 내가 '작동적 의미operational meaning'라고 부르는 것과 비슷하다. 롤랑 바르트가, 비록 "기호에 관한 일반적인 학문의 일부가 언어학이 아니라, 기호학이 언어학의 일부이다"(*Elements of Semiology*, p.11)라는 입장을 받아들이고는 있지만, 기호학은 기호론보다 더 폭넓은 포부를 가지고 있는 것 같다. 왜냐하면, 기호학이 '기호에 관한 일반적인 학문'으로 정의되는 반면, 기호론은 스스로를 언어기호에 한정하고 있기 때문이다.

비교상징학은, 분명히 모든 문화어들이 중요한 언어적 구성요소들과 매개자들 혹은 '기의'들을 가지고 있다고는 할지라도, 언어학의 '**기술적**技術的' 측면들과 직접 관련되는 것이 아니라, 제의와 예술 속에 있는 많은 종류의 비언어적 상징들과 더 많이 관련된다. 그럼에도 불구하고, 비교상징학은 사용자 · 해석자 · 주석자와 관련된 상징 · 개념·느낌·가치·이념들 사이의 관계 속에 놓여 있다. 간단히 말해서, 그것은 의미론적 차원을 갖고 있고, 언어와 문맥 속에서 의미에 관계한다. 비교상징학의 데이터는 주로 **문화적 장르들** 혹은 문화표현 **체계들**로부터 이끌어내어진다. 이 장르들 혹은 문화표현 체계들은, 구비전승적 장르들과 문자적 장르들을 모두 포함하며, 우리는 그것들 가운데에서 신화·서사시·발라드·소설·이데올로기 체계와 같은 '**내러티브** 장르'뿐만 아니라, 제의·드라마와 같이 언어적이면서 동시에 비언어적인 상징적 행동을 통합하는 **활동들**도 포함한다. 그것들은 또한, 무언극·조각·회화·음악·발레·건축 등과 같은 비언어적 형식들 및 그밖에 많은 다른 것들도 포함한다.

그러나 비교상징학은 단지 인간의 사회적 활동으로부터 추상된 문화적 장르들을 조사하는 것 이상의 것을 한다. 만일 이것이 이 데이터 전체의 '통시적 요소들을 극단적으로 제거'하고 '하나의 공시적 체계의 상태, 즉 어떤 역사의 단면도'와 같은 것이 된다면, 그것은 '기호학'이 된다(Barthes, 1967 : 98). 내가 1958년에 잠비아 북서부 응뎀부족 사람들 속에서 현지조사를 하는 동안에 수집한 제의적 데이터들을 숙고해 보았을 때, 나는 다음과 같이 썼다. "(상징을 하나의 '사물thing'이라기보다는 하나의 '사건event'으로 보기 때문에), 나는 다른 '사건들'과의 관련 속에 있는 하나의 시간적 연속 안에서 상징을 연구하지 않고는, 이 제의적 상징들을 분석할 수가 없다. 왜냐하면, 상징들은 반드시 사회적 과정들 (그리고 나는 이제 여기에다가 심리적 과정들도 덧붙이려고 한다) 속에 포함되어 있기 때문이다. 나는 제의의 공연들을, 그 공연을 통해서 집단이 내적 변화 — 그 변화가 규범에 대한 개인적·당파적 알력과 갈등으로 야기되었건 혹은 기술적·조직적 쇄신에 의해서 야기되었건 간에 — 에 적응하게 되고, (육체적·생물학적일 뿐만 아니라 사회적·문화적인) 외적 환경에 적응하게 되는, 여러 가지 사회적 과정들 속에 있는 뚜렷한 국면들로 보게 되었다. 이런 관점에서 볼 때, **제의적 상징**ritual symbol은 사회적 행동 안에 들어 있는 중요 인자, 인간의 활동 영역 안에 있는 긍정적인 힘이 된다. 이러한 상징들은 또 결정적으로 사회적 변화의 여러 상황들 속에도 포함되어 있다. 또 이것들은, 이것들이 관찰된 행위로부터 명백하게 규정되거나 혹은 관찰된 행위로부터 추론되거나 간에, 인간적인 관심사·목적·목표 및 수단·동경 및 이상·개인적인 것 및 이상적인 것 등과 관계를 맺게 된다. 이런 이유들 때문에, 제의적 상징의 구조와 특성들은, 적어도 그것들의 적절한 행동의 컨텍스트 이내에서는 하나의 역동적 실체의 구조와 특성들이 된다"(Turner, *Forest of Symbols*, 1967, p.20).

우리는 뒤에 가서, 이러한 상징들의 몇 가지 특성들에 관한 좀 더 자세한 관찰을 하게 될 것이다. 그러나 처음부터 나는 상징을, 시간을 뛰어넘고 형식을 바꾸면서 의미를 버리고 모으는, 사회・문화적인 역동적 체계로 규정하였기 때문에, 나는 그것을 단지 무시간적 논리적 혹은 원초논리적인 인지 체계 속에 있는 용어로만 볼 수는 없다는 것을 여기서 강조하고자 하는 것이다. 틀림없이, 철학적・신학적・형식논리적 체계와 같은 복합적 사회의 전문화된 장르들 속에서는, 그런 장르들의 해체로부터 나오는 상징들과 기호들은, 그런 '대수적' 혹은 논리적 자질을 획득하고 '이항대립적인' 관계들 속에서 효과적으로 다루어질 수 있으며, 탁월한 전문가들의 '매개자'로서의 인지적 활동에 의해 그 기호들의 성질이 변성될 수도 있다. 그러나 '자연 그대로의 야생적인 상징들'은, 그것들이 전통적・'부족적' 문화들 속에서 뿐만 아니라 시・연극・회화繪畵 및 후기산업사회의 '문화적인 생명력을 다시 찾고자 하는' 여러 장르들 속에서도 나타나기 때문에, 다양한 의미들을 얻고 잃는 역동적・의미론적 체계의 성격을 띠게 된다. 사회적 문맥 속에서 상징들의 의미는 항상 정서적・의지적 차원을 갖고 있다. 이러한 상징들은, 수세기 동안에 걸친 공연들을 통해서는 말할 것도 없고, 하나의 '단일한' 제의 혹은 예술작품을 통해서도 떠돌아다닌다. 또, 사람들은 제의나 예술작품을 통해 스스로를 드러내지 않을 수 없으며, 다른 인간 부족들과의 커뮤니케이션을 위해서도 그런 제의나 예술작품을 사용하지 않을 수 없고, 그것들은 그것들을 사용하는 사람들의 심리적 상태와 행위에 어떤 효과를 미칠 수밖에 없다. 나는 항상, '과정적 분석processual analysis', 예컨대 『분열과 연속*Schism and Continuity*』(1957)이란 나의 책 속에서 행한 마을 정치의 진행과정 연구와 같은 과정적 분석 작업을, 나의 제의적 공연의 분석 작업과 연결시키려고 노력해 왔다.

이러한 이유들 때문에 나는, 내가 개개의 상징을 연구할 때에도, 하나의 상징이 어떤 특정한 제의적 공연의 시나리오를 통과해서 다른 종류의 제의 속에 다시 나타나고, 심지어 한 장르로부터 다른 장르에로, 예컨대 제의로부터 주기적 순환의 신화에로 서사시에로 동화에로 어떤 규범 내의 격언과 같은 인유引喩 등에로 전이되는, 그 상징의 의미론적 영역과 과정적 운명의 연구에 초점을 맞추어 온 면도 있었던 것이다. 이러한 것에 초점을 맞추는 연구, 곧 각 상징의 전 세트에 대한 '형식적 분석'은, 상징을 선험적으로 하나의 체계 혹은 '**형태**gestalt'인 것으로 상정하고, 닫혀 있고 시간에 영향을 받지 않는 것으로 취급하며, 공시적인 '총체corpus' 혹은 제한된 자료들의 집적으로 취급한다. 또, 이런 분석은, 주어진 상징의 형식적 특징과 관계들을 강조하는 경향이 있고, 그 상징이 가지는 의미의 자질들로부터 다만 그것을 어떤 이항대립적인 것으로 만들어 주는 특정한 지시적 명칭만을 선택하는 경향, 즉 제한된 인지적 건축체계 내에서 서로 관련되는 축조 벽돌만을 선택하는 경향이 있다. 이럴 경우에, 이항성二項性과 자의성恣意性이 서로 결합되는 경향이 있고, 이것들 둘 다 '기표들'의 무시간적 세계 속에 존재하게 되는 것이다. 이런 식의 취급방법은, 가끔은 매혹적이고 우아해 보이기도 하는, 우리 인지 능력을 **전율**시키는 방법이긴 하다. 그러나 이러한 상징의 취급 방법은, 우리 사회생활의 독특한 환경과 컨텍스트인 욕망과 느낌으로 어두워지기도 하고 반짝이기도 하는, 사회생활을 끊임없이 변화시키는 삶의 복합성으로부터, 그 상징의 전 세트를 이탈시켜버리고, 그것에다가 이원적인 죽음의 힘rigor mortis을 부여해 버리게 된다.

본질적으로 상징들은 감각적으로 인지할 수 있는 '매재'(기표)와 '의미'(기의)로서, 다양한 가변성 속에 있는 것이다. 또 그 다양한 가변성은, 그 가변성을 특정한 여러 사례들 안에서 극복하고 축소함으로써, 그리고 동시대의 사물들을 이해하고 처리하는 데 장애가 되는 그 이전에 자명했던 원리들을 문제삼음으로써, 인간이 살고 있는 세계에 질서를 부여하고 무질서를 창조적으로 활용하기 위해, 그 상징들을 선별하여 사용하는 인간들의 가변성, 반드시 살아있는 의식적 · 정서적 · 의지적 인간들의 가변성인 것이다. 예컨대, 라블레의 작품에 나오는 인물 가르강튀아Gargantua와 팡타그뤼엘Pantagruel의 무질서한 행위와 속성들을 나타내는 상징적 형식의 무질서하고 외설적인 덩어리들은, 당시 학자의 신학적 · 철학적 체계의 정결함 — 그 정결함의 결과는 역설적이게도 견실한 반反계몽주의를 몹시 나무라는 것이었다 — 에 도전하였다.

현대의 몇몇 연구자들이 상징을 논리적인 작동자로 굳혀버리고 절대적인 통사적 연결 규칙들에 종속시켜 버리자, 그런 규칙들을 너무나 심각하게 받아들인 사람들은 인간행동에서 동인으로 작동하는 상징들의 창조적 · 혁신적 잠재력을 그만 볼 수 없게 되고 말았다. 상징은, 이러한 창조적 · 혁신적 행동을 진작시키고, 상황에 따라 변화하는 그러한 행동들의 결합관계 속에서 어떤 수단이나 목적에 감정과 욕망을 침투시킴으로써, 그러한 행동의 방향을 터 나간다.

비교상징학은 바로, 이 '노는 능력'을 보존하고자 하며, 상징을 그것의 움직임 속에서 포착하려고 하며, 상징이 가지고 있는 형식과 의미의 여러 가지 가능성들을 가지고 '놀고자 한다'. 비교상징학은, 사회적으로 작용 - 반작용을 하고 초월적 상호적 작용을 하면서 '살아있는 인간들'에 의해 사용되는 상징들의 구체적이고 역사적인 장場에다가 그 상징들을 '맥락화'함으로써, 이 작업을 수행한다. '상징적인 것'이 화용론적인 리얼리티에 **대립**될 때일지라도, 그것은 즉시 그 대립되는 것과 접촉하고, 대립되는 것에 영향을 미치고, 또 그 대립되는 것에 의해서 영향을 받고, 긍정적인 비유에다 그 대립되는 것의 부정적인 토대를 제공해 주며, 그렇게 함으로써 각자의 한계를 정하고 '우주'를 위한 하나의 새로운 땅을 만들어 차지해 나아간다.

비교상징학은 그 범위 면에서 볼 때, 기호론보다는 좁고 상징인류학보다는 넓다. 왜냐하면, 이것은 '민족지적' 자료들뿐만 아니라 소위 '진보된' 문명들, 복잡하고 규모가 큰 산업사회의 상징적 장르들까지도 설명하려하기 때문이다. 별 수 없이, 이 좀 더 폭넓은 비교상징학의 퍼스펙티브는, 역사학 · 문학 · 음악학 · 예술사 · 신학 · 종교사 · 철학 등과 같은, 대부분의 인류학자들이 거의 잘 모르는 많은 학문 분야의 방법들 · 이론들 및 전문적 발견들을 가지고 스스로의 방법을 절충해낼 수밖에는 도리가 없다.

사정이 이러함에도 불구하고, 복잡한 여러 문화들 속에 있는 상징적 행동들을 연구하려는 이러한 시도들을 이루어내는 데 있어서, 지금도 상징을 주로 '부족' 혹은 단순한 농경사회의 신화 · 제의 및 예술의 상징으로 연구하고 있는 인류학자들은, 단지 뒤르켕과 프랑스의 사회학연보 학파Anne'e Sociologique School · 크뢰버Kroeber · 레드필드Redfield

와 같은 그들의 선배들의 전통으로 되돌아가는 일을 하고 있는 것에 지나지 않으며, 문화적 하부체계들인 **외쿠메네스**oikoumenes(글자 그대로는, '사람이 살고 있는 세계들'이란 뜻으로, 크뢰버가 그리스도문명 · 이슬람문명 · 인도문명 · 중국문명과 같은 문명화된 사회의 복합성들을 지적하기 위해서 사용한 용어)에서나 이른바 '위대한 전통들' 속에서 상징을 관찰한 싱어Singer 교수와 같은 학자들의 전통으로 되돌아가는 일을 하고 있는 것에 지나지 않다.

내 자신의 경우로 말하자면, 나는 판 헤네프가 1908년에 프랑스어로 처음 출판한 그의 책 『통과의례*Rites de Passage*』(1909/1960)[2]-에서 행한 작업 — 그의 작업은 주로 규모가 작은 사회들의 데이터들을 이용했다 — 이 보여주는 몇 가지 함축적인 의미들에 이끌려, 점차 대규모 사회의 상징적 유형들에 대한 연구 쪽으로 나아가게 되었다. 판 헤네프 자신은, 그의 '통과의례'란 용어가 사회계층 상에서의 한 개인의 변화 혹은 일군의 개인들의 변화를 가져오는 제의들뿐만 아니라, 어떤 사회 전체의 계절적 변화들과 관련된 제의들에 대해서도 사용되어야 한다고 생각한 것 같다. 그러나 그의 책은, 전자의 유형, 즉 사회계층 상의 한 개인 및 일군의 개인들의 변화를 가져오는 제의들에 관심을 집중하고 있다. 그리고 이 용어는 거의 배타적으로 '삶의 위기'에서 행하는 제의들에만 관련하여 사용하게 되었다. 그러나 나는 거의 모든 유형의 제의들이 '통과passage'라는 과정적 형식을 가지고 있는 것으로 간주하는 판 헤네프의 초기의 용법으로 되돌아가려고 노력해 왔다.

이 용어는 무엇을 의미하는 것일까? 판 헤네프는, 잘 알려진 바와 같이, 통과의례를 **분리**separation · **전이**transition · **통합**incorporation의 3단계로 구분했다. 첫 번째 단계인 '분리'는 신성한 시공간과 세속적 시공간을 분명하게 구분 짓는다. (이것은 사원으로 들어가는 것 이상의 것이다. 여기에는 시간의 질을 변화시키는 제의, 혹은 '시간으로부터 벗어난' 것으로 규정되는 하나의 문화적 영역을 구축하는 제의가 부가되어 있어야만 한다.) 그것은 (신참자 · 후보자 · 초심자 · '입사자'와 같은) 제의적 주체들을 그 이전에 그들이 속해 있던 사회 층위로부터 분리시키는 것을 표현하는 상징적 행위 — 특히, 세속적인 사물 · 관계 · 과정들을 전도시키는

2_ 이 책은 이미 한국어판으로 번역되어 나왔다. 전경수 역, 『통과의례』, 을유문화사, 1985 참조.

상징적 행위 — 를 포함한다. 한 사회의 구성원들의 입장에서 보자면 그것은, 사회적·문화적으로 농경 시즌에 포함되는 모든 것으로부터, 혹은 평화기간에 대립되는 전쟁기간으로부터, 공동체의 건강에 대한 재앙으로부터, 그 이전의 사회 문화적 상태나 조건으로부터, 하나의 새로운 상태나 조건에로의 전환 혹은 계절적 순환에 있어서의 새로운 계절에로의 전환 등과 같은, 그 공동체 전체의 집단적 선회 혹은 전환을 포함하고 있는 것이다.

판 헤네프가 '가장자리margin' 혹은 'limen(라틴어로, 문간방threshold)'이라고 부른 중간단계인 **'전이'**의 단계 동안에, 제의의 주체들은 일종의 애매성의 시기와 영역, 즉 어떤 결과로 생긴 사회적 지위나 문화적 상태의 속성들을 거의 가지고 있지 않은 일종의 사회적인 중간상태social limbo를 통과하게 된다. 우리는 이 리미널한 단계를 뒤에 가서 좀 더 자세하게 살펴보게 될 것이다.

판 헤네프가 **'통합**incorporation' 혹은 **'재통합**reaggregation'이라고 부른 세 번째 단계는, 그 제의적 주체들이 전체 사회 속에서 상대적으로 새롭고 안정되고 분명한 위치로 되돌아감을 나타내주는 상징적인 현상들과 행동들을 포함한다. 이 삶의 주기적 제의를 지탱하기 위해서, 이 단계는 대개 어떤 향상된 지위, 즉 문화적으로 이미 형성되어 있는 삶의 도정에서 좀 더 나은 하나의 단계를 표상한다.

월령제 혹은 계절제에 참여하는 사람들에게 지위 상에 있어서의 어떤 변화가 필요치는 않지만, 그들은 그들이 떠맡고 있는 문화적·생태학적 활동 본질에서의 일련의 전체적인 변화에 대해서, 그리고 그들이 다른 사람들과 가지게 될 여러 관계의 본질에서의 일련의 전체적인 변화에 대해서, 제의적으로 계속해서 준비를 해온 것이며, 이 모든 것들은 일 년 단위 생산 주기의 한 특정 계절에 대해 효력이 있다. 많은 통과의례들이 우리가 오직 구체적인 일거리들만을 하고 있는 각 개개인 주체들의 삶을 역행하여 다시 행해질 수 없는 반면, 주기적·계절적인 의례들은 모든 사람들에 의해서 해마다 반복된다. 자기들의 첫 번째 결혼식에서의 열광적인 한 쌍의 남녀와는 달리, '결혼기념일을 결코 잊지 않는' 나이든 여자들처럼, 그 의례를 치르고 있는 당사자들보다도 그 통과의례들의 형식을 더 잘 알 때까지, 우리는 우리의 친척이나 친구들의 헤아릴 수 없이 많은 통과의례에 참여하게 된다. 나는 어떤 계절적 제의들 — 이것들의 잔재가 카니발과 페스티발이다 — 은 사람들을 그들의 영구적인 비천한 신분에로 돌려놓기 전에 그들의 낮은 지위를 일시적으로 높여주는 반면, 많은 입사의식들은 사람들을 끊임없이 추켜세우기에 앞서 그들의 오만한 콧대를 꺾어놓는다.

판 헤네프는 그가 세운 이 도식의 세 단계가 통과의례의 종류에 따라 그 길이와 다듬어지는 정도가 달라진다고 주장했다. 예컨대, '분리의례'는 장례식에서 현저하게 나타나고, '통합의례'는 결혼식에서 뚜렷하게 나타나며, '전이의례'는 임신 · 약혼식 · 입사식 등에서 중요한 역할을 할 것이다. 이러한 상황은 유형학적 차이들을 초월하는 지역적이고 민족적인 차이들에 의해서 좀 더 복잡해지게 된다. 그럼에도 불구하고, '부족적 · 농경적' 제의들 속에서 이 3단계 도식을 발견한다는 것은 어렵지 않다.

하나의 사회적 지위로부터 다른 하나의 사회적 지위로 옮겨갈 때에는 종종 한 장소로부터 다른 한 장소로, 공간적 · 지리적인 이동이 병행되기도 한다. 이것은 단순히 문을 열거나 두 개의 지역을 나누어주는 문간방을 가로질러 건너가는 형태를 취할 수도 있다. 이 때 옮겨가기 전의 지위는 그 개인 혹은 공동체의 제의 이전 혹은 '프리리미널 preliminal'한 지위와 관련되고, 옮겨간 다음의 지위는 제의 이후 혹은 '포스트리미널 postliminal'한 지위와 관련 된다. (군대의 징집병이 그의 첫 번째 군대식 명령에 복종할 때의 '두 발 앞으로!'란 말은, 리미널리티[3]-에로의 제의화 된 진행을 보여주는 하나의 현대적인 실례로 제시될 수 있을 것이다).

또 공간적인 이동은, 자기의 목표 즉 성지에 도착하기 전에 겪게 되는 길고 쓰라린 순례와 여러 나라의 국경들을 가로질러 가는 고된 일을 포함할 수도 있다. 이 경우, 성지에서 벌어지는 유사성찬식적類似聖餐式的인 행동이 소규모로 판 헤네프의 '3단계 도식'을 모방할 수도 있다. 때때로, 이 공간적 상징들은 거주나 행동의 지리적 영역이 실제적이고 영구적으로 변화하는 전조일 수도 있다. 예컨대, 야쿠사족Nyakusa이나 응뎀부

3_ '리미널리티(liminality)'란 리미널(liminal)의 명사형으로 전이영역(轉移領域) 혹은 전이성(轉移性) 등으로 번역할 수 있는 용어. 좀 더 자세한 설명은 본장의 후반부와 본서의 부록을 참조.

족의 소녀가 사춘기 의례를 치룬 뒤에 그녀가 출생한 마을을 떠나 자기 남편의 마을로 가서 살게 될 때나, 또는 어떤 사냥꾼 사회에서 젊은 소년들이 그들의 성인식 때까지 그들의 어머니와 함께 살다가, 성인식을 마친 뒤에는 그 부족의 사냥꾼들과 함께 살게 될 때 등은, 그러한 변화 시기의 좋은 예이다.

아마도, 이러한 사고방식 중의 어떤 것은 오늘날 우리 사회에도 살아남아 있다. 예컨대, 연방정부나 주요 산업회사 및 종합대학 등에서의 지위 상승이나 봉급 인상은 대개 한 도시로부터 다른 도시에로의 공간적인 이동을 포함하게 된다. 이 과정을 윌리엄 와트슨William Watson은, 막스 글룩크만Max Gluckman이 1965년에 편집한 『닫힌 체계로부터 열린 마음으로*Closed Systems to Open Minds*』 속에 들어 있는 한 논문에서 '나선형 이론spiralism'이라는 용어로 기술하고 있다.

하나의 지위를 떠남과 다른 하나의 지위를 얻음 '사이'에 있는 **'리미노이드'** 단계는, 하나의 행위주체(그의 꿈들 · 환상들 · 마음에 드는 독서와 오락)에 대한 비교상징학적 연구에 대해서나, 그 행위주체가 하나의 지위를 떠나서 다시 결합하게 되는 다른 사람들 — 그에 관한 그들의 신화들 · 그에 대한 그들의 대우 등 — 에 대한 비교상징학적 연구에 대해서나 다 많은 도움을 줄 것이다.

그러나 한걸음 더 나아가 이 **'리미널'**과 **'리미노이드'**란 용어 사이에는 차이점이 있을 것이다.

판 헤네프에 의하면, 부족사회의 입사의식은 종종 그 제의의 주체들을 그 사회로부터 육체적으로 분리시키는 것으로 특징 지워진다. 오스트레일리아 · 말라네시아 · 아프리카의 어떤 부족들에 있어서는, 입사의식을 겪어야 하는 소년들이 마을과 집안에서의 정상적인 사회적 상호관계로부터 격리되어, 숲 속에서 기나긴 기간 동안을 살아야만 한다. 이 격리 단계의 제의적 상징들은, 비록 그것들 중의 어떤 것들은 정상적 리얼리티의 전도된 형태로 표현되기도 하지만, 그 특성상 다음과 같이 두 가시 유형으로 나누어진다.

하나의 유형은 '소멸의 상징들'이고, 다른 하나의 유형은 '애매성 혹은 패러독스'의 상징들이다. 그러므로 많은 사회들에서 '리미널한'(전이적인) 위치에 있는 입사자들은,

종종 일식과 월식 중의 태양과 달처럼, '그 어둠' 속에서 어둡고 보이지 않는 것으로 생각된다. 그들은 이름과 의상들이 제거되고, 짐승들과도 구분할 수 없게 공동의 흙 common earth으로 매대기쳐진다. 그들은 삶과 죽음, 남성과 여성, 음식과 배설물과 같은 일반적인 대립항들에 동시적으로 관련된다. 왜냐하면, 그들은 곧 그들의 그 이전의 지위와 삶으로부터 죽어서 새로운 지위나 삶으로 태어나고 자라기도 하고, 또 죽어서 그들의 그 이전의 지위와 삶으로 되돌아가기도 하기 때문이다. 여러 가지 사회적 특징들이 상징적으로 첨예하게 전도되는 것은 '분리'로 특징 지워질 수 있다. **리미널리티** liminality, 즉 '전이영역'의 특징은 여러 가지 차이점들을 희미하게 하고 소실시키는 것이다.

이처럼, 이런 의례儀禮(rite)에서의 제의적 활동의 주체들은 일종의 '수평화leveling'의 과정을 견디며, 그들의 '프리리미널한'(전이 이전의) 지위에서의 기호들은 파괴되고 '리미널리티'(전이영역)에서의 '리미널한'(전이적인) 무지위non-status의 기호가 적용된다. 나는 이미 이런 기호들의 리미널리티의 어떤 표식들 — 이름과 의상의 부재 — 을 언급한 바 있다. 다른 기호들로는, 어떤 특별한 음식을 먹거나 안 먹거나 하는 일, 개성적인 외모의 무시, 유니폼의 착용, 성구별의 무시 등을 들 수 있다. 이런 전이 과정 중에, 의례의 입사자들은 가능한 한 획일성, 구조적 불가시성, 익명성 쪽으로 멀리 끌려가게 된다.

의례의 입사자들은, 어떤 대가를 치르는 대신, 특별한 종류의 자유 · 순수함 · 유연함 · 겸손함의 '성스러운 힘'을 획득하게 된다. 이에 관해 판 헤네프는 다음과 같이 상세하게 말하고 있다.

> 전체의 수습기간 동안 일반적인 경제적 · 법적 유대가 수정되고, 때로는 그런 유대가 모두 파괴되기도 한다. 의례의 신참자들은 그 사회 밖에 있게 되고, 사회는 그들에 대해서 아무런 힘도 가지지 못한다. 왜냐하면, 그들은 실제로 (그 사회 고유의 신념에 의해서) 성화되고, 그럼으로 해서 신처럼 접촉할 수 없는 위험한 존재가 되기 때문이다. 이처럼, 금기禁忌가 신참자와 사회 사이에 장벽을 세우지만, 부정적 의례negative rites에서 나타나는 바와 같이

> 사회는 신참자들이 떠맡아야 하는 일에 대해서는 아무런 도움도 줄 수가 없다. 이것은 수많은 민족들 사이에서 주목받아 오면서도 관찰자들에게는 이해할 수 없는 채로 존속되어 온 하나의 사실에 대한, 전 세계에서 가장 간단한 설명이다. 이 수습기간 동안, 젊은이들은 그 공동체의 비용으로 마음대로 훔치고 강탈하고 스스로를 장식할 수도 있다(1960 : 114).

('리미널리티'에서의) 신참자들은 사실상 정상적인 사회구조를 넘어서 일시적으로 불확정적인 존재가 된다. 이 '불확정성'은 그들이 다른 사람들에 대해 어떤 권리도 갖지 못하기 때문에 그들을 약화시킨다. 그러나 이것은 또한 그들을 구조적 의무들로부터 해방시켜 준다. 이것은 또 그들을 삶과 죽음의 비사회적 혹은 사회적 힘과의 밀접한 관련 속에다 위치 지운다. 그러므로 신참자들은 한편으로는 영혼 · 신 · 조상들과, 그리고 다른 한편으로는 동물이나 새들과 비교된다. 그들은 사회적 세계에 대해서는 죽어 있지만, 반사회적 세계에 대해서는 살아 있다. 많은 사회들은 명시적인 것과 암시적인 것, 성과 속, 우주와 혼돈, 질서와 무질서 사이의 이분법을 형성한다. 이런 '리미널리티'(전이영역) 속에서는, 세속의 사회적 관계들이 단절되기도 하고, 그 이전의 권리와 의무가 중단되고, 사회적 질서가 전도되는 양상도 보인다.

그러나 여기서 신참자들은 어떤 대가를 치르는 대신 우주론적 체계들을 가장 중요한 관심의 중심 대상으로 삼게 되며, 암시적으로든 명시적으로든 그 체계들이 규정되고 이해되는 한 그 신참자들은 우주의 한 부분이자 산물로서 (우주의 구조 및 문화 교육의 상징적 패턴과 구조를 가진) 의례 · 신화 · 노래 · 비어적秘語的 교훈과 같은 언어적 상징 양식들과 무용 · 회화 · 찰흙 주조 · 목조 조각 · 가면과 같은 다양한 비언어적 상징 양식들 속에서, 연장자들과 마주하게 되는 것이다.

이런 '리미널리티'는, 성화聖化된 시공간 속에 있는 어떤 복잡한 일련의 에피소드들의 연속을 포함할 수도 있고, 전복적이고 놀이적인 사건들을 포함할 수도 있다. 여기서, 여러 가지 다양한 의미들을 허용하는 수형樹型 · 이미지 · 회화 · 무용형식과 같은 다의적인 상징들 — 즉 상징매체, 감각적으로 감지할 수 있는 형식들 — 과 관련시킬 수 있는 한, 문화를 구성하는 여러 가지 요인 혹은 요소들은 서로 분리될 수도 있고, 여러 가지 방법으로 때로는 그로테스크한 방법으로 재결합될 수도 있다.

그 방법들이 그로테스크한 이유는, 그것들이 체험되는 결합 관계들에 의해서라기보다는 오히려 있을 법한 혹은 마음 속에 그려지는 결합 관계들에 의해서 정리되기 때문이다. 예컨대, '괴물변장'에서 보면, 인간적 · 동물적 · 식물적인 여러 특징들이 '비자연적인' 방법으로 결합되고, 그 특징들이 다소 다르다 할지라도 회화나 이야기 속에서도 똑같이 '비자연적인' 방법으로 결합되거나 기술될 수가 있다.

다른 말로 하자면, 이 '리미널리티' 속에서는 친숙한 요소들을 가지고 놀면서, 그것들을 낯선 것들로 변화시킨다. 여기서의 '새로움'은 친숙한 요소들을 일찍이 없었던 양태로 결합시키는 데서 생겨나는 것이다.

1972년에 토론토에서 열린 **'미국인류학회'**에서 브라이언 서튼-스미스Brian Sutton-Smith는, 내가 일찍이 **'리미널리티'**와는 다른 사회현상과 사건들에 적용한 바 있는 용어, 즉 역할 · 계층 · 법적 권리 · 의무들을 가진 정규의 사회 **'구조**structure'에 대응하는 **'반구조**anti-structure'라는 용어를 빌려다가, 부족사회 및 산업사회 전반에 있어서의 어린이들 및 (일부 어른들의) 놀이에 관해서 그가 계속해온 일련의 실험적인 연구에 적용시켰다. 그가 말하는 것들 중에 많은 것들은, 필요한 변경을 좀 가해서, 부족 제의의 리미널리티 연구에 다시 되돌려 적용 할 수 있는 것이다. 그는 다음과 같이 말하고 있다.

"정규적인 '구조'는 평형 상태가 작동함을 표상하고, '반구조'는 정규적인 체계 속에 있는 우연성들이 새로움을 요구할 때 그 새로움이 생겨나는 서로 교체될 수 있는 잠재적인 체계를 표상한다. 이 체계는 혁신적인 정규 형식의 선구이므로, 우리는 이 제2의 체계를 좀 더 정확하게 '원구조적 체계protostructural system'라고 부를 수도 있다. 이것은 새로운 문화의 원천이다"(1972, pp.18~19). 브라이언 서튼-스미스는 최근에 (영국 어린이들의 '반지 - 장미 게임'과 같은) 게임들 속에 있는 **질서 - 무질서** 연속체order-disorder continuum를 관찰해 오면서, 다음과 같이 말하고 있다. "우리는 게임에서 무질서하게 될 수 있다. (나는 여기에다 샤리바리charivaris,[4] 성축일 제례, 할로윈 가면놀이,[5] 무언극 등과 같은 '리미노이드한'

4_ 신혼부부에 대한 장난으로 냄비 주전자 등을 두드리는 시끄러운 세레나데.

현상 속에서도 그럴 수 있다고 덧붙이고자 한다.) 왜냐하면, 우리는 과다한 질서를 가지게 되면 눌려있던 여분의 정력을 배출하고자 하기 때문이기도 하고 — 이것은 제의적 전도, 로마의 농신제 등과 같은 제의적 무질서에 대한 '보수적인 견해'라고 할 수도 있다 — 우리가 그런 무질서함을 통해서 배워야 할 무엇인가가 있기 때문이기도 하다"(1972, p.17).

브라이언 서튼-스미스가 공식화한 것들 중에서 나를 흥미롭게 하는 것은, 그가 리미널 상황과 리미노이드 상황들을 새로운 모델 · 상징 · 패러다임이 발생하는 배경으로, 즉 문화적 창조성의 실제적인 생성 배경으로 보고 있다는 점이다. 그런데 이 새로 발생한 모델 · 상징 · 패러다임들은, 그것들에게 어떤 목표 · 열망 · 자극 · 구조 모델 · 존재이유를 공급해 주는 '중심'인, 경제 · 정치 · 법률적 영역들과 활동무대들로 피드백 되어 들어간다.

몇몇 사람들 특히 프랑스 구조주의자들은, 이 '리미널리티'가 좀 더 좁혀서 말하자면 부족사회의 신화 · 제의와 같은 '리미노이드' 현상이, '암시적인 통사론적 규칙들'의 수립에 의해서 혹은 '신화 · 제의의 각 상징적 요소들 사이의 대립 · 조정의 논리 관계의 내적 구조들'에 의해서, 가장 잘 특징지워질 수 있다고 주장해 왔다. 아마 끌로드 레비-스트로스도 이런 견해를 가지고 있었을 것이다.

그러나 내가 생각하기에, 리미널리티 특히 리미널리티의 본질은 문화를 여러 요인들로 분석하고 그 요인들을 모든 가능한 패턴으로 자유롭게 혹은 '놀이적으로' 재결합하는 데 있다고 여겨진다. 우리가 만일 주요 제의들의 리미널 단계들을 문화상호적 · 통시간적으로 연구한다면, 이런 점이 잘 드러나게 될 것이다. 문화를 구성하고 있는 여러 요인들이 어떤 관습적인 패턴 · 디자인 · 배열들로 결합하는 가능성들을 제안하는 암시적인 규칙들이 나타나기 시작할 때, 사회의 정규적인 **구조**는, 원칙적 · 잠재적으로 어떤 자유롭고 실험적인 문화의 영역으로 즉 새로운 요소들 및 새로운 결합 규칙들이 언어의 경우보다 더 훨씬 더 용이하게 개입될 수 있는 문화의 영역으로, 침입해 들어가는 것이라고 나는 생각한다.

5_ 기독교의 제성도일(諸聖徒日)인 11월 1일의 전야인 10월 31일에 밤에 행하는 가면축제.

이 변이와 실험의 가능성은 **레저**leisure와 **일**work이 엄격하게 구별되는 사회들에서, 특히 산업혁명으로 형성되어온 모든 사회들에서 좀 더 분명하고 지배적인 것으로 나타난다. 은유적이고 대립적인 논리관계들과 자연으로부터 문화에로의 변환이라고 하는 인간성의 변환을 다루는 모델, 곧 '날 것/익힌 것 : 싱싱한 것/상한 것'이라는 '음식의 삼각관계' 구조에서의 두 세트의 대립을 이용하는 기하학적 모델과 같은 여러 가지 레비-스트로스식 모델들은, 내가 보기에는 주로 일과 삶이 계절적 · 생태학적 리듬에 지배되는 경향이 있는 부족사회나 초기 농경사회에 적용할 수 있을 것 같다. 그러한 사회에서는 문화적 패턴을 생성하는 기저 규칙들이, 이항대립적 '음양陰陽형식들', 즉 뜨거움/차가움, 젖음/마름, 문명화된/야생의, 남성/여성, 여름/겨울, 풍부함/부족함, 오른쪽/왼쪽, 하늘/땅, 위/아래 등과 같은 단순한 '자연적' 대립항들로 제시되는 형식들을 추구하는 경향이 있다. 여기서는, 중요한 사회 - 문화적 구조들이 이런 것들 및 이런 것들과 비슷한 우주론적 원리들을 기초로 하여 형성되는 경향이 있고, 또 이런 것들은 도시와 마을의 배치 설계, 가옥 디자인, 여러 가지 유형의 문명화 지역의 모양새와 공간 배치까지를 결정한다.

실제로 우주론적이고 신화학적인 모델들과 관련하여 공간적 상징들을 분석하는 것은, 요즈음 아주 번창하고 있는 프랑스 구조주의자들의 산업이 되어 버렸다. '리미널리티' 자체도 이 강력한 구조화 원리들의 손아귀를 벗어날 수 없다는 것은 놀랄 만한 일이 아니다. 다만, 어떤 유형의 어린이 게임과 놀이만이 어느 정도의 자유가 허락된다. 왜냐하면, 이것들은 구조적으로 '문제적인' 것이 아니라 '부적절한' 것으로 규정되기 때문이다. 그러나 어린이들이 일단 어른의 초기 단계로 입문되면, 그들의 사회적 행위의 변이들은 크게 줄어들고 의무들이 절제되고 조절된다.

그리하여 어린이들의 게임은 원형적이고 오래된 것이기를 그만두고 교육적인 것이 된다. 법 · 도덕 · 제의 및 여러 가지 경제생활은 우주론적 원리들을 구조화하는 영향권 아래로 들어온다. 우주는 유추 · 은유 · 환유에 기초한 하나의 복잡한 '상응correspondences'의 직조織造가 된다. 예컨대, 마르셀 그리올Marcel Griaule · 제네비에브 카라므-그리올Genevieve Calame-Griaule 및 제르메느 디에테르랑Germaine Dieterlen에 의하면, 서부 아프리카의 도곤족Dogon은 광물들의 서로 다른 범주들과 신체의 유기적 조직들 사이의 상응관계를 수립해 놓고 있다. 갖가지 다양한 토양들은 '심장 내부'의 유기적 조직들로 상상되고, 바위들은 골격의 '뼈들'로 받아들여지며, 붉은 찰흙의 다양한 빛깔들은 '피'와 관련되고 있다. 이와 비슷하게, 중세의 중국에서는 나무와 구름을 그리는 이와는 또 다른 방법들이 다른 우주론적 원리들과 관련되고 있다.

이처럼, 세계 도처의 여러 사회들 속에 존재하는 통과의례에서 발견되는 상징들은, 비록 그것들이 그 사회의 관계들을 변경하고 변환시키는 것을 목표로 하면서도, 상대적으로 안정되고 순환적이고 반복적인 체계들 안에 존재하는 것들에만 포함되어 있다. **'리미널리티'**라는 용어는 바로 이런 종류의 체계들 속에 적절하게 관련되어 있는 것이다. 그래서 큰 규모의 복합적인 사회들 속에 있는 여러 과정들・현상들・사람들에 대해서 사용될 때, 이 용어의 용도는 주로 은유적이어야만 한다.

이렇게 해서, 통과의례의 과정적 구조 속에 있는 단계에 대해서 일차적으로 사용되는 '리미널리티'라는 말은, 문화의 다른 양상들 즉 좀 더 큰 규모의 좀 더 복합적인 사회들 속에 있는 문화의 다른 양상들에 대해서도 적용될 수 있다. 이 점은 비교상징학에 있어서의 하나의 분기점으로 우리를 이끌고 간다. 여기서, 산업혁명 이전과 이후에 발전한 문화들에 속하는 상징적인 체계들과 장르들을 구별하지 못하면, 이론적인 취급면에서나 실제 조작의 방법론 면에서나 많은 혼란을 겪을 수 있다.

이 점에 대해서 아주 분명하게 설명하고자 한다. 주로 농경사회이면서 대도시 산업사회의 곡물창고나 놀이터로 나타나는 제3세계의 산업화를 포함한, 산업혁명 이전에 발전한 문화와 산업혁명 이후에 발전한 문화의 문화표현의 레벨 사이에는, 두 문화의 무한한 다양성에도 불구하고, 아직도 근본적인 차이가 있다.

여기서의 핵심 개념은 **일・놀이・레저**이다. 이것들 각각이나 이것들의 어떤 결합 상을 다르게 설명하고 강조하는 것은, 우리가 숙고할 여러 사회 유형들 속에 있는 상징적 표현체계와 상징적 장르들에 대한 우리의 사고방식에 영향을 미칠 수 있다. 이 각 개념들은 다의적 혹은 다치적多値的이기 때문에, 많은 지시적 의미를 가지고 있다. '일'이라는 말을 살펴보자. 『옥스퍼드 영어사전』에 의하면, '일'은 다음과 같은 뜻을 지닌다.

(1) 에너지의 소비, 노력, 어떤 목적을 위해 노력하는 것. (이 점은 『웹스터 영어사전』의 첫 번째 의미인 '무엇인가를 하거나 만들기 위하여 발휘되는 육체적 혹은 정신적 노력, 목적 있는 행동, 노동, 수고'라는 뜻과 아주 잘 부합된다.) (2) 떠맡은 임무, 임무를 수행하는 데 사용되는 재료들. (3) 행해진 것, 성취, 만들어진 것, 문학적 혹은 음악적인 작품으로 된 책이나 소품. (이러한 '일'의 개념은 레저 영역에는 적용되지 않는다), 신념이나 우아함에 대립되는 것으로서의 가치 있는 행동. (4) 고용, 특히 노동에 의한 돈벌이 기회, 힘든 업무. (5) (근무일에서처럼) 일상적 · 실천적인 것 등등. (여기서, 이 말의 뜻이 '세속적인, 비속한, 실용적인' 등의 뜻과 동조同調된다).

'부족적인', '문자 이전의', '단일한', '작은 규모의' 사회들에서, 제의와 신화 — 신화는 일부만 — 는 정확하게 이런 의미의 '일'로 여겨진다. 인도의 고전 『바가바드 기타 *Bhagavad Gita*』의 제3장에서도 우리는 희생과 일 사이의 관계에 대한 다음과 같은 언급을 발견할 수 있다. "음식으로부터 모든 우연한 존재들이 생겨나고, 음식은 비로부터 생겨나고, 비는 희생으로부터 생겨나며, 희생은 일로부터 생겨나고, 일은 브라만으로부터 생겨난다"(Swami Nikhilananda, 1969, v.14~15). 니키라난다Nikhilananda는 이 구절에서의 '일'이 호주戶主에게 희생이나 일('행동')을 규정해 놓은 베다 속의 희생을 말하는 것이라고 주해註解하고 있다.

응뎀부족은 전문적인 제의나 주재자가 하는 것을 **쿠자타**Kuzata, 즉 '일'이라 부르고, 이 용어를 일반화하여 사냥꾼 · 경작자 · 추장 및 오늘날의 막노동자가 하는 것에다가도 적용시키고 있다. 역사적인 문헌자료의 증거들 안에서 볼 때, 도시국가나 봉건국가와 관련된 아주 복잡한 농경사회에서조차도, 기독교화 이전의 초기 그리스에서 '신에의 공적인 봉사'라는 뜻의 말로 정립된 '*liturgy*(예배)'와 같은 용어를 발견하게 된다. '*liturgy*'라는 말은 그리스어 *leos*혹은 *laos*('국민, 사람들')와 ergon 즉 '*work*'으로부터 나왔다. 여기서 *work*란 말은 고대영어 *weorc*, 독일어 *werk*와 그 기원이 같으며, 인도-유럽어 어간 *werg*('하다, 행동하다')로부터 나온 말이다. 그리스어 *organon*('연장, 도구')이란 말도 원래는 같은 어간 *worganon/organon*으로부터 나온 것이다. 물론 인간들은 여러 신들 혹은 유일신과의 상호적인 교환관계로 들어가기 위해 제의 속에서 좀 더 잘 협동하였고 — '신도들의 목소리가 곧 유일신의 목소리'였던 것은 아니었으므로 — 신과 인간 사이의 어떤 근본적인 차이점이 있다는 것을 함축하는 것으로 해석되기는 하겠지만, 이 '인간의 일은 신의 일'이라는 명제는 뒤르껭이 알았더라면 기뻐했을 결론이다. 신과 인간 사이의 하나의 차이점은 창조자와 피조물 사이에서 유추되었다. 그것이 아무리 경험적인 경우였을지라도, 여기서 우리가 알고 있는 것은 하나의 세계 혹은 일work, 일종의 필연적ergon 혹은 **유기적**organic 세계이며, 그 속에서 주요한 차이점은 일과 레저 사이에 있는 것이 아니라, 신성한 일과 세속적인 일 사이에 있다.

예컨대, 사무엘 빌Samuel Beal은 그의 『파안 성윤의 여행, 중국으로부터 인도에 이르는 불교도의 순례*Travels of Fah-Hian Sung-Yun, Buddhist Pilgrim from China to India*』(A.D. 600과 A.D. 518, 1964, p.4 이하)라는 책에서 '샤먼shaman'이라는 말에 대한 치 파한Chi Fah-Hian의 용법에 관해서 다음과 같이 말하고 있다. "중국어 **샤먼**shaman이라는 말은 음성학상으로 산스크리트어 *srmana* 혹은 팔리어 *samana*를 표상하고 있다. 이 중국말은 '근면한', '힘드는'의 의미를 가지고 있는 것으로 정의된다. 산스크리트어 어근은 '*sram*'(피로해진, 지친)이다." (그는 고비사막 지역의 일부인 마카이 사막에 살고 있는 센센족Shen-Shen에 관해서 언급하고 있었다.)

더 나아가, 그것은 일의 세계, 모든 공동체들이 바라서 참여하는 것이 아니라 의무로 참여하는 세계이다. 그 공동체 전체는, 구성원 모두가 참여하든 혹은 대표자들만이 참여하든 간에, 제의의 전체 범위를 경험한다. 그래서 파종 · 첫 결실 · 수확과 같은 시기의 어떤 의례들은 남녀노소 모두를 다 참여시키고, 다른 의례들은 남성이나 여성, 늙은이나 젊은이, 한 씨족이나 다른 한 씨족, 하나의 모임이나 비밀 결사 등과 같은, 어떤 특정한 집단 · 범주 · 모임에 초점이 맞춰질 수도 있다. 그러나 결국은 그 공동체 전체가 그 제의의 전 범위에 총체적으로 참여하는 것이 되고, 제의의 전 범위는 결국 그 공동체 전체의 총체적인 참여의 범위가 된다. 곧 어느 누구도 제의적 의무로부터 벗어날 수는 없는 것이다. 직접적이든 대리자에 의해서든, 개인적 · 집단적인 공동참여 · 의무 · 사회 전체의 위기 통과는 바로 '신의 일'임과 동시에 성화聖化된 '인간의 일'임을 증명해 주는 것이다. 또 그러한 증명이 없이는, 그 공동체를 위해서 세속적인 인간의 일이 살아남을 수 있다거나 적어도 존재할 수 있다고 상상하는 것은 불가능하다. 이 점은 이미 산업사회가 정복한 사회들에 대해 역사가 냉정하게 실증한 바 있다.

그러나 우리는 여기서, '일'이라고 하는 것은 산업사회 속에서 우리가 알고 있는 바와 같은 그러한 일이 아니며, 성聖과 속俗의 두 차원에서 '**놀이**'의 요소를 가지고 있는 것이라고 주장할 수 있다. 공동체와 그 공동체의 구성원 개개인들이, 그들 스스로를 제외한 예배의 마스터나 '화주貨主owner'로 여겨지거나 궁극적으로 그것들을 '소유하는' 조상들과 신들의 대표자로 여겨지는 한, 그들은 문화적으로 결정된 어떤 조건들 아래서 사회적으로 물려받은 제의적 관습들의 퇴적물 속에다 가끔 새로움의 요소를 이끌어 들일 수 있는 권위를 갖게 된다.

'리미널리티', 즉 전이영역은 이러한 '놀이적인' 창조에로 옮겨가기가 쉬운 단계이다. 아마도, '일'과 '놀이'의 차이보다는 '일'과 '레저'의 차이 — '레저'는 놀이를 포함하면서도 독자적으로 그것을 능가한다 — 를, 후자가 산업사회의 인공물이라는 점으로 변별하는 것이 더 좋을 것 같고, 제의나 신화와 같은 상징적 표현 장르들은 일이면서 곧 놀이인 것으로, 또는 적어도 일과 놀이가 상호적으로 복잡하게 연결되는 문화적 행동으로 보는 것이 더 좋을 것 같다.

그러나 역사적으로 좀 더 최근의 것이 좀 더 앞선 과거의 것에 빛을 던져줄 수 있으며, 특히 그 둘 사이에 사실로 입증할 수 있는 어떤 사회 발생학적인 관계가 있을 때 더욱 그렇다. 왜냐하면, '부족' 문화들의 '리미널한 시기들', 특히 오래 지속되는 입사식入社式이나 달력에 기초한 제의들의 '리미널한 시기들'에는, 분명히 '놀이적인' 측면들이 있기 때문이다. 이 시기들에는 예컨대 다음과 같은 것들이 포함된다. 즉, 제의적 컨텍스트 안이나 밖에 있는, 고대 마야Maya나 현대의 체로키부족Cherokee의 공시합 · 수수께끼 · 조롱으로 골려주는 시련 · 성스러운 바보짓 · 광대짓 · 리미널한 시공간 속에서 행해지는 사기꾼 이야기 및 이와 비슷한 일단의 다른 유형의 여러 가지 장난질 놀이 · 성화聖化된 게임들 등등이 다 여기에 포함된다.

요점은, 비록 부족 농경민들의 제의나 신화의 이 놀이의 측면들이, 뒤르껭이 말한 바와 같이 '진실한 생명에 대한' 것이긴 할지라도, 상징적 행동들을 공연하고 상징적 대상들을 조작하는 데 있어서 집단 전체의 '일'과 내적으로 관련된다는 점이다. 이러한 상징적 행동들의 공연과 상징적 대상들의 조작은, 개인 · 집단 · 기르는 짐승 및 야생 짐승들의 풍요를 자극하고 증가시키기 위해서, 질병을 치료하기 위해서, 전염병을 피하기 위해서, 급습에서 성공을 거두기 위해서, 소년을 성인 남성으로 소녀를 성인 여성으로 변환시키기 위해서, 출정의 길에서 생긴 '열기'를 '식히기' 위해서, 계절의 적절한 순환 및 사냥과 농업의 보답을 보장받기 위해서, 그리고 이러저러한 여러 가지 것들을 위해서 행해지는 것이다.

이처럼, 놀이는 진지하면서도 어떤 정도를 넘지 않는다. 예컨대, 내가 『제의과정*The Ritual Process*』이란 저서에서 기술한 바 있는 응뎀부족의 쌍둥이 축제인 **'우부왕우** Wubwang'u'의 한 장면을 보면, 여성들과 남성들이 매우 성적이고 우스꽝스런 방법으로 서로 능욕적인 농담을 주고받는다. 많은 것들이 공적인 스타일로 굳어져 있긴 하지만, 개인적 창의성이 이 욕설 속으로 이입되는 것도 많다. 그럼에도 불구하고 이 놀이적인 행위는 건강한 자손을 생산하되 건강한 자손을 너무나 많이 생산하지는 않도록 하기 위한, 제의의 궁극적인 목적에 대한 봉사에로 조절되어 들어간다. 여기서, 풍요는 선이지만, 분별없는 무모한 풍요는 어리석은 '장난'인 것이다. 그러므로 이 성의 구별을 넘어선 농담은 합당한 풍요를 유지하면서 동시에 부당한 풍요를 제한한다. 여기서 농담은 즐거운 경험이면서, 또한 사회적 허가이기도 하다. 이러한 농담은 또 지나치게 혁신적인 이념이나 기술적인 변화에 의해 균형을 잃지 않도록 해주는, '순환적 · 반복적 사회들'의 윤리적 특성인 '중용golden mean'을 보존하고 있어야만 한다.

기술혁신은 여러 가지 이념들의 산물이다. 그러한 여러 가지 이념들의 산물을 나는 **'리미노이드한 것들**the liminoid'[6]-(여기서, '-oid'는 형식 · 모양의 뜻을 가진 그리스어 -eidos로부터 나온 것으로, '~같은', '~을 닮은'의 뜻을 가지고 있다. '리미노이드한 것들'은 '리미널한 것들'과 같지는 않고 유사하다)이라 부르고, 마르크스는 이것을 '초구조적인 것들the superstructural'이라고 불렀

6_ 리미널(liminal)과 리미노이드(liminoid)의 차이에 관해서는 다음 페이지 이하 본문을 참조. 리미널한 것들(the liminal)과 리미노이드한 것들(the liminoid)의 구별도 리미널과 리미노이드의 차이에 근거하고 있다.

다. 그러나 나는 오히려 '반anti-', '메타meta-' 혹은 '원초-구조적proto-structural'이란 말들에 관해서 이야기하기를 더 좋아한다.

마르크스에게 있어서 '초구조적'이란 말은, 왜곡된 반영이라는 함의, 즉 결속과 갈등 양자에 있어서의 생산관계 배열인 '구조적' 혹은 '하부구조적'인 것들에 대한 위조 혹은 신비화라는 함의가지를 가지고 있다. 반대로, 나는 이 '리미노이드한 것들'을, 대영박물관 도서실의 격리된 공간 속에서 쓰여 진 마르크스의 리미노이드한 '저작들'과 같은, 일종의 독립적이고 비판적인 원천으로 본다.

여기서 나는, 비록 이 '리미노이드한 것들'이, 경영적인 인허가에 의해서 자의적으로 분리된 '자유시간'에 기원을 두긴 하지만, 진정한 '일'의 성격을 어떻게 회복할 수 있을까를, 즉 리미노이드한 것들이 어떻게 '사회적 생산노동'의 '중심들' 혹은 '주류들' 속에 있는 어떤 왜곡된 거울 · 이미지 · 가면 혹은 구조적 행동의 구실이 아닌, 창조적 행동의 독립적인 영역일 수 있는가를 관찰하고자 한다.

'리미노이드한 것들'을 왜곡된 거울로 보는 것은 '리미노이드한 것들'을 단지 정치적 현상에 대한 해명과 동일시하는 것이다. 사실상 '반구조anti-structure'는, 유토피아로부터 간단한 계획표에 이르기까지 삶의 여러 가지 다양한 대체 모델들을 생성하고 보존하며 그 대체 모델들이 정치적인 조절 도구로 이용되는 것 못지않게, (그것이 권위가 있든 없든, 통제 하에 있든, 통제에 저항하고 있든) 근본적인 변화 방향의 주류를 형성하는 사회 - 정치적 역할행위에도 큰 형향을 미칠 수 있다.

과학자들처럼, 어떤 범위 안에서 작동하는 여러 집단들이나 범주들 중의 어느 하나 혹은 다른 하나에 편드는 일에 관심을 기울이는 것이 아니라, 우리는 어떤 영역에 경계를 정하는 일에 관심을 기울인다. 실험적이고 이론적인 학문자체가 '리미노이드한' 실험이고 연구인 것이다. 이 '리미노이드한 것들'은, 생산적 혹은 정치적 사건들의 주류로부터 따로 떨어진 '중립적 공간'이나 특권이 부여된 영역들에서 이루어진다. 종합대학교 · 전문대 · 단과대학 등은 상징적 행동을 위해서뿐만 아니라 자유롭게 하고자 하는 모든 종류의 실험적 인지행위를 위해서도 '리미노이드한' 배경이 되고 있으며, 이러한 행동들은 예컨대 부족사회에서 발견되는 어떤 것들과도 유사하고, 미국의 대학생 사교클럽과 '사교의 집'에서 행해지는 '서약'이나 '맹세'의 의식들과도 비슷하다. 이것은 물론 '리미노이드한 것들'이 정치적 의미를 전혀 갖지 않는다는 뜻은 아니다. 예컨대, 「권리장전」과 「공산당 선언」, 혹은 플라톤의 『국가』나 홉스의 「리바이어던」을 생각해 보라.

그러나 '**리미노이드**liminoid'란 말의 개념을 좀 더 세심하게 살펴보고 그것을 '**리미널**liminal'이란 말과 구별해 보자.

이 일을 적절히 하기 위해서, 우리는 '**놀이**'의 개념을 먼저 살펴보아야 한다. 어원학은 우리에게 이것에 관한 많은 것을 알려주지는 못한다. 우리는 'play(놀이)'란 말이 고대영어 *plegan*('스스로 연습하다, 활발하게 움직이다') 및 같은 어원의 중세 독일어 pleyen('춤추다')에서 나왔음을 알 수 있다. 월터 스키트Walter Skeat는 그의 저서 『콘사이스 영어 어원사전*Concise Etymological Dictionary of the English Language*』(p.355)에서, 앵글로색슨 언어 *plega*('게임, 스포츠')도 (일반적으로) '싸움, 전쟁'의 뜻이라는 의견을 제시하고 있다. 그는 또한 이러한 앵글로색슨 언어 용어들은 라틴어 *plaga*('타격')로부터 변용해온 것이라고 생각하고 있다. 비록 '춤추어진 싸움 혹은 제의화된 싸움'이라는 생각이 'play(놀이)'의 이차적・외연적 의미라 할지라도, 이 의미심장한 개념은 그 자체의 역사적 운명을 가지고 있다.

『웹스터 사전』에는 놀이play의 개념이 다음과 같이 풀이되어 있다. (1) 특히, '자유롭고 신속하고 가벼운 행동・동작・행위' (즉 근육의 놀이). — 여기서 종종, '놀이'는 '일'의 '무거움'에 대립되는 것으로서의 '가벼운' 것, '일'의 '필수적인' 혹은 '의무적인' 것에 대립되는 것으로서의 '자유로운' 것, 일의 여러 과정들의 신중하고 반성적인 스타일에 대립되는 '신속한' 것으로 생각된다. (2) '동작 혹은 행동을 위한 자유나 영역'. (3) '흥미나 오락을 위해 열중하는 행동'. — 여기서 우리는 다시 필연성이나 의무로부터 떨어져 있는 행동이라는 개념에 접근하고 있다. (4) '(놀이 속에서 어떤 것을 하기 위한) 장난・농담'. — 여기서는 현대극의 어떤 유형들이 가지고 있는 진지하지 않은 성격을 강조하고 있다. (5) ① '게임을 하는 것', ② '게임을 하는 방법이나 테크닉'. — 여기서는 놀이가 일의 진지하지 않은 차원에 있어서는 일일 수도 있고 진지할 수 있다는 개념을 다시 드러내며, '장난fun'이 '테크닉'이 되는 조건들, 즉 장난이 규칙에 지배받게 되는 조건들이 무엇인가 하는 문제를 제기한다. (6) ① '게임에서의 작전행동 · 움직임 혹은 행동'(예컨대, 미식축구의 T자형 공격 대형에서 풀백이 약간 앞으로 나온 대형이나 T자 방어 대형 혹은 어떤 팀이나 개인이 하는 특수하고 훌륭한 움직임). ② '게임에서의 한 판'(즉 하나의 게임 속에는 적어도 한 판의 놀이가 있다). (7) '도박 행동'. — 여기서 우리는 부족사회나 봉건사회에서 행해지는 예언의 도박적인 성격을 생각할 수도 있다. 물론, '도박'이라는 말 자체가 독일어 방언 용어인 *gammeln*('스포츠를 하다, 즐겁게 하다')과 유사한 고대 영어 *gamenian*('놀다')로부터 나왔다. (8) '연극적인 작품 혹은 공연, 연극', '놀이가 사물화된 것'. — 분명히 이 용어는 '레크레이션' · '테크닉' · '연극 공연에서의 한 판(즉, 막 · 장 등)'의 의미뿐만 아니라, '싸움 · 전쟁'이라는 좀 더 오래된 어떤 의미를 보존하고 있다. (9) 마지막으로, '놀이play'는 '성적인 행동, 희롱'을 의미한다. — 여기서 우리는 다시, 생식적인 '일'로서의 성의 의미(가끔 부족사회나 봉건사회의 종교적 주장들의 지지를 받는 영속적인 의미)가, '놀이' 혹은 '전희'라는 의미와 '진지한' 사업 혹은 자손을 낳는 '일'이라는 의미의 두 가지 의미로 분리되는 추이를 볼 수 있다.

후기산업사회의 산아제한 기술은 이 분리를 실질적으로 실현할 수 있도록 해 주었다. 또 그 산아제한 기술 자체가, 문화의 영역에서는 '객관적으로', 개인의 의식과 무의식에서는 '주관적'으로, 현대의 생산체계와 사고체계에 의해서 생겨난 일과 놀이 사이의 분리를 예증한다. 아마도 '주관적인' 것과 '객관적인' 것 사이를 구별하는 차이점 자체가, 부분적으로는 일과 놀이가 찢겨 나누어지는 인공의 산물일 수 있다. 왜냐하면, '일'은 수단을 목적에 합리적으로 적용하는 영역 즉 '객관성'의 영역이라고 주장되는 반면, '놀이'는 그것이 일의 반대인 한 어떤 결합이나 모든 다양한 결합들이 '놀이될' 수 있도록 외적인 제약으로부터 자유로운, '객관적인' 영역으로부터 본질적으로 분리된, '주관적인' 것으로 생각되고 있기 때문이다.

놀이의 발전적인 심리학을 가장 잘 연구한 장 피아제Jean Piaget는, 놀이를 '공간적 조건들이나 대상들의 의미에 적응하지 않고 행해지는, 일종의 자유로운 동화同化assimilation'(*Play, Dream, and Lmitation*, 1962, p.86)로 간주하고 있다.

부족문화와 농업문화의 리미널한 단계들과 상태들 — 제의 · 신화 · 법적 절차들에서의 리미널 단계들과 상태들 — 에서는, 많은 경우에 일과 놀이는 거의 구분할 수 없다. 알랜 다니엘로우Alain Danielou(*Hindu Polytheism*, 1964 : 144)에 의하면, 베다시대의 인도에서는 "신들(진지한 희생 제의의 대상들인 수라sura와 데바deva)은 논다. 세계의 탄생 · 지속 · 파괴는 그들의 게임이다." 제의는 진지하면서도 놀이적이다. 밀턴 싱어Milton Singer가 현대 인도에 관한 그의 저서 『위대한 전통이 근대화될 때*When a Great Tradition Modernizes*』(p.160)에서 지적한 바와 같이, 도회지의 **바자나 프로그램**bhajana program(집단 찬송)의 '크리쉬나 춤Krishna dance'은 릴라lila라고 불리며, 이것은 참가자들이 신화를 재생시키면서 비쉬누Vishnu의 화신 크리쉬나Krishna와 더불어 다양한 방법으로 '스포츠를 하는', '목녀들Gopis'이나 여성 목자들의 역을 하고 노는 '스포츠'이다. 그러나 목녀들이 크리쉬나와 벌이는 이 사랑 놀이는 『솔로몬의 아가雅歌』처럼 신화적인 함의들을 가지고 있다. 『솔로몬의 아가』도 곧 진지하고 놀이적인 것이며, 신이 인간의 영혼과 더불어 벌이는 '스포츠'이다.

이제, 현대산업이 낳은 **일**과 **레저** 사이의 명확한 구분을 알아보고, 이것이, 제의로부터 각종의 게임과 문학에 이르기까지의 모든 상징적 장르들에 어떤 영향을 끼쳤는지를 생각해 보자.

파리에 있는 '사회학 연구센터the Center d' Etudes Sociologiques'의 조프르 뒤마제디에 Joffre Dumazedier가 레저가 '산업혁명이 낳은 문명화만을 특징짓는 어떤 특징들을 가지고 있다'(*International Encyclopedia of the Social Sciences*, article on 'Leisure', 1968 : 248~253, 및 *Le Loisir et La Ville*, 1962)라고 주장하는 유일한 권위자인 것은 아니지만, 그는 이 문제를 몹시 신랄하게 다루고, 나는 그의 주장에 상당한 힘을 얻고 있다.

뒤마제디에는 '레저'가 모든 시대의 모든 사회에 존재해 왔다는 견해를 포기한다. 그는 오래된 부족사회의 "일과 놀이는 그들 조상 대대로의 영혼들과 친교를 추구하는 제의의 일부를 이루고 있었다"고 주장한다. 종교적인 페스티벌은 일과 놀이를 모두 체현했다(Joffre Dumazedierp, 1968: 248). 그러나 무당과 주술사와 같은 종교적 전문가들이 토스타인 베블렌Thorstein Veblen식 의미의 '유한계급leisure class'을 구성하는 것은 아니다. 왜냐하면, 그들은 공동체 전체를 위해서 종교적 혹은 마술적인 기능을 담당하기 때문이다. (그리고 우리가 이미 앞에서 본 바와 같이, 샤머니즘은 '근면하고 노동적인' 직업이다).

이와 비슷하게, 문자기록 역사를 가진 농경사회에서의 "한 해의 노동은 날짜와 계절을 기록한 월령체식 시간표를 따른다. 날씨가 좋은 때에는 일이 고되고, 날씨가 좋지 않을 때에는 일이 느슨해진다. 이런 종류의 일은 휴식 · 노래 · 게임 · 의식에 의해 작동되는 자연적인 리듬을 따르고 있었다. 이것은 일상적인 순환과 같은 의미였고, 어떤 지역에서는 해가 뜰 때 시작되어 해가 져야만 끝이 났다. …… 한 해의 한 주기는 안식일과 축제일로 이루어진 일련의 전체 과정에 의해서 특징 지워졌다. 그 안식일은 종교에 속했다. 축제일은 가끔 (음식에 대한 얘기가 아니지만) 막대한 힘을 들이는 경우도 있고 (가끔 상징적인 전도와 계층적인 역전으로 특징 지워지는) 일상생활의 표면이나 이면裏面을 이루기도 한다. 이러한 축전의 의식적 (혹은 제의적) 측면은 무시될 수 없다. 이것들은 (오늘날 우리가 생각하는 바와 같은) 레저로부터가 아니라, (성화된 '일'로 정의된) 종교로부터 생겨난 것이다. …… 이것들에는 여러 가지 종교적인 요구들이 부과 된다 …… (그리고) 유럽의 주요 문명들은 1년에 150일 이상의 공휴일을 갖고 있었다"(Joffre Dumazedier, 1968: 249).

세바스티안 그라지아Sebastian Grazia는, 그의 저서 『시간, 일, 레저에 관해서*Of Time, Work, and Leisure*』(1962)라는 책에서, 레저의 기원은 서구 문명화 과정에서 어떤 귀족계급들이 즐기던 삶의 방식으로 거슬러 올라갈 수 있다고 주장했다. 뒤마제디에는, 그리스 철학자들과 16세기 국가의 게으른 신사계급이 일과 관련하여 규정될 수는 없지만, 그들이 일을 대신하여 무엇인가를 했다는 점을 지적한다. 그러면서도, 그는 그라지아와는 의견을 달리한다. 일은 노예 · 농부 혹은 하인들이 했다. 참된 레저는 오직 그것이 일을 보충하거나 보답해줄 때만 존재한다. 그러나 이 말이 수많은 세련된 인간문화가 이 귀족적인 게으름으로부터 나오지 않았다는 것을 말하는 것은 아니다. 뒤마제디에는 할 것이 아무것도 없다는 의미의 그리스어가 바로 *schole*, 즉 '*school*(학파, 학교)'이라는 것을 중요하게 생각하고 있다. "유럽의 정신廷臣들은 중세 이후 휴머니스트와 젠틀맨이라는 이상을 발명하고 이것을 격찬했다"(Joffre Dumazedierp, 1968: 249).

그런데 '레저'라는 말은 '일'을 전제로 한다. 이것은 또한 일을 하는 사람의 삶 속에 있는 일이 아닌 것, 일의 반대 국면이기도 하다. 우리가 만일 학술적으로 새로운 용어를 쓴다면, 우리는 이것을 **에르직**ergic과 대립되는 것으로 **에네르직**energic이라고 부를 수 있을 것이다. 뒤마제디에는 레저가 다음 두 가지 조건하에서 생긴다고 말한다. 첫째, 사회적 행동들이 제의의 일반적인 의무들에 지배당하기를 그만둔다. 일과 레저를 포함한 대부분의 행동들은 적어도 이론상으로는 개인적인 선택에 따르게 된다. 둘째, 한 개인이 자기의 생활비를 버는 일은 "자기의 다른 행동들로부터 분리되어 있다. 그것의 한계는 더 이상 '자연적'이지 않고 '자의적'이다. 실제로 일은 매우 분명한 방법으로 구조화되므로, 이론적으로나 실천적으로 자기의 '자유로운 시간'으로부터 쉽게 분리될 수 있다." 우리가 이러한 필수적인 조건들을 발견하게 되는 것은 산업문명과 후기 - 산업문명의 사회생활 속에서만 가능하다.

또 다른 사회 이론가들은 레저가 '자유시간'이나 '중간휴식 시간'과 '일'의 구분을 자연적으로 하기보다는 자의적으로 하는, 산업화되고 합리화되고 관료화된 대규모의 사회 - 경제적 체계의 산물이라는 점을 지적했다. 이제 일은 산업에 의해서 '자유시간'과 분리되도록 구조화된다. '자유시간'은 레저도 포함하지만 (부족사회에서는 일과 놀이의 연속체 속에 포괄되어 있었던) 가족적 · 사회적 · 시민적 · 정치적 · 종교적 의무들뿐만 아니라 식사 · 수면 · 건강 · 외모 가꾸기와 같은 개인적인 욕구들을 살피는 것들도 포함한다.

레저는 분명히 도회지의 현상이므로, 만일 레저의 개념이 시골 사회에까지 침투해 들어가기 시작한다면, 그것은 농업노동이 산업적이고 '합리화된' 구조 양식에로 나아가는 경향이 있기 때문이며, 시골의 삶이 산업화된 도회지의 가치들에 의해 침투당하기 때문이다. 이러한 경향은 오랜 과정에 걸쳐서 확립된 산업사회의 시골 배후지역에서뿐만 아니라 오늘날의 '제3세계'에서도 나타난다.

레저 시간은 아이샤 벌린Isaiah Berlin의 유명한 구별에 유의하자면, '~로부터 자유'와 '~하기 위한 자유'라는, 두 가지 타입의 시간과 관련이 있다. (1) 그것은 사회의 기본 형식들, 특히 기술적 · 관료적 조직에 의해 규정되는 제도적 의무들의 퇴적물 전체로부터의 자유를 표현한다. (2) 각 개인에 대해서 그것은 공장과 회사의 강요되고 시간 순으로 규칙화된 리듬으로부터의 자유와 자연적 생물학적 리듬을 다시 회복하고 즐기기 위한 기회를 의미한다.

레저는 또한 (1) 오락・스포츠・게임 및 모든 새로운 종류의 전환의 상징적 세계 속으로 들어가기 위한 자유, 생성하기 위한 자유이며, (2) 사회적・구조적 한계들을 초월하기 위한 자유, 여러 가지 아이디어・환상・(라블레로부터 조이스와 사무엘 베케트에 이르기까지의) 언어・(인상주의로부터 액션 페인팅 및 아르 누보에 이르기까지의) 회화・교제・감수성 훈련・사이코 드라마 등등의 여러 가지 방법들에서, 사회적 관계들을 가지고 놀기 위한 자유이다.

여기에서는, 부족적 혹은 농경적 의례와 의식儀式에서 보다 놀이적이고 실험적인 것이 훨씬 더 강조된다. 구조적으로 복잡하게 연결된 사회에는, 분명히 좀 더 많은 '제약들'이 있다. 여기서는, 솜씨 겨루기・힘 겨루기・기회 겨루기와 같은 것들이 미래 행위의 모델이나 지나간 일의 체험 모델로 제공될 수 있다. 축구와 같은 스포츠, 체스와 같은 게임, 등산과 같은 레크레이션은, 일하는 상황의 규칙과 과정보다 더 견고하고 정확하고 엄중하기까지 한 규칙과 과정에 의해 지배될 수도 있다.

그러나 그 규칙과 과정은 제한적이기 때문에, 한 개인의 자유의 일부, 점증하는 가기 극복의 일부, 자기 초월의 일부가 될 수도 있다. 그것들은 자기들이 행한 노동의 결실과 결과들로부터 소외당하는 인간들의 여러 가지 유형의 산업노동들보다 더 완전히 쾌락에 감염된다. 레저는 개인적이든 사회적이든 혹은 사회 구조적인 가치들을 비판하기 위해서이든 지지하기 위해서이든, 잠재적으로 창조적인 능력을 해방할 수 있다.

확실히, 교육을 받고 생활비를 벌고 시민적・종교적 의식을 수행하는 행동에서처럼, 물질적 필요나 도덕적・법적 의무에 따라 레저 행동을 하는 사람은 아무도 없다. 힘이 드는 레저일 때도 그 힘든 트레이닝 규율은 겨루기 스포츠처럼 무목적적이며 이익에 의해서 동기가 부여되지 않고, 공리적이거나 이데올로기적인 어떤 목적도 가지지 않은 순수한 즐거움을 기대하면서 자발적으로 선택된다.

그러나 만일에 그것이 이상적인 레저의 정신이라면, 레저의 문화적 리얼리티는, 분명 산업조직의 분리작용에 의해서 레저의 문화적 리얼리티를 파괴하는 일의 영역에 의해서 영향을 받는다. 일과 레저는 서로 상호작용을 한다. 각 개인들은 이 두 영역에 모두 참여하고, 각종 노동조직의 양식들은 여러 가지 레저 추구의 스타일들을 즐겨 이용한다.

여기서, 막스 베버Max Weber가 이른바 '프로테스탄트 윤리'라고 부른 정신을 동반하고 주입받아서 초기 산업화를 이룬 북유럽과 북아메리카를 생각해보자. 이 윤리적 환경 혹은 일련의 가치와 신념들 — 이것을 막스 베버는 근대 합리적 자본주의 성장에 회의적인 조건이라고 생각했다 — 은 내 생각으로는 노동의 영역에서 그런 것 못지않게 레저의 영역에도 영향들을 끼쳤다.

베버에 의하면, 지금은 모든 사람들이 다 아는 바와 같이, 존 캘빈과 그밖에 다른 프로테스탄트 개혁가들은 구원은 신으로부터 받은 순수한 선물이며, 아담의 타락 이후 인간 본성이 완전히 타락하게 됨으로써, 인간 본성 속에서는 구원을 얻을 수도 물려받을 수도 없게 되었다고 가르쳤다. 그 극단적인 형태로서의 '예정설豫定說Predestination'이라고 하는 것도, 구원을 받을 것이라고 확신할 수 있거나 저주를 받을 것이라고 확신할 수 있는 사람은 아무도 없음을 의미하는 것이었다.

이것은 심각한 위협을 가하여 개인적인 사기를 서서히 해치고, 그것이 비록 신학적으로 빈틈없이 만들어질 수는 없을지라도, 대중문화의 레벨에서 어떤 도피와 탈출의 조항을 발전시키게 되었다.

'예정설'에 의하면 신의 은총 속에서 (보이지 않게) 신의 예정에 의해 선민으로 뽑힌 사람은 실제로 그의 행위 속에서 체계적인 자아조절과 신의 의지에 대한 복종을 나타내고 있다. 선민의 이러한 태도와 생각들은 외적인 기호체계들의 표현에 의해서 다른 사람들에게 알려질 수 있고, 그는 선민들 사이에 살면서 신에게 버림받은 사람들과 함께하는 영원한 천벌을 받지 않을 것이라고 스스로 안심할 수 있다.

그러나 캘빈주의자들은 결국 그가 구원을 받을 것이고 그래서 구원의 은총의 확실한 암시를 믿고 그의 내적 영혼과 외적 생활의 끊임없는 시련들에 자기 자신을 헌신할 것이라고 결코 확신하지는 못한다. 어떤 의미에서 보면, 예전의 문화 속에서는 '신의 사회적인 일'이었던 것, 달력적이고 전례적典禮的인 순환 또는 (축제적인 보답이 아니라 오히려) 참회와 호된 시련들은, 여기에 이르러 개인의식의 체계적이고 비놀이적인 '일'로 '내화內化'되는 것이다.

또 다른 한편의 캘빈주의자들은 생활 속에서의 인간의 소명의식, 인간의 천직개념을 강조했다. 캘빈주의자들은, 전통적인 정숙 · 복종 · 가난에의 맹세 등에 의해 틀이 짜여진 종교적 생활에로의 부름받음으로서, 카톨릭의 '천직' 개념에 대항하는 것으로서, 인간의 세속적인 직업을 그 직업에의 헌신을 통해서 신에게 봉사하기로 분명하게 운명지워진 영역으로 받아들여야만 한다고 주장했다.

그래서 일과 레저는 서로 분리된 영역들로 이루어졌다고 생각했으며, 사실상 일은 그 안에서 인간의 구원이 객관적으로 증명될 수 있는 영역으로 신성시되었다. 그래서 부유한 사람은 이집트에서의 요셉처럼 속세의 부富를 관리하는 청지기로 행동해야 했다. 그는 그 부를 죄스러운 쾌락을 위해서가 아니라 자기 자신과 가족과 자기가 고용한 사람들의 도덕적인 조건들을 개선시키기 위해서 이용해야 했다. 여기서 '개선'이라고 하는 것은, 자기훈련 · 자기반성 · 고된 노동 · 자기의 의무와 천직에의 헌신 및 인간의 권위 아래 있는 것들은 다 똑같은 것을 해야만 한다는 주장 등을 포함하였다.

제네바 혹은 영국 청교도주의가 일시적으로 우세한 곳에서처럼, 캘빈주의자의 신권정치에의 열망이 크게 영향을 미치는 곳에서는 어느 곳에서든지, 검약과 노동을 통해서 그들의 정신 상태를 개선하도록 하기 위한 법률이 제정되었다. 예컨대, 영국의 청교도주의는 제의주의를 공격함으로써 종교적 신앙에 영향을 미쳤을 뿐만 아니라, 연극을 포함한 많은 다른 행동의 영역에서 '의식들'('세속적 제의들')을 최소로 축소하여 그것들을 '야만스런 의식'으로 낙인찍었다.

그들의 행동은 벤 존슨Ben Jonson의 극작 이후 약 20여 년 동안 무대 공연을 불법적인 것으로 만들었다. 의미심장하게도, 이러한 법률제정이 목표로 삼은 것들 중에는, 연극적 제작물 · 가면극 · 야외극 · 음악적 공연물 · 대중적인 카니발 형식 · 페스티벌 · 발라드 음송 · 기적극들과 같은 산업화 초기의 관료적 중상주의적 시대에 이미 발전된 레저 오락물의 형식들이 들어 있었다. 이것들은, 그 이전에는 사회 전체를 계절의 순환

속에서 성스럽고도 세속적이고 엄숙하면서도 축제적인 여러 국면들을 통해서 움직이는 단일한 하나의 과정으로 포착해온 '일 - 놀이 연속체'라는 '놀이적' 외양을 보이고 있었던 것이다.

캘빈주의자들은 '더 많은 케익과 맥주' 혹은 신들의 일과 놀이에 속한 다른 축제의 음식들을 원하지 않았다. 그들이 원했던 것은 경제 - 중심적인 계획에 대한 금욕주의적인 헌신, 이전에는 대개 적어도 성스러운 우주적 패러다임에 속해 있던 세속적인 것들을 성화聖化하는 것이었다. 막스 베버는, 캘빈주의의 종교적인 동기가 세속적인 성공을 거둔 몇 세대 후에는 사라지게 되어, 자기반성 · 자기훈련 · 소명의식에 입각한 고된 노동에 종사하는 일은 약화되었어도, 발생 초기 자본주의의 특징인 조직적인 각종 이익, 수입의 재투자, 검약 등에 대한 금욕적 헌신은 계속 증진시켜갔다고 주장한다.

프로테스탄트 윤리의 이 체계적이고 직업적인 성격은 산업적인 레저의 오락 형식들까지도 변질시키게 되었다. 이것을 하나의 용어를 만들어 표현하자면, 레저가 **루딕한**Ludic 성격 즉 '놀이의 성격을 지닌' 것이라기보다는, 오히려 **에르직한**ergic 성격 즉 '일의 성격을 지닌' 것이 되었다. 그래서 우리는 오락사업 · 연극 · 무용 · 노래 · 미술 · 문학 · 작곡 등에서도 노동의 심각한 분화를 보게 되었으며, 그래서 이것들은 전문화된 '직업'으로 변하게 되었다. 또 교육제도는 배우 · 무용가 · 가수 · 화가 · 작가들을 일종의 '평생직업'으로 삼도록 양성해 냈다. 여기서 한 걸음 더 나아가, 18세기 후반 이후 특히 19세기에는, 윌리엄 블레이크로부터 키에르케고르 · 보들레르 · 레르몬토프 · 랭보를 거쳐 (베토벤 · 말러 · 시벨리우스 등은 언급하지 않는다면) 세잔느 · 릴케 · 조이스 등에 이르기까지, 금욕주의와 그 자체에의 총체적 헌신을 기하는 일종의 유사종교적인 직업으로서의 '예술' 개념이 다양한 양식으로 성장하게 되었다.

프로테스탄트 윤리가 레저에 미친 이러한 영향의 또 다른 한 측면은 놀이의 영역 자체에서도 발견된다. 이에 대해 에드워드 노벡Edward Norbeck은 다음과 같이 말했다. "미국의 선조들은 프로테스탄트 윤리로 알려진 일련의 가치들을 굳게 믿었다. 노동에의 헌신은 기독교의 미덕이었던 반면, 놀이는 노동의 적이었고 아이들에게만 이것을 마지못해서 조심스럽게 허락하였다. 그래서 지금까지도, 이러한 가치관이 미국에서 폐기되지 않은 채로, '놀이는 악마의 짓거리'라는 옛날식 충고가 세속적인 사고 속에 계속 해서 살아남아 있다. 이제는 놀이가 거의 존경할 만한 것이 되었다고는 할지라도, 이것은 아직도 우리가 (성적 행동들처럼) '탐닉하는' 어떤 것, 도덕적 방종의 한 형식인 것이다"("Man and Play", in *Play A Natural History Magazine Special Supplement*, December, 1971 : 48~53). 청교도 전통에는, 조직적으로 짜여 져 있지도 않고 시간이나 소비하는 어린이들의 놀이('오락적인' 놀이)나 단순한 장난보다는, 조직적으로 짜여 진 스포츠('교육적인' 놀이)가 더 잘 맞는 것이다.

현대 산업사회 혹은 후기산업사회는 이런 반反레저적인 태도들을 많이 퍼뜨렸지만, 테크놀로지의 발전, 노동자들에 의한 정치와 산업의 조직화, 고용행동의 자유화, 세계 여러 분야에서의 혁명 등은, 산업사회 문화의 '자유시간'에다 좀 더 많은 레저들을 마련해 주는 축적적인 효과를 가져왔다. 바로 이러한 레저 속에서, 오락적인 종류의 것이든 교육적인 종류의 것이든 간에, **'상징적 형식들'**이 번식하게 된다.

나는 나의 저서, 『제의과정』에서 이미 '리미널' 현상으로서의 이러한 몇 가지 것들에 대해서 언급한 바 있다. 그렇다면, 내가 방금 말한 바에 비추어 볼 때, **'리미널리티'**라는 것이 이런 일련의 상징적 행동들과 형식들에 대한 하나의 적절한 지표인가? 분명히 (우리가 힌두교 제의 스타일과 유대교 제의 스타일을 대조해 볼 때), 이러한 '에네르직'[7] 장르들이, 고대 문화·부족문화·초기 농경문화들의 '루데르직'[8] 제의들 및 신화들과 공유하는 몇 가지 특징적인 측면들이 있다. **'레저'**는 두 차례의 일 사이 혹은 직업적 행동과 가족적 행동과 시민적 행동 사이사이에 있는 이도저도 아닌 영역, 긍정도 부정도 아닌 영역으로 생각될 수 있다.

'leisure(레저)'라는 말은 어원상으로 고대 불어 *leisir*에서 나왔고, 이 불어는 라틴어 *licere*('허락/허가되다')에서 나왔으며, 흥미롭게도 이 라틴어는 인도-유럽어 어간 **leik*-('판매용, 매매용으로 내놓다')로부터 온 것이며, 이 말은 선택·변화·접촉이라는 함의들을 가

7_ 앞의 본문 내용에 의하면, '일의 성격을 지니는'의 뜻.
8_ 앞의 본문 내용에 의하면, '놀이의 성격을 지니는'의 뜻

지고, 시장의 '리미널' 영역, 고대 부족 종교에서는 에슈-엘레그바Eshu-Elegba나 헤르메스Hermes와 같은 장난질 잘하는 신들과 관련되는 영역을 언급하고 있다. 교환은 생산보다 더 '리미널'하다.

부족의 구성원들이 가면을 만들고 자신들을 괴물로 변장하고 완전히 다른 제의적 상징들을 쌓아올리고 신화나 민속설화들 속에서 세속적인 리얼리티를 뒤집거나 패러디할 때와 똑같이, 산업사회의 레저 장르들 즉 연극 · 시 · 소설 · 발레 · 영화 · 스포츠 · 록음악 · 고전음악 · 미술 · 팝예술 등도 문화의 여러 요소들과 더불어 놀면서, 그것들을 닥치는 대로 결합하여, 그로테스크하고 있을법하지 않고 놀랍고 충격적이고 실험적인 조합들을 만들어낸다.

그러나 그것들 — 산업사회의 레저 장르들 — 은 예술적 · 대중적 오락 · 대중문화 · 팝문화 · 민속문화 · 고급문화 · 대립문화counter-culture · 언더그라운드 문화 등의 특수한 장르들이 증가함에 따라, 부족사회의 비교적 제한된 상징적 장르들과는 대조적으로, 작가 · 시인 · 극작가 · 화가 · 조각가 · 작곡가 · 음악가 · 배우 · 코미디언 · 민요가수 · 록 음악가 및 '각종 제작자들' 등의 풍부한 영역을 허락하는 한도 내에서, 불가사의한 형식들을 생성할 뿐만 아니라 총체적 혹은 부분적인 현상에 대한 고도로 비판적인 직접적 · 비유적 · 우화적인 모델들을 생성해내기 위해서, 부족의 입사식에서보다는 더 복잡한 방식으로 이러한 조합들을 만들어 낸다. 물론, 수많은 장르들에 종사하는 수많은 예술가들은, 그들에게 원리로 주어지는 '다양성'을 지지하고 강화하고 정당화하거나 널리 퍼져 있는 사회 문화적 관행들과 정치 질서들을 정당화하는 길을 찾고자 한다. 그러한 일을 하는 사람들은 비판적인 제작 방법 못지않게 부족의 신화 · 제의들과도 합치되는 방법으로 그렇게 한다.

이런 점에서, 그들은 '리미노이드'하기보다는 '리미널'하거나 '유사 리미널pseudo liminal'하거나 혹은 '포스트 리미널post liminal'하다. 풍자는 그것이 악덕스럽고 어리석고 우둔하고 폐습적이라고 생각하는 것들을 폭로하고 공격하거나 조롱하지만, 그것의 판단기준은 공식적으로 공표되어 있는 여러 가치들을 정상적으로 구조화한 틀인 것이다. 그러므로 풍자적인 작품들은, 스위프트 · 카슬레이 혹은 이블린 워프Evelyn Waugh[9]-의 풍자처럼, 가끔 무질서가 질서에 대한 영원한 대체물이 아님을 지적하는 일종의 '전도顚倒의 제의'라는 성격을 띠게 되기도 한다. '거울'은 대상을 소멸시키거나 대체할 수는 더더욱 없다. 그러나 예술과 문학은 상상력의 한계 안에서 이러한 것들을 가끔 정확하게 수행한다.

마찬가지로, 부족사회의 리미널 단계들은 사회 현상, 사회의 구조적 형식들을 전도시키기는 하지만 없애 버리지는 못한다. 그 전도들은 공동체 구성원들의 코스모스를 카오스로 대체해 버리는 기초가 되므로, 비록 그것들이 농신제 혹은 풍요제의 흥청거림, 소란한 장단 치기, 제도화된 오르지orgy 등에서 굉장한 카오스적 시간을 가지게 되는 동안을 제외하고는, 그것들은 우주를 즉 문화의 전통적 질서를 고수하는 편이 더 낫다.

그러나 아마도 산업사회의 '오락' 장르들은, 사회의 기본적인 중심 가치들, 적어도 그 사회의 선택된 영역의 중심 가치들을 가금 전복하고, 풍자하고, 비아냥거리고, 희작戱作하고, 교묘하게 깎아내리기도 한다. 말하자면, 'entertain'이라는 단어는 '보존하다', 즉 공연들이 이루어지는 리미널 공간 혹은 리미노이드 공간을 창조한다는 뜻의 고대 불어 *entretenir*로부터 나왔다. '합법적인' 연극이나 '고전적인' 연극과 같은 이런 몇몇 오락 장르들은, 그리스 비극이나 일본의 노能 연극에서처럼, 역사적으로 제의와 함께 지속되며, 어떤 성스러운 진지성, 즉 그것들의 조상들의 통과의례 구조까지를 지니고 있다. 그럼에도 불구하고, 부족의 제의·신화 및 농경사회의 제의·신화의 **'리미널한 것들'**의 구조·기능·스타일·범위·상징체계와, 복잡한 산업사회의 상징 형식들 및 행동들의 '리미노이드한 것들' 혹은 레저 장르의 **'리미노이드한 것들'** 사이에는, 중대한 차이점이 있다. 나는 이제 이러한 몇 가지 차이점에 대해서 계속해서 논의하게 될 것이다.

판 헤네프가 '어떤 것 사이에서의 전이'에 적용하기 위해서 선택한, '문간방'이라는 의미를 가진 라틴어 *limen*이라는 용어는, 그것이 더 이상 긍정적인 과거의 조건도 아니

9_ 영국의 소설가, 풍자작가, 전기작가, 여행기작가(1903~1966).

고 또 아직 긍정적이고 분명해진 미래의 조건도 아니기 때문에, 그 내포적인 의미에 있어서 부정적인 양상을 띤다. 그것은 또한 그것이 매개하는 분명해진 긍정적인 조건들에 의존하기 때문에 수동적인 것처럼 보인다.

그러나 조사를 해보면 우리는 곧 이 '리미널리티(전이영역)' 속에서 긍정적이고도 활동적인 성질들을 발견하게 된다. 특히, 그 '문간방'이 길게 지속되고 일종의 '터널'이 되는 곳에서 그리고 '리미널'한 것들이 일종의 '지하 암거暗渠들'이 될 때 더욱 그렇다. 이것은 특히 상징적인 형식들과 비의적祕義的인 가르침들을 풍부하게 채용하여 신참자들을 오랫동안 격리시키고 트레이닝 시키는 입사제의入社祭儀들의 사례에서 잘 나타난다.

문화에서의 '의미'는, 그것이 비록 그러한 체계들의 중심에서 제도화되고 통합될지라도, 이미 확립된 문화의 하부조직들 사이의 '접촉면들'에서 생성되는 경향이 있다. '리미널리티'에는 부분적으로는 어떤 특수한 문화적 '코스모스'를 형성하는 기존의 통합된 질서의 특성들을 전복시키는 일종의 시간적인 중간 접촉면이라는 특성이 있다.

제의나 신화 속에서 '리미널리티'와 관련하여 생각해 보는 것도 학구적으로 유용하다. 뒤르껭이 응집력과 협동적 · 집단적 행동의 결합으로 간주한, 그의 이른바 '기계적 결속'의 전체적인 성격은, 노동이 단순하게 분화되어 있고 개성이 거의 용납되지 않는 작은 무문자사회에 가장 잘 적용되는 목표들을 성취하는 방향으로 나아갔다. 그는 이 결속의 유형을 여러 가치들과 행위, 강력한 사회적 결속, 전통과 혈족에의 충성이라는 동질성에 기초를 두었다. 여기서 통합성의 규칙들이 널리 알려지고 공유된다.

그러나 이 '기계적 결속'을 가진 사회 안에서의 입사제의의 '리미널리티'를 실행하는 방법은 이것과는 아주 반대이다. 즉, 죄인을 판별하기 위한 고된 시련 · 신화 · 가면쓰기 · 무언극 하기 · 신참자들에 대한 성상聖像의 표현 · 비밀스런 언어들 · 음식과 행위의 금기들은, 부족의 일반적인 규칙들 · 주거환경 · 법률 · 관습이 중단되는 격리 캠프의 불가사의한 영역을 창조하며, 거기서 기상천외한 것이 정상적인 것이 되고, 관습적인 여러 요소들 사이의 관계들이 이완되고 결합되고, 기괴하고 환상적이고 자연스럽지 않은 모양으로 뒤섞이고 재결합되어, 신참자들은 그들이 지금까지 당연한 것으로 받아들여왔던 문화적 체험들에 관해서 생각하도록, 열심히 생각하도록 권유받게 되는 것이다.

그 신참자들은 그들이 안다고 생각한 것이 사실은 알지 못한 것임을 배우게 된다. 관습이라는 표면구조 아래에는 심층구조가 있고, 그들은 역설과 충격을 통해서 그 심층구조의 규칙들을 배워야만 한다. 몇 가지 방법들을 통해서 사회적인 여러 가지 규칙들이 좀 더 강화되기도 하는데, 때로는 그 신참자들이 생각하기에는 불필요하다고 여겨지는 것들도 연장자들의 자의적인 명령으로 떠맡기고는, 신속하게 그 명령에 복종하지 못하면 호되게 벌을 가하고, 더 나쁘게는 그들이 그 명령에 잘 복종해도 그렇게 호되게 벌을 가하기도 하는 등, 그 규칙들이 부자연스럽고 불합리하게 강화되기도 한다.

그러나 다른 방법을 통해서는, 앞에서 판 헤네프의 『통과의례』에서 인용한 사례에서와 같이, 신참자들은 또한 전례 없는 자유를 용인 받게 되어, 그들이 마을과 정원을 습격하여 덤벼들고, 여인들을 강탈하고, 어른들을 꾸짖기도 한다. 여러 가지 전도의 형식들, 패러디, 정상적인 체계의 폐기, 규칙을 희화하거나 풍자하는 식의 과장 등이 무수히 많다. 그 신참자들은 곧 이미 전에 그들이 알고 있던 범위의 안과 밖의 **'사이'**에 놓이게 된다. 그러나 이 모든 행동과 상징들이 의무에 관한 것이라는 한 가지 사실만은 반드시 기억해야 할 것이다.

규칙의 파괴는 입사의식이 행해지는 동안에만 이루어져야만 한다. 이것은 **'리미널한 것들'**이 **'리미노이드한 것들'**과 구별되는 서로 다른 방법들 중의 하나이다. 1972년 토론토에서 열린 **'미국인류학회'**에서는 부족사회의 리미널한 전도들과 어느 정도 닮은 점을 지니고 있는, 산업화된 문명의 가장자리에 있는 근대사회들로부터 몇 가지 사례들이 인용되었다. (그것들 중에는 에이브럼스R. Abrahams와 바우먼R. Bauman이 인용한 서인도 제국의 성 빈센트St. Vincent의 카니발과 노바 스코티아Nova Scotia의 라 하브 제도La Have Islands 카니발도 있었다.) 그러나 나에게 충격을 준 것은, 이 오지의 지역들에서조차도, **선택성**optionality이라고 하는 것이 어떻게 그 전체과정을 지배했는가 하는 것이었다.

예를 들어, 보통 '벨스니클러들belsnicklers'이라는 이름으로 알려진, 나이든 소년들과 결혼한 청년들로 이루어진 라 하브 섬의 가면 무언극 배우들이 크리스마스 이브에 어른들을 환대하고 놀리고 속이고 어린이들을 놀래주기 위해 나타날 때, 그들은 집안으로 들어가기를 '허락받기' 위해 출입문이나 창문을 두드리는데, 어떤 집주인들은 실제로 그들의 출입을 거절하기도 한다. 그러나 나는, 격리 기간의 반절이 끝나고 무칸다 Mukanda라는 이름으로 알려진 할례제의의 또 다른 시작을 표시하는 제의의 공연을 마친 뒤 춤을 추면서 여자들과 어린이들을 위협하기 위해서 마을로 접근해 오는 (내가 이미 알고 있고 조사한 바 있는 사람들인) 응뎀부족 · 루발족 · 초쿠족 혹은 루카찌족의 가면 무용수들이 출입을 거절당하는 상황은 상상할 수가 없다. 또, 그들은 입장을 허락해달라고 요구하지도 않는다. 그들은 마을 안에서 그냥 폭풍처럼 날뛴다! 이 '벨스니클러들'은 집주인에게 한턱을 내라고 요구해야 한다. 응뎀부족의 **마키쉬**Makishi(가면극 배우들)는 음식과 선물을 권리로 요구한다.

선택성optation은 **'리미노이드 현상'** 속에 널리 스며들어 있고, 의무성obligation은 **'리미널 현상'** 속에 널리 스며들어 있다. 전자는 모두 놀이이자 선택이고, 후자는 비록 실제로는 두려움이 여자들의 신경질적인 웃음을 불러일으키기는 하지만, — 여자들은 만일 그녀들이 이 마키쉬와 접촉하게 되면 문둥병이 전염되어 애기를 가질 수 없게 되거나 미쳐버린다고 믿고 있다! — 두렵기까지 한 어떤 깊은 진지성의 문제인 것이다.

또 성 빈센트 섬에서는 **카니발**에서 어떤 유형의 배역들만이 공연자로서 주목을 받는다. 조사자인 에이브럼스는 그들을 '그 공동체 사회의 거칠고 야한 부분'이라고 묘사했는데, 그들은 그럴 기회만 있으면 언제든지 1년 내내 '거칠고 야하며', 그렇기 때문에 카니발에서 '무질서'와 '질서'를 가장 손쉽게 인격화할 수 있다. 여기서도 또다시 부족의 제의에서처럼 '선택성'이라고 하는 것이 분명하게 지배한다. 모든 사람들이 역으로 뒤집어 생각하는 것이 아니라, 몇몇 사람들만이 이 카니발에서 역으로 뒤집어 행동하는 길을 선택한다.

또 카니발은 마음대로 수행하거나 회피 할 수 있고, 마음대로 공연하거나 관찰할 수 있다는 점에서 부족의 제의와는 다르다. 그것은 레저를 즐기는 장르이지, 어떤 의무적인 제의가 아니다. 그것은 '일로부터 분리된 놀이'이지, 인간의 '진지한' 공공의 노력의 어떤 이항대립적 체계로서의, '일 - 놀이의 결합체Ludergy'가 아니다.

에이브럼스는 바우먼과의 공동논문에서 훨씬 더 확실한 요점을 포착해 내고 있는데, 그것은 '근대 레저 장르 카테고리' 속에 있는 빈센시오 선교수도회Vincentian[10]-의 카니발에 초점을 맞추고 있다. 그는 그것이 '나쁘게 제멋대로 구는macho-type 사람들'에 의해 압도당하며, 그 사람들은 우주와 사회 및 수많은 작은 카니발적인 상황들 속에 있는 성질들과 '선택'에 의해서 무질서하게 되는 사람들 속에서, 무질서를 나타내는 카니발적인 뒤집음을 공연하는 길을 '선택'한다는 점을 강조하고 있다.

반대로, 부족의 제의에서는, 정상적이고 순서 바르고 유순하고 '법률을 지키는' 사람들이 그들의 개인적인 기질이나 개성과는 무관한 중심적인 제의들 속에서 무질서하게 될 '의무'가 있다. 선택의 영역이 이렇게 사회적인 영역으로 축소되는 것이다. 거기서는 '리미널리티'에 있어서도, 인류학자들이 자주 말하는 성사sacra · 가면 등의 기괴한 행위가 발생하고, 그러한 행위는 적어도 '집단적 표상들'의 외관을 띠고 나타난다. 만일 그러한 예전 시기에 개인적인 창조자들과 예술가들이 있었다면, 신참자들과 그 신참자들의 마스터들이 그랬던 것처럼, 그들도 익명성과 **커뮤니타스**communitas[11]-의 일반적인 강제력에 의해 정복당했을 것이다.

그러나 산업적인 예술 · 문학 · (근대예술보다는 부족의 리미널한 사고와 더 잘 상응하는) 과학 등의 '리미노이드' 장르들 속에서는, 중요한 공적인 강조점이 개인적인 혁신자, 즉 창조하기 위해 대담하게 '선택'을 행하는 독특한 '개인' 위에 놓이게 된다.

이러한 개성에 대한 강조의 결여 때문에, 부족사회의 리미널리티는 수립되어 있는 부족 규범을 뒤집는 것으로 보이는 게 아니라, 오히려 그 수립된 부족 규범을 제의적 상황들 속에 투사하는 것으로 보일 수도 있다. 그러나 이런 생각은 우리가 '직접 그 현장에서' 실제의 입사제의入社祭儀들을 보면 수정될 수밖에 없다.

나는 응뎀부족 사회에서 다음과 같은 것들을 알게 되었다. 입사제의에 참가하는 신

10_ 1652년 프랑스에서 창립되어, 주로 선교와 성직자를 양성하는 신학교 경영에 종사한 선교수도회.
11_ '이상적인 공동체', 혹은 '공동체적 이상' 등의 의미를 가진 용어.

참자들은 이름과 세속적인 차원과 의복이 제거되어도 그들 각자는 하나의 분명한 개인으로 보였다. 사냥, 호된 시련의 인내, 여러 가지 수수께끼식 질문에 대한 훌륭한 답변, 협동심 등, 격리되는 동안의 공연 수행을 가장 잘하는 네 사람의 신참자들이 세속적인 사회와의 재통합을 결정하는 제의에서 직함을 부여받는다는 사실 속에는, 어떤 경쟁적인 개인적 차별성의 요소도 있었다.

이것은 나에게 '리미노이드한 것들'의 새싹이 이러한 리미널리티 속에 감추어져 있다는 것을 보여주었으며, 그 새싹이 '큰 가지 촛대'와 같은 모양으로 여러 가지 문화장르들로 자라 나아가기 위해 사회문화적 컨텍스트 상의 중요한 변화들을 기다리고 있는 것으로 보였다. 우리가 만일 영국 자장가 연구에서 톰 섬브Tom Thumb가 보여준 바와 같이 여러 사회적 유형들로부터 어떤 변증법적인 정수를 뽑아내려고 세계의 사리지고 있는 '부족' 사회들 중의 하나를 연구하려는 조사자들이 **'공적 · 익명적 양식'**과 (사회문화적 성장의 주동자들을 고려하는) **'개인적 · 변별적 양식'** 사이의 최초의 모순대립을 가장 정확하게 규정하기 위해서는, 그 사회들에서 행해지는 제의들의 '리미널한' 여러 국면들을 살펴보아야만 한다는 조언을 하고자 한다.

나는 **'반구조**anti-structure'라는 용어를 주로 부족사회와 농경사회에 대한 언급과 관련하여, 그리고 **'리미널리티'** 및 내가 **'커뮤니타스'**라고 부른 것 둘 다를 기술하기 위해서 사용해 왔다. 나는 이 용어로, 어떤 구조적인 전도顚倒나 '세속적'이고 평범한 사회경제적 구조를 이미지화하는 거울이나 구조적 필연성에 대한 환상적 거부 등을 의미한 것이 아니라, 사회적인 여러 가지 역할들을 규정하고 (가족 · 혈통 · 씨족 · 부족 · 국가 등과 같은) 어떤 협동집단의 구성원 자격이나 (계급 · 카스트제도 · 성 · 연령구분 등과 같은) 보편화된 사회적 범주에 가입하고 일련의 사회적 계층을 점유하기 위해 가해지는 '정규적인 구속'으로부터, 인간의 인지 · 감동 · 의지 · 창조성 등을 '해방'하는 것을 의미했다.

사회문화적 체계들은 조화를 향해서 매우 더디게 나아가므로, 인간 개개인들은 다만 작은 규모의 사회들 속에서는 지극히 희귀한 상황에서나 규칙의 갈고리들로부터 벗어날 수가 있으며, 큰 규모의 사회들 속에서도 자주 그럴 수 있는 것은 아니다. 그렇지만, 구조화의 절박성 그 자체가, 즉 다듬어지고 정리된 패턴들이나 도해들이, 어떤 새로운 성장의 과정을 포함하는 것은 어쩔 수 없이 존재하는 아킬레스건과 같은 것이다.

사실 개인이나 집단의 이념들이, 그것들의 역할이나 구성요소들의 상호의존적인 조직화나 규칙화의 한 레벨 스타일로부터 다른 하나의 레벨 스타일로 나아갈 때, 거기에는 하나의 **'리미널 영역'**이 존재해야만 하고, 아무리 간단하게라도 그 메타포와 가장자리 혹은 식역limen을 변화시켜야만 하며, 이때 과거는 순간적으로 부정되고 중단되고 혹은 폐지되기도 하며 미래는 아직 시작되지 않아, 말하자면 모든 것이 '미결정 상태'에 놓이는 순수한 잠재성의 순간이 있게 되는 것이다. (마치, 모든 '선택권들'을 자기가 가지고는 있지만 그를 향해 절박하게 움직이고 있는 매우 완고한 미래 때문에 전율하는, 쿼터백[12] 위치에 서 있는 미식축구선수처럼!) 부족사회에서는 가치・행위・사회 규칙들의 보편적・지배적 동질성 때문에 이 순간을 사회구조가 포괄하고 지배할 수 있고, 혁신적으로 지나치지 않게 억제하며, 인류학자들이 말하기 좋아하는 것처럼, '금기taboos'에 의해서 '구속하고' '지나침을 조절하여 균형 잡는다'. 이처럼 부족적으로 '리미널한 것'은 외관상으로는 아무리 이국적으로 보일지라도 '전복적인 불빛' 이상의 것일 수는 없는 것이다. 그것은 거의 나타나자마자 곧 규범성에 봉사하는 것으로 변해 버리게 된다.

그러나 나는 그것을 미래의 사회적 발전과 변화의 조짐들을 포함하고 있는 제도적인 덩어리나 자루로 본다. 그것은 보기에 따라서는 사회체제의 어떤 중심적인 역할들을 하지 못할 것 같은 상태이면서도, 거기에는 법률과 관습과 이에 부수되는 여러 가지 사회적 조절 양식들이 두루 퍼져 있다. 이러한 영역에서 혁신이 일어날 수도 있지만, 혁신은 경계면들과 경계영역들limina에서 더 자주 생기며, 그러고 나서야 중심영역으로 들어가 합법화되는 것이다.

내가 보기에, 역사적으로 혁명・'반란' 심지어 예술에서의 '낭만주의'와 같은 비교적 '뒤늦게 생긴' 사회적 과정들은, 형식과 정신의 자유로 특징 지워지며, 정서와 독창성을 강조하며, '부족적인' 사회나 여타 본질적으로 보수적인 사회의 규범적인 것과 리미널한 것 사이의 관계 전도를 나타낸다. 왜냐하면, 이 근대적인 과정들과 운동들 속에서

12_ 미식축구에서 포드와 하프백의 중간 위치.

는, 사물들이 문화 내적인 존재 방식과 사회 내적인 비판에 복종하지 않으며, 늘 산업사회 이전의 리미널한 것들을 암시하는 문화적 변환의 씨앗들이 상황의 중심적인 것이 되어버리고, 더 이상 '고정된 구조들' 사이의 접촉면의 문제가 아니라 일종의 역사적 발전의 문제가 중심문제로 되어버리기 때문이다.

이처럼 혁명이라고 하는 것들도, 그것들이 성공적이든 그렇지 않든, 그것들의 입문적 함의들로 인해 사회의 주요한 변별적 구조 형식들이나 배열 질서들 사이의 경계영역들이 된다. 이것은 판 헤네프가 옹호한 '일차적인' 혹은 '글자그대로의' 의미에서가 아니라 일종의 은유적인 의미에서 '리미널'이란 말을 사용하는 것이긴 하지만, 이러한 용법은 우리가 모든 역사 - 사회적 형식들이 두루 잘 종합될 수 있는 '전 지구적 차원의 인간사회'에 관해서도 생각하도록 도와줄 수 있다. 격렬하든 격렬하지 않든 혁명이라고 하는 것에 대해서, 부족적 통과의례의 경계영역들은 단지 전조나 예고에 불과한 총력화된 리미널 국면들일 수 있다.

이것은 아마도 우리가 '반구조적인' 것이라고 하는 다른 주요한 변수, 즉 '커뮤니타스'라고 하는 것 속에서 찾아야만 하는 요체일 것이다. 나는 뒤에 가서, 우리가 '반구조', '메타구조', '후 - 구조'라는 용어들을 사용하는 장점들과 단점들에 관해서 논의하겠다. 비록, 어떤 면에서는 현재의 커뮤니타스가, 그 작동들을 미리 예견하기 — 나는 이것이 '실제적 은총'이라는 기독교적 개념의 경험적 기초라고 믿는다 — 가 너무 어려운 구조 체계들 전반에 대해서 '놀이할' 수 있는 '인간적 상호관계의 양식'이라고 하더라도, 부족사회에서는 커뮤니타스와 규범적 구조 사이보다는 커뮤니타스와 리미널리티 사이에 좀 더 밀접한 관련이 있을 것이다. 이처럼 워크숍·마을·사무실·강의실·극장 및 거의 모든 곳에서 여러 가지 의무와 권리들이 '커뮤니타스'라고 하는 어떤 분위기에로 전도되어질 수 있다.

그러면, **커뮤니타스**communitas[13]-란 무엇인가? 그것이 어떤 리얼리티의 기초를 가지고 있는가? 그것은 인간의 어떤 영속적인 환상, 일종의 태동기에로의 집단적인 회귀인가?

13_ 앞의 각주 10)을 참조.

나는 '역사적 · 특질적 · 구체적 개인들 사이의 어떤 매개되지 않은 관계'로서 서로서로를 바라보고 이해하고 상대방을 향해서 행동하는 그런 본질적인 방법을 (『제의과정』에서) 기술한 바 있다. 이것은 조지 거비츠Georges Gurvitch가 "가능한 한 넓게 열리고 적어도 '나'의 깊은 심층들에까지 접근해 들어갈 수 있는 마음들이 (집단적 엑스터시의 상태들을 전제로 하는) 어떤 융합상태 속에서 통합될 때"("Mass, Community, Communion" in *J. of Philosophy*, August 1941 : 489)라고 기술하고 있는 '커뮤니온com-munion'의 개념과는 다르다.

내가 보기에 '커뮤니타스라'고 하는 것은 개인적인 특수성을 보존하고 있다. 그것은 유년기로의 퇴행도 아니고, 어떤 정서적인 것도 아니며, 환상으로 '몰입하는 것'도 아니다. 커뮤니타스는 사람들의 사회 구조적 관계들 속에서 여러 가지 역할 · 계층 · 계급 · 문화적 성별 · 관습적 연령 구분 · 혈족관계 등으로 일반화되고 나누어진 다양한 추상적 과정들에 의해서 존재한다. 커뮤니타스는 여러 가지 유형의 사회적 상황들 속에서 특수한 사회적 역할들을 담당하도록 조건 지워져 왔다. 커뮤니타스가 '사회구조'로 알려진 복잡한 모델의 여러 가지 구획들을 조절하는 일련의 규범들에 순종하는 '체하는' 한은, 그것은 잘 하는가 못하는가는 문제가 안 된다.

더 나아가, 사람들은 자기가 맡은 역할들을 하고 자기의 계층을 유지하고 형성하기 때문에, 커뮤니타스는 그동안 거의 '사회과학' 전체의 주제로 되어 왔다. 분명히 이것은 일과 레저 시간들 중의 대단히 많은 양의 유용한 시간들을 커버하고 있다. 어느 정도 믿을 만한 인간적 본질이 여기에 내포되어 있다. 왜냐하면, 모든 역할 규정이 인간의 어떤 기본적인 속성이나 능력을 설명하고, 좋든 싫든 인간은 인간적인 방법으로 자기들의 역할을 수행하기 때문이다.

그러나 이러한 좀 비좁고 케케묵은 방들 속에서는 완전한 인간의 능력은 폐쇄되기 마련이다. 어떤 사람이 자기의 역할을 잘 수행한다고 말할 때도, 우리는 가끔 그가 유연성과 상상력을 가지고 그것을 수행한다는 뜻으로 그런 말을 하기도 한다. 마르틴 부버Martin Buber의 '나와 너I-and-Thou'의 관계라는 개념과, 어떤 자유롭게 선택된 공동목표를 향하여 움직이는 사람들에 의해서 형성된 '본연적인 우리Essential We'라는 개념은,

사람들은 반드시 그들의 관심사를 충족시키는 어떤 반응의 기대 속에서 서로서로를 향해 행동을 시작하는 것은 아니라는 의미에서, 인간관계의 처리할 수 없는 질서나 자질에 대한 직관적인 개념들이라고 볼 수 있다.

어쨌든, 인류학자들은 이러한 많은 '문제들'을 회피하여 왔다. 왜냐하면, 그들은 이기적인 싸움뿐만 아니라 이타적인 노력 면에서도 삶의 구체적인 과정들 속에 '살아 있는' 인간을 다루기 때문이다. 한편, 어떤 인류학자들은 또 관찰자와 제보자 사이를 멀어지게 하고 그들 사이의 상호작용을 믿을 수 없는 것으로 만들어버리는 자민족 - 중심주의적인ethnocentric 질문들 안에서 안전을 찾기도 한다.

부족사회와 산업사회 이전의 사회조직에서의 **'리미널리티'**는 인간적 정체성들을 직접적 · 즉각적 · 총체적으로 만나는 작업을 순조롭게 전개시킬 수 있는 배경을 마련해 준다. 반면에 산업사회들 속에서의 '리미널리티'는 우리의 체험들을 주고받는 이러한 방법이 묘사되고 포착되고 실현될 수 있는 것은 '레저' 안에서 이루어지고, 때로는 예술적인 고안물들의 도움을 받기도 한다.

사회구조라는 것은 완전한 사회적 만족을 방해하는 반면 유한성과 안전성의 척도를 제공해주기 때문에, '리미널리티'는 일종의 모호한 상태인 것이다. 즉 리미널리티는, 창조적이고 인간상호적인 혹은 초인간적인 만족과 성취의 환경을 위해서 존재한다기보다는, 많은 불안정한 고비나 카오스에서 코스모스로, 무질서에서 질서로 이행하는 돌파구를 위해서 존재한다고 볼 수 있다.

'리미널리'는 질병 · 절망 · 죽음 · 자살 장면이나 규범적이고 잘 규정된 사회적 결속 및 유대에 대한 보충적인 대안이 없는 파괴의 장면일 수도 있다. 그것은 또한 아노미 · 소외 · 고뇌라고 하는 근대적 신화의 가장 중요한 운명적 세 자매일 수도 있다. 부족사회 등의 사회에서는, 그것은 가정적家庭的인 마법의 영역, 내적인 죽음, 이방인들의 복수심에 불타는 영혼의 모습일 수도 있다. 복합적인 사회의 레저 장르들 속에서는, 그것은 실존주의 작가들이 좋아하는 '극한 상황들', 즉 고통 · 살인 · 전쟁 · 자살 · 병원의 비극 · 사형 집행 등에 의해서 표상될 수도 있다. 리미널리티는 구조적 규범보다 더 창조적이면서 동시에 더 파괴적이다. 어느 쪽이든 간에, 그것은 사회적 구조적인 인간의 기본 문제들을 제기하고 그것을 사색과 비판의 장으로 초대한다.

그러나 그것(리미널리티)이 사회적으로 긍정적일 때는, 그것은 명시적 혹은 암시적으로 어떤 동종의 구조화되지 않은 커뮤니타스로서의 인간 사회의 모델을 표현하며, 그런 커뮤니타스의 영역은 이상적으로는 온 인류의 영역과 동일한 영역이다. 두 민족이 서로 통일성을 체험한다고 믿을 때조차도, 한 줄기의 '빛'이 반짝일 때조차도, 그들 두 민족은 하나의 민족이라고 느끼게 된다. 느낌은 생각보다 더 빠르게 일반화되고 보편화된다. 그것이 그러는 것처럼 보이는 것이다.

문제는 이 직관을 살아 있게 하는 것이다. 규칙에 의한 마취, 반복되는 성적 결합, 위대한 문학에의 끊임없는 몰입 등은 그런 직관을 방해하고, 성년식의 격리도 시간상이 차이는 있지만 끝이 나게 마련이다. 그래서 역사적으로 제 스스로를 되풀이하려고 하는 커뮤니타스에 대한 체험이 커뮤니타스에 대한 기억이 되어 버리는 역설과 마주치게 된다. 그런 사회구조 속에서는, 처음에는 각 개인들 사이의 자유롭고 혁신적이던 관계들이 결국에는 규범에 지배되는 사회적 **페르소나들**personae 사이의 관계로 전환된다.

나는 다음과 같은 또 하나의 역설을 말하고 있음을 안다. 즉 사람들이 '자발적으로' 동등하게 되면 될수록 그들은 그들 스스로 더욱더 '독특'하게 되고, 그들이 '사회적으로' 동등하게 되면 될수록 그들은 그들 스스로가 더욱더 덜 개인적으로 됨을 발견하는 것이다. 그러나 이 커뮤니타스나 **코미타스**comitas가 제도화될 때, 새로 발견된 특이질은 다른 어떤 일련의 보편적 역할들과 계층들로 입법화되고, 그런 역할들과 계층들을 점유하게 되는 사람들은 결국 개성을 어떤 규칙에 종속시켜야만 하는 것이다.

내가 『제의과정』에서 논의한 바와 같이 "커뮤니타스의 자발성과 직접성은 — (사회)구조의 법적 · 정치적 성격과는 반대로 — 오랫동안은 유지되기 어렵다. 커뮤니타스 그 자체는 곧 어떤 (사회를 보호하는) 사회적 구조를 발전시키고, 그 구조 속에서 각 개인들 사이의 자유로운 관계들이 사회적 페르소나들 사이의 규범 지배적 관계들로 전환된다. 소위 '규범적'인 것들은, 문화적으로 '비규범적인' '정도를 벗어난' '중심을 벗어난' 혹은 '특이한' 등으로 정의되는 '가면 없이' 행하는 어떤 행위의 방식들보다 더 게임적이며,

가면 속에서 대본을 가지고 연기될 수 있다. 그렇다고 해서 커뮤니타스가 그것에 참여하는 사람들의 의식으로부터 나오는 구조적 규범들의 말살을 표상하는 것은 아니다. 오히려 커뮤니타스의 스타일 자체는 어떤 주어진 공동체 안에서 그 구조에의 참여자들이 늘상 포함되기 마련인 정규적 · 규범적 구조에 대한 폐지 · 부정 · 전도를 '상징적으로 표상'하는 식의 방식에 의존한다고 말할 수 있다. 실제로 커뮤니타스 그 자체가 정규적 구조로 쉽게 전환될 수 있다는 것은, 그것이 구조적 환경에 대해 취약하다는 점을 말해준다."

커뮤니타스의 역사적 운명을 살펴볼 때, 나는 뚜렷하긴 하지만 반드시 연속적으로 귀결되는 형식은 아닌, 커뮤니타스의 세 가지 형식들을 확인했는데, 나는 그것을 각각 '**자발적** 커뮤니타스', '**이념적** 커뮤니타스', '**규범적** 커뮤니타스'라고 명명했다. 이것들은 각각 리미널 현상 및 리미노이드 현상과 어떤 관련들을 가지고 있다.

(1) **자발적 커뮤니타스**spontaneous communitas는 개인적 상호작용의 격렬한 스타일이라기보다는, 어떤 심오하고, 직접적이고, 총체적인, 인간적 아이덴티티들의 만남이다. "그것은 어떤 '마술적인 것'을 지니고 있다. 주관적으로 볼 때, 그 속에는 무한한 힘의 느낌이 있다. (1인칭 시점에서) 근본적으로 '우리'로 느껴지는 집단이 그 집단의 상호주관적인 조명성을 유지하는 한, 서로 양립할 수 있는 사람들 — 친구 · 동족들 — 이 존재론적인 수준에서 명료한 상호이해의 섬광을 얻는 순간, 즉 정서적 차원에서든 인지적 차원에서든 꼭 그들의 문제가 아니라 모든 사람들의 문제가 해결될 수 있는 순간을 모르는 사람은 아무도 없다.

이러한 조명은 다음날엔 분리의 메마른 불빛에, 즉 단독적 - 개인적 이성을 공적인 이해의 '은총'에다 적용시키는 일에 굴복할 수도 있다. 그러나 이 자발적 커뮤니타스의 기분 · 스타일 혹은 '적합성'이 우리에게 존재할 때, 우리는 개인적인 정직성 · 개방성 · 비허식 - 비자만성에다 높은 가치를 부여한다. 우리는 '지금 이곳'에서 자기 자신을 표현하는 다른 사람과 직접 관계를 맺고, 문화적으로 규정된 그의 역할 · 지위 · 명성 · 계층 · 계급성 및 다른 여러 가지 구조적 영역의 장애물들로부터 벗어나, (감정이입적인 방법 — 이런 방법은 어느 정도의 자아의 보류, 자아의 비투기non-giving를 함축하고 있다 — 이 아니

라) 동정적인 방법으로 상대방을 이해하는 것이 중요하다고 느낀다.

이 자발적 커뮤니타스의 양식 속에서는, 서로서로 상호작용을 하는 개인들이 총체적으로 어떤 단일한 동시 발생적 · 유동적 사건 속으로 흡수된다. 이러한 상황들 속에서의 동시발생성에 대한 '근본적인' 이해는 우리에게 성체성사적聖體聖事的 결합이나 주역周易과 같은 문화 형식들 — 오늘날 이러한 형식들의 전형적인 경우는, 직접적으로든 번역을 통해서든, 세계 여러 문화들에 대한 문자적 전달로부터 나온다 — 에 대한 이해의 길을 열어준다. 성체성사적 결합이나 주역과 같은 문화 형식 들은, 우리가 그것들의 '일체성'의 근저에 놓여 있는 '의미'를 포착하기 위한 어떤 메커니즘을 가지고 있는 한, (레비-브륄Levy-Bruhl의 말을 빌자면) "모든 동시대적 사건들에 대한 상호 - 신비적인 참여를 강조하고 있다."

(2) 내가 이른바 '**이념적 커뮤니타스**ideological communitas'라고 부른 것은 자발적 커뮤니타스의 상호작용들을 기술하기 위한 일련의 이론적인 개념이다. 여기서, 과거로 거슬러 올라가는 관찰 즉 '기억'은 이미 개인적인 주체를 공적 - 양자관계적 체험으로부터 멀리 덜어진 곳에다 두고, 체험자는 이전의 직접성들을 중재하기 위해서 언어와 문화를 관찰하는 데까지 나아가게 된다. 이것은 크식스젠트미할리M. Csiks-zentmihalyi와 멕커룬J. MacAloon이 '흐름-파괴flow-break'라고 부른 것의 한 실례가 된다. '흐름-파괴'란 제의 · 예술 · 스포츠 · 게임 및 심지어 도박에서도 최고의 '이득'을 규정짓는 행동과 인식(및 주의 집중)을 융합하는 체험을 방해하는 것이다. '흐름'은 유발될 수 있고, 커뮤니타스는 '흐른다'. 그러나 어떤 '흐름'은 단독적이며, 어떤 커뮤니타스의 양식들 특히 종교적 커뮤니타스의 양식들은 인식과 행동을 분리시키기도 한다. 여기서 본질적인 것은 흐름에 있어서의 팀워크 즉 '하는 것'이 아니라, 함께 '존재하는 것' 다시 말해 그 상황 속에서 작동하고 있는 말이 '되는 것'이다.

이렇게 되면 더듬거리면서라도 자발적 커뮤니타스에 대한 자기의 구체적인 체험을 '말'로 그릴 하나의 새로운 모델을 구축할 수 있도록 하기 위해, 지나간 모델의 파편들로부터 이끌어낸 모델이나 문화적 요소들을 마련하고자, 물려받은 문화적 과거를 이미 샅샅이 뒤지기 시작하는 것이다. 이러한 몇몇 일련의 이론적 개념들은 일종의 '유토피아적' 사회 모델로 전개되고 구체화될 수 있으며, 그런 사회 모델 속에서는 모든 인간적 행동이 자발적 커뮤니타스의 레벨에서 실행될 것이다.

나는 서둘러서, 모든 혹은 대부분의 '유토피아적utopian' 모델들이 다 '이념적 커뮤니타스'의 모델인 것은 아니라는 말을 첨언하고자 한다. '유토피아'란 그리스에서는 '없는 곳'을 의미한다. 유토피아를 만드는 일은 근현대사회의 구속받지 않는 '자유로운' 레저 행동이며, 모든 사람들이 남녀의 모든 이웃들과 더불어 커뮤니타스 속에서 살기를 추구한다고 할 때의 유토피아란, 어떤 구체적인 물리적 세계나 육지부나 도서부의 모습보다는 오히려 산업적인 제작처럼 1차적 욕망으로 (고도로 계층화된 여러 가지 구조들을 포함하여) 이상적인 정치・행정적 구조들을 상정하는 경향이 있다. 수많은 계층적 유토피아들, 보수적인 유토피아들, 독재적인 유토피아들이 있다.

그럼에도 불구하고, 세계의 수많은 문자적・역사적 종교들에서의 커뮤니타스 '유토피아'는, '구원'의 개념과 관련된 하나의 중심적인 구성요소로서, 서로 다른 여러 가지 형식들 속에서 발견된다. 예컨대, "나라가 임하옵소서"와 같은 것이 그것이다. 여기서 '나라Thy Kindom'란 자선・아가페・'사랑'이며, 실제의 나라에 대립되는 것, 일종의 커뮤니타스이다.

(3) 끝으로, **규범적 커뮤니타스**normative communitas란 또 하나의 '지속적인 사회체계', 여러 가지 관계들이나 자발적 커뮤니타스를 다소간에 지속적인 토대 위에서 증진시키고 유지시키려고 시도하는 일종의 하위문화 혹은 하위집단이다. 이런 일을 하기 위해서 규범적 커뮤니타스는 스스로의 성질을 바꿔야만 한다. 왜냐하면, 자발적 커뮤니타스는, 신학적 용어를 사용하자면, '법률'의 문제라기보다는 '은총'의 문제이기 때문이다.

자발적 커뮤니타스의 정신은 '그것이 전파되는 곳에 불어 닥친다.' 자발적 커뮤니타스는 법률이 아니라 예외, 규칙성이 아니라 기적, **아낭크**anangke 즉 필연성의 인과적 사슬이 아니라 근본적인 자유이기 때문에, 법률로 제정되거나 규범화될 수는 없다. 그러나 자발적 커뮤니타스는, 실제적이든 상상적이든, 생산관계 체계나 생물학적으로 관련된 것으로 추정되는 인간들의 집단・가족・친족・혈족과 같은 어떤 자연적 혹은 기술적 '필연성'의 기초에서 나온 여러 집단들과 자발적 커뮤니타스를 구분 짓는 규범적 커뮤니타스에 기초를 둔 어떤 집단의 기원·생성에 관한 것이다.

비록 가장 엄격한 사회제도들도 분명 자발적 커뮤니타스의 체험으로부터 빈번히 파생되어 나올지라도, (서구의 신학적 정치적·철학적 어휘들에 공통적으로 쓰이는 용어를 사용하자면) 어떤 '자유'·'해방'·'사랑'은 규범적 커뮤니타스를 고수한다. 이런 고수의 엄격함은, 커뮤니타스 집단들이 처음에는 그 집단들을 둘러싸고 있는 제도화된 집단들에게 상처를 받기가 아주 쉽다고 스스로 느낀다는 사실에 기인한다.

커뮤니타스 집단들은 보호를 위한 제도적 외피를 개발하고, 그 외피는 먼저 집단 자율성의 조화로운 증진을 방해하는 것을 막으려는 힘으로 점점 더 강하게 된다. 커뮤니타스 집단들은 점차 '그 집단들이 보는 것이 되어간다.' 다른 한편, 그 집단들이 자기들의 적들을 '보지' 못한다면, 그 집단들은 그 적들에게 굴복될 것이다. 이 커뮤니타스 집단들이 처하게 되는 딜레마는, 아마도 산업과 사고의 새로운 기구들을 발명하고 시간 경과에 따라 새로운 정서 스타일들을 탐구하면서 점점 증가하고 변화하고 혁신해가는 인간이라는 종種에 의해 상처받기가 쉽다는 것이다. 새로운 것들에 대립되는 낡은 것들도 변화를 위해서는 새로운 것들의 혁신성 못지않게 중요할 수 있다. 왜냐하면, 그것들도 다른 것들과 함께 어떤 문제를 구성하기 때문이다.

규범적 커뮤니타스 위에 기초한 집단들은 보통 종교적 재생·부활의 시기 동안에 많이 발생한다. 규범적 커뮤니타스가 어떤 집단을 지배하는 사회적 양식일 때, 우리는 어떤 카리스마적이고 개인적인 모멘트가 진행적이고 반복적인 사회체제로 변환되어가는 과정을 목격할 수 있다.

그러나 자발적 커뮤니타스와 확고히 구조화된 체제 사이의 본래적인 모순들은 매우 커서, 이러한 두 양식들을 결합하려고 시도하는 어떤 모험도 구조적인 분열이나 커뮤니타스의 질식에 의해 끊임없이 위협을 받을 것이다. 여기서, 전형적인 타협안 — 역사적인 예증 사례로, 나는 여러분에게 나의 저서 『제의과정』의 제4장을 든다 — 으로, 구성원의 의식이 대립적인 당파들로 분열되는 경향이 나타나며, 이러한 분열은 그 당파들 사이에 힘의 균형이 유지되는 한에서만 유지가능한 해결책이다.

일반적으로 먼저 조직된 집단, 그러니까 스스로를 가장 조직적으로 구조화한 집단은,

비록 어떤 집단들이 공유하면서도 정치적으로 성공한 집단에 의해서 중단되어버린 커뮤니타스의 핵심적인 가치들이 그 성공한 집단 속에서 다시 부활된다 할지라도, 정치적으로나 유사·정치적으로 좀 더 우세하다. 이처럼, '수도원 중심의 프란체스코 수사들Conventual Frac-iscans'은 그들의 **극빈자적 수행**usus pauper 혹은 가난에 대한 극단적인 견해 때문에 비난받은 '영혼 중심의 프란체스코 수사들Spi-ritual Franciscans'이 되는 데 성공했지만, 캐퓨친 수도회 개혁은[14]- 그로부터 3세기 후인 1525년에 시작하여, 프란체스코 수사들의 가난과 단순성에 대한 수많은 초기적 이념들을 복원시켰고, 이 일은 13세기에 수도원파들과 영혼파들로 분열되기 전에 실행되었다.

상징적인 용어로 말하자면, 우리는 여기서 정치·법률적 체계의 상징과 종교적 체계의 상징을 구별해야만 한다. 극빈자적 수행은 프란체스코주의의 두 날개 사이의 당파적인 분열을 특징짓는 일종의 정치적 상징이었던 반면, '나의 성스런 가난My Lady Poverty'— 이 자체가 아마도 '성모 마리아' 혹은 '성모 교회'라는 주제들에 관한 일종의 프란체스코주의자들 식의 변형일 것이다 — 이란 말은 정치·구조적 분리를 초월하는 일종의 문화적 상징이었다.

커뮤니타스는 나중에 일련의 문화적 가치들의 세트와 배열로 나누어지는 메타포와 상징을 생성시키는 경향이 있다. 여러 상징들이 그것들의 '사회·구조적' 성격을 획득하는 것은 물질적인 생활유지 장치인 경제와 조절장치인 법률·정치의 영역에서이다. 그러나 물론 문화적·사회구조적인 여러 영역들은, 개인들이 역사의 흐름 속에서 그들의 관심사들을 추구하고 그들의 이상·사랑·증오를 갖고 서로를 정복하고 서로에게 복종하는 가운데 상호침투하고 서로 겹치게 된다.

이 지점에서 나는, '확대된 사례연구법'이 '사회극'이라는 테크닉으로써 사회적 사건들의 총체적 흐름 안에 있는 사건들로서의 상징들과 그것들의 의미를 연구하는 어떤 유용한 방법을 제공한다는 견해에까지는 나아가지 않겠다. 왜냐하면, 나는 아직 여기서 상징들, 리미널한 것들, 리미노이드한 것들, 커뮤니타스, 사회구조 사이의 여러 관계

14_ (프란체스코파의) 캐퓨친 수도회 수사들의 개혁.

들의 문제와 관계하고 있기 때문이다.

커뮤니타스는 사회구조와의 '비유에 기초한' 관계 속에서 존재한다. 이 두 가지 것들 각자의 영역은 서로 상대 영역과의 접촉이나 비교에 의해서 규정된다. 이것은 마치 성년식의 리미널한 단계가 주위의 사회적 계층들에 의해서 규정되고 (그 리미널한 단계들은 그 계층들 중에 많은 것들을 폐지하고, 뒤집고, 혹은 무효화한다), '신성한 것'이 '속된 것'과 관련됨에 의해서 규정되는 것과 같다. 비록 단일한 문화 속에도 수많은 여러 가지 관련성들이 있다. 왜냐하면, 만일 A가 B에 대해 '신성하다'면, 그것은 동시에 C에 대해서는 '속되고' D에 대해서는 '보다 덜 신성할' 수 있는 것이다. 여기서 사회문화적 과정의 다른 여러 측면들에서처럼, 상황적 선택이 우세하게 나타난다.

그런데 커뮤니타스는, 그것이 이용되는 현재의 컨텍스트 속에서는 사회적 구조에 대한 활동적인 대립보다는 그것과의 대조 속에 더 많이 존재한다고 말할 수 있다. 그것은, 사회적으로 인간적이게 되는 어떤 대체적이고 좀 더 '해방된' 방법으로, 사회 구조로부터 분리되고 그렇기 때문에 사회 구조의 수행에 대해 좀 더 애착을 가지며, 그렇기 때문에 사회 구조의 수행을 주기적으로 가치평가하고 동시에 또한 다른 해방된 사람들에게 좀 더 애착을 가지는 어떤 '멀리 떨어져 있는' 혹은 '주변적인' 사람의 존재 방법으로, 그렇기 때문에 때때로 그들과 공유하는 사회 구조의 역사적 수행/공연을 가치 평가하는 방법으로 존재하는 것이다. 우리는 여기서 기존의 규범적 구조를 비난하는 판단을 공표하는 것과 그런 구조의 대체모델을 제공하는 일의 사랑스런 결속을 확보할 수 있게 된다.

그럼에도 불구하고, '이념적 커뮤니타스'에 의해 기술된 인간 상호관계의 구조적 모델의 영역들은 (때때로 커뮤니타스를 초월하여 '삶에 대한 포괄적인 존경심'에 대해서까지) '이상적으로 전 인류의 영역들과 경계를 접하고' 있기 때문에, 그런 커뮤니타스를 체험하고 있거나 혹은 최근에 체험한 사람들은, 가끔 ('자유분방한' 행위의 제도화된 계층적 역할행위의 우위성을 포함한) 사회구조적 상호작용이나 일련의 그러한 상호작용을, 인간적 아이덴티티들에 대한 직 - 간접적 · 전체적 조우에로, 즉 '자발적 커뮤니타스'에로 전도시킨다.

커뮤니타스는 포괄적인 경향 — 어떤 사람들은 그것을 '관대하다'고 말한다 — 이 있고, 사회구조는 배타적인 경향, 즉 우리/그들, 내부집단/외부집단, 고/저, 보다 훌륭한 것/보다 천한 것 사이의 차이점을 즐기는 속물적인 경향까지 있다. 이러한 포괄성의 조절은 전향화proselytization를 위해서 만들어지는 것이다.

사람들은 타자들을 우리들과 같은 존재로 만들기를 원한다. 서구 전통 속에서 하나의 유명한 사례는 성신강림절Pentecost이다. 이때 언어가 다르고 민족이 다른 집단들의 수많은 사람들이 성령의 영감 아래서 언어를 불문하고 서로서로를 완전히 이해한다고 주장하게 된다. 그런 후 그 성신강림절 군중들은 전 세계에 전도를 하러 출발한다. 어떤 근대 오순절 교회파[15]-가 사용하는 방언은, "분명한 발화는 사람들을 여러 가지 다른 언어 집단들로 나누고, 같은 언어 공동체 사람들 사이에 '죄'를 촉진하기까지 하며, (고풍의) 넌센스식 발화는 상호간의 사랑과 미덕을 촉진한다"는 생각과 관련이 있는 것으로 보인다.

그러나 이 공산주의식 신봉자 개개인들에 의한 '전환의 시도들'은, 사회구조 내의 권력 엘리트들 뿐만 아니라, 자신의 권위나 안전성 특히 제도에 기초한 자신의 사회적 아이덴티티를 직접 위협하는 규범에 대한 복종 속에서 안정감을 찾는 일반 대중들도 쉽게 납득할 수가 있다. 이처럼, 커뮤니타스의 확장적 · 활동적인 경향들은 구조적으로 확립된 사회적 요소들에 의해 어떤 억압적인 캠페인의 발단이 되고, 역으로 구조적으로 확립된 사회적 요소들은 커뮤니타스에 의해 좀 더 활동적이고 전투적이기까지 한 대립으로 인도되어 간다 (여기서 수많은 천년왕국설 신봉자나 각종 부활운동들이 준비한 역사적 과정 등과 비교해 볼 것).

프라이N. Frye와 에드만D. Erdman은 이 두 힘 사이에 지속되는 투쟁을 블레이크의 시적 상징에서 따온 말로 '오르크-위리젠 사이클Orc-Urizen cycle'이란 말로 표현했다. 여기서 '오르크'는 혁명적인 에너지를 표상하고, '위리젠'은 '법률제정자와 보복적인 의식'을 표상하는 것(S. Foster Damon)이며, '사자' 같은 혁명적 엘리트들 다음에는 '여우' 같은 전략가들 및 힘 있는 전술가들이 뒤를 잇는 식의 순환인 것이다. 이른바 파레토Vilfredo

15_ 20세기 초 미국에서 시작한, 근본주의자에 가까운 한 기독교 교회파.

Pareto[16]-식 '순환'의 부분적인 참여인 셈이다.

이러한 갈등에도 불구하고, 어떻게 보면 이러한 갈등 때문에, 커뮤니타스는 좀 더 크고 잘 구조화되고 중심화된centristic 사회를 위해 중요한 역할들을 한다. 앞서 인용한 바 있는 『제의과정』이란 책에서 나는 다음과 같이 주장했다. "리미널리티 · 주변성 · 구조적 열세는 신화 · 상징 · 제의 · 철학체계 · 예술작품이 생성되는 조건이다. 이 문화적 형식들은 리얼리티의 (혹은 적어도 사회적 체험의) 시간적 재구분이자 인간이 사회 · 자연 · 문화와 맺는 관계의 시간적 재구분인, 일련의 판형 · 모델 · 패러다임을 인간에게 제공한다. 그러나 그것들은 인간으로 하여금 사고하도록 고무할 뿐만 아니라 행동하도록 고무하기 때문에, (단순한 인지적) 구분 · 분류 이상의 것이다."

내가 이러한 견해를 피력했을 때만 해도, 나는 아직 제의와 같은 에르직 - 루딕한 리미널 장르의 리미널리티와 문학 및 각종 공연 양식과 같은 에네르직 - 루딕한 리미노이드 장르의 리미널리티 사이의 차이를 구분하지 않고 있었다. 부족사회에서의 리미널리티는 가끔 일과 활동 과정에서 요구되는 어떤 특수한 의무와 수행이라는 의미에서 기능적이다. 즉, 그것의 반전과 전도 바로 그것이 정규구조의 경직성이나 부당성을 보상하는 경향이 있다. 그러나 개인적인 사회에서는 달력으로 구축되거나 성숙 - 쇠퇴의 유기적 과정으로 모델화된 통과의례 형식은 사회 전체를 위해서는 더 이상 충분하지 못하다.

레저는 문학 · 드라마 · 스포츠의 선택적이고 리미노이드한 장르들의 다양성을 체험할 기회를 제공하지만, ('반구조가 좀 더 큰 구조의 보조적 기능을 하는') 정규구조에 대한 '반구조'로 생각되지는 않는다(Sutton-Smith, 1972 : 17). 그래서 오히려 서튼-스미스는 이 선택적이고 리미노이드한 장르들을 '놀이play'로, 즉 발달된 테크놀로지와 노동분화의 발달에

16_ 빌프레도 파레토(Vilfredo Pareto, 1848~1923): 스위스에서 활약한 이탈리아 태생의 사회학자 · 경제학자. 그는 능력이 우월한 사람들이 사회적 지위를 강화하기 위해 적극적으로 노력하기 때문에 사회계급이 생기는 것이라고 주장했다. 즉, 하층계급의 특권층이 상층 엘리트로 상승하려는 과정에서 스스로의 능력을 개발하게 되는 반면에, 엘리트 내부에서는 정반대의 경향이 나타난다. 그 결과, 하층계급에서 가장 유능한 사람들이 상층 엘리트의 지위에 도전하면, '엘리트의 순환'이 발생하게 된다는 주장이다.

의해서 가능하게 된 수많은 바리에이션과 일치하는 '다양한 레퍼토리를 가진 실험'으로 파악하는 것으로 보인다(앞의 글, p.18).

서튼-스미스의 견해에다 적용해보자면, 이 리미노이드 장르들은 (그는 '반구조'에 관해 언급하고 있고 이 용어를 그는 나에게서 빌려갔지만, 내가 그것을 체제유지의 의미로만 사용한다고 주장했다), "체제를 그것이 존재하는 대로 견딜 만한 것으로 만들어 줄 뿐만 아니라, 그 체제에 대해 그러므로 가능한 변화에 대해, 좀 더 유연한 상태로 그 체제의 구성원들을 지켜준다. 각 체제는 (서튼-스미스는 계속해서 말한다) 적용할 수 있는 구조적이고 반구조적인 여러 가지 기능들을 가지고 있다. 정규구조는 현재 작동하고 있는 평정을 표상하고, 반구조는 정규구조 속의 우연성이 새로움을 요구할 때 그 새로움이 발생하는 잠재적인 대체물의 보이지 않는 구조를 표상한다." "우리는 이 제2의 구조를 좀 더 정확하게 '원초 - 구조적'시스템이라고 부를 수도 있다. 왜냐하면, 이것은 혁신적 형식들의 선구자이기 때문이다. 이것은 바로 새로운 문화의 원천이다."(앞의 글, pp.18~19).

소위 복합적인 사회의 '고급문화' 속에서는, 리미노이드한 것들이 통과의례적 컨텍스트로부터 분리될 뿐만 아니라, '개인화' 된다. 고독한 예술가는 리미노이드한 것들을 창조하고, 이러한 리미노이드한 것들을 통해서 집단적이고 리미널한 상징들을 체험한다. 그러나 이 리미노이드한 상징들・관념들・이미지들을 만드는 예술가는, 그것을 무無로부터 그렇게 하는 것이 아니라, 리미널한 것이 아주 신성불가침의 것으로 되어 있는 문화의 구성원들에게는 불가능한 방법으로, 그의 사회적 유산들을 마음대로 쓸 수 있는 특권이 예술가에게 부여되는 방법으로 그렇게 함을 의미하는 것이다.

리미널 현상을 **리미노이드 현상**과 비교할 때, 우리는 유사성 못지않게 심각한 차이점들도 발견하게 된다. 그러한 차이점들 중에 몇 가지를 들어보면 다음과 같다. 이런 구분은 성글고 예비적인 방법으로나마 비교상징학 분야의 범위를 어느 정도 규정해준다.

(1) **리미널 현상**은 뒤르껭이 '기계적 연대'라고 부른 것을 가지면서 헨리 메인Henry Maine이 '신분status'이라고 부른 것이 지배하는 부족사회와 초기 - 농업사회에 우세한 경향이 있다. 반면에, **리미노이드 현상**은 '계약적인' 관계들에 의해 상호적으로 연대되고

산업혁명에 의해 생성되고 산업혁명을 뒤따라 나온, '유기적 연대'를 가진 사회 속에서 번성한다. 물론, 이런 현상들은 아마도 (그리스 - 로마형) 제국이 되어가는 과정의 도시국가 단계와 (프랑스 · 영국 · 프란더스 · 독일의 10~14세기 사이에 창출된 유럽적 하부유형들뿐만 아니라, 더 나아가 '다인종적인' 일본 · 중국 · 러시아의 봉건주의나 유사 - 봉건주의 유형까지도 포함한) 봉건사회 속에서 나타나기 시작하기는 한다. 그러나 그것들은 분명히 산업화 · 기계와의 시작, 노동의 일용품화, 실제적인 사회 계층의 출현과 함께, 서구 유럽의 초기 자본주의 사회에서 처음 발전하기 시작한다. 비록 그것이 서구 유럽에서는 16세기 후반에 나타나기 시작하였고, 특히 영국에서는 그보다 조금 후인 1620년에 프란시스 베이컨이 (이런 현상을 반영한) 그의 저서 『노붐 오르가눔*Novumm Organum*』을 출판했지만, 이 초기 산업사회 유형의 전성기는 17세기와 18세기에 있었으며, '계몽주의 시대'에 절정기에 도달했다.

리미노이드 현상은 19세기와 20세기 초의 유럽과 아메리카를 지배한 자유 - 민주주의 사회들을 계속 특징 지웠다. 이 사회들은 보편적인 선거권, 행정권에 대한 입법권의 지배, 의회정치, 복수정당제 노동자들과 고용주들이 조직을 만드는 자유, 주식조직 · 트러스트 · 카르텔 조직의 자유, 교회와 국가의 분리 등의 현상으로 나타나게 되었다. 또한, 리미노이드 현상은 제2차 세계대전 후의 근대 미국 · 서독 · 프랑스 · 영국 · 이탈리아 · 일본 및 그밖에 다른 서구 블록 국가들의 조직화된 자본주의가 지배하는 사회에서 아직도 눈에 잘 띄고 있다.

여기서, 경제는 더 이상 표면상으로도 '자유경쟁'으로 남아 있지 않고, 국가 및 (국가적 - 국제적인) 사적 트러스트와 카르텔들에 의해서 계획된다. 이때, 국가는 통치하는 산업적 · 재정적 중산계급의 이익 속에서 그렇게 하며, 트러스트들과 카르텔들은 가끔 국가의 지지를 받고, 국가는 국가의 관료적 경영기구를 그 트러스트와 카르텔들에게 서비스한다.

리미노이드 현상은 혁명 다음의 러시아와 중국 그리고 (원심화된 집단주의 방향으로 움직여가고 있는 유고슬라비아는 예외로 하고라도) 동유럽의 '인민민주주의'에 의해서 예시된 구심화된 국가집단주의 체제 속에도 없지 않다. 여기서, 이 새로운 문화는, 그렇게 쉬운 일은 아니지만 가능한 한, 휴머니즘을 (자연적 리듬을 테크놀로지적 과정의 논리로 대체하는) 테크놀로지와 통합하려 하고 있다. 그러면서도, 이 새로운 문화는 한편으로는 그 테크놀로지적 과정들의 사회 발전적 특성을 제거하고, 그 과정들이 '대중적 재능'에 의해 생성되고 지탱되도록 의도한다.

그러나 이 새로운 문화는 집단주의와 더불어, 리미노이드 장르들의 잠재적으로 무한한 자유를, 휴머니즘과 테크놀로지의 통합이라는 목표에 적합한 형식들의 생산으로 축소시키는 경향이 있다. (여기서 휴머니즘이란, 인간이 초자연주의에 의지하지 않고도 자아를 충족시킬 수 있고 윤리적 행위를 할 수 있다고 주장하는 근대 무신론적 합리주의적 관점에서의 휴머니즘이다.)

(2) **리미널 현상**은 집단적인 경향을 띠며, 주기적·생물학적·사회구조적 리듬 혹은 사회적 과정들—그 과정들이 내적 조절로부터 나오는 것이든 외적 적응으로부터 혹은 교정적 척도들로부터 나오는 것이든—상의 위기와 관련되는 경향이 있다. 이처럼 리미널 현상은 이른바 '자연적 전환점들natural breaks', 자연적·사회적 여러 과정들의 흐름에 있어서의 자연적 분리점들이라고 불려 질 수 있는 것에서 나타난다. 이 현상은 이처럼 사회문화적 '필연성'에 의해 고무되지만, 새로운 이념·상징·모델·신념을 형성하기 위한 **새로운** '자유'와 잠재력을 포함하고 있다. **리미노이드 현상**도 집단적이긴 하지만, (그리고 그럴 때면 가끔 리미널한 선례들로부터 직접 파생되기도 한다.) 이 현상이 비록 가끔 집단적 혹은 '대량적' 효과들을 가져올지라도, 특성상으로 볼 때는 좀 더 개인적인 산물이다. 이것은 주기적인 것이 아니라, 노동의 배경들로부터 떨어진 시공간 속에서 '레저' 행동들에 의해서 끊임없이 생성되는 것이다.

(3) **리미널 현상**은, (하나의 전체를 이루는 다른 모든 측면들과 더불어) 완전한 전체를 형성하고 그 전체의 필연적인 부정성과 가정성을 표상하는 총체적인 사회적 과정 속으로 구심적으로 통합된다. 이에 비해, **리미노이드 현상**은, 중심적인 경제적-정치적 과정들로부터 떨어져서, 가장자리들을 따라, 중심의 서비스 제도들의 접촉면들과 틈새들 속에서 발전한다. 즉 이것들은 그 성격상 복수적複數的·단편적·실험적이다.

(4) **리미널 현상**은, 이른바 뒤르껭의 '집단적 표상'이라는 것이 형성된 이후에, 즉 어떤 집단의 모든 구성원들을 위한 어떤 공통적인 지적-정서적 의미를 지니는 상징들이

형성된 이후에 나타나는 경향이 있다. 면밀히 조사해 보면, 이것은 어떤 집단의 역사 즉 그 집단이 시간적 과정 속에서 겪은 집단적인 체험을 반영한다. 이것은 (그 안에서) 리미널 현상이 역전 · 도치 · 변장 · 부정 · 일상적 부패의 안티 - 테제한 '긍정적' · '세속적'인 집단 표상들이 되는, 프리 - 리미널한 혹은 포스트 - 리미널한 집단적 표상들과는 다르다. 이것은 대량적 - 집단적 성격을 공유하고 있다.

반면에, **리미노이드 현상**은 좀 더 특이질적이고 교활하고 특정한 이름을 가진 개인들에 의해서 '학파' · 서클 · 동인과 같은 특정 집단들 속에서 생성되는 경향이 있다. 이것들은 보편적인 인식을 위해서는 서로 충돌해야만 하고, 처음에는 판매용으로 '자유시장'에 내놓인 놀이 공급물로 생각된다. 이 점은 적어도, 초기 자본주의적 - 자유민주주의적 사회들의 리미노이드 현상에 대해서는 확실히 그렇다. 이 리미노이드 현상의 상징들은 '객관적 - 사회적' 유형학적 극점보다는 '개인적 - 심리적' 극점에 좀 더 근접해 있다.

(5) **리미널 현상**은 사회 구조의 작동방법에 대해, 즉 사회 구조를 지나친 마찰 없이 작동하도록 만드는 방법에 대해, 표면상으로는 '대립적인' 것처럼 보일 때조차도, 궁극적으로는 선善기능적인 경향이 있다. 반면에, **리미노이드 현상**은 가끔 주류를 형성하고 있는 경제적 · 정치적 구조와 조직의 불공평 · 무능 · 부도덕성을 폭로하는 서적 · 연극 · 회화 · 영화 등의 사회적 비판 혹은 혁명적 선언들의 일부이다.

복합적인 근대 사회 속에서는 이 두 가지 현상의 유형들이 일종의 문화적 다원주의 속에서 '공존'하고 있다. 그러나 (교회 · 당파 · 개혁운동 행위들 속에서나 클럽 · 종교단체 · 비밀공제조합 및 그 밖의 다른 비밀결사의 통과의례 속에서 발견되는) **리미널** 현상은 이제 더 이상 전세계적인 범위에 걸친 것이 아니다. 예술 · 스포츠 · 오락 · 게임 등과 같이 레저 장르들의 경향이 있고, 특정한 집단 범주 및 거대한 크기의 모든 유형의 산업사회 부분들과 요소들에 의해서 그리고 그런 부분들과 요소들을 위해서 실행되는 리미노이드 현상도 역시 존재하지 않는다.

그러나 대부분의 사람들에게 있어서 **리미노이드**한 것들은, 충성심을 끌어내고 멤버십에 구속되거나 어떤 고도의 협동적인 집단의 멤버십을 요구하는 리미널한 것들보다는 좀 더 일용품처럼 보이고, 실제로 가끔 그것은 우리가 그것을 선택하여 값을 지불하는 일용품이기도 하다. 우리는 리미널한 것들에서 '일하고', 리미노이드한 것들과 더불어 '논다'. 일반교회나 유대인교회에 가는 데에는 우리가 좀 더 많은 도덕적 압력을 받을 수 있지만, 반면에 베케트의 연극, 모르 살Mort Sahl의 쇼, 슈퍼볼 게임, 교향곡 발표회 참석 혹은 예술박람회를 보는 데에는 그러한 압력 없이 매표소 앞에 줄지어 서서 차례를 기다린다.

또 우리가 골프를 하고 요트를 타고 등산을 하려면, 가끔 값비싼 장비를 사거나 클럽 회원자격을 얻기 위해 돈을 지불할 필요도 있다. 물론, 또한 마르디 그라Mardi Gras, 샤리바리charivari[17] 및 여러 가지 가정오락 등 모든 종류의 '자유로운' 리미노이드한 오락들과 공연들이 있지만, 이것들은 이미 이것들 위에다 어떤 리미널한 것의 낙인을 찍어 가지고 있으며, 또 이것들은 가끔 잊혀진 리미널한 제의의 문화적 잔해이기도 하다. 또한, 바・선술집・카페・사교클럽 등과 같은 지속적이고 리미노이드한 환경과 공간들도 있다. 그러나 그런 클럽들이 '배타적'이 될 경우에는, 그것들은 리미노이드한 영역으로 들어가는 입구의 어떤 리미널한 조건을 생성하는 경향도 있다.

솔직히 말해서, 나는 이제야 탐구적인 단계에 접어들게 되었다. 나는 이제 사회적으로 이미 잘 알려지고 입증되고 시도되고 시험된 우리의 편안한 마을 주위에 놓여 있는 그 모호한 리미널한 영역과 리미노이드한 영역을 펼쳐 온 이 성글고 거의 중세적인 지도를 좀 더 자세하게 만들고자 한다. **'리미널'**과 **'리미노이드'**는 둘 다 전적으로 인간의 모든 조건을 안전하게 제거한 상태에서의 상징들의 연구가 아니라, 사회적 조건 속에 있는, 즉 관례praxis 속에 있는 상징들의 연구를 의미한다. 그것은 고급문화 영역만의 연구도, 대중문화 영역만의 연구도 아니며, 문화표현의 전 영역, 즉 문자적 문화이든 비문자적 문화이든, '위대한 전통'이든 '자그마한 전통'이든, 도시문화이든 전원문화이든, 모든 문화표현의 전 영역에 대한 연구를 의미한다. **비교상징학**은 그런 포용력으로 '대다수를 포용하고' 건전한 지적 자손들을 생성하는 방법을 습득해야만 한다. 그것은

17_ 신혼부부를 위해 주전자・냄비・경적 따위의 소리를 내며 연주하는 시끄러운 세레나데.

총체적 사회 현상을 연구해야만 한다.

나는 이제 **커뮤니타스·'흐름'·리미널·리미노이드** 사이의 몇 가지 관련들을 생각해 보는 것으로 이 글을 결론짓고 싶다.

먼저, 칙센트미하이Csikszentmihalyi 와 맥커룬MacAloon이 '흐름flow'이라는 용어로 의미하는 것을 간략히 설명해 보자. "흐름은 우리가 총체적 관계로 행동할 때 나타나는 총체감을 의미하며", 그것은 "그 속에서 우리 쪽에서의 어떤 의식적인 간섭도 필요로 하지 않는 것 같은 어떤 통합적 논리에 따라 행동이 행동에 이어지는 상태이다. ……우리는 그것을 한 순간에서 다음 순간으로 흐르는 어떤 통합된 흐름으로 체험하며, 그 속에서 우리는 우리의 여러 가지 행동들이 조절되었다고 느끼게 되고, 그리고 그 속에서는 자아와 환경, 자극과 반응, 과거와 현재와 미래 사이의 어떤 차이점도 거의 존재하지 않는다"(『놀이와 본질적 혜택*Play and Intrinsic Rewards*』, 미출판 필사본).

칼루이스Calloois, 언스워스Unsworth, 에이브럼스Abrahams, 머피Murphy 그리고 멕커룬과 칙센트미하이에 의한 최근의 몇몇 연구는, (그 속에서) '흐름'의 상태가 체험될 수 있는 등산·암벽 오르기·축구·하키·체스·장거리 경주·수영·핸드볼 등과 같은 (우리 사회의 리미노이드한 메타장르들의) 놀이와 스포츠의 다양한 형식들에 초점을 맞추었다. 칙센트미하이는 수많은 과학 - 문학적 소스들을 끌어다가, 놀이를 넘어서 예술과 문학의 '창조적 체험' 및 종교적 체험에까지 '흐름'의 개념을 확장하였다. 그는 **'흐름'** 체험의 여섯 가지 '요소들' 혹은 '자질들' 또는 '변별적 특성들'을 다음과 같이 설명하고 있다.

(1) 행동과 의식의 **융합체험**: '흐름' 속에는 **'이중성'**이 없다. 예컨대, 배우는 그가 무엇을 하고 있는지를 의식할 수 있는 반면, 그가 의식하고 있다는 것은 의식할 수 없다. 그가 만일 그것을 의식할 수 있다면, 거기에는 리듬 있는 행위상의 혹은 인지상의 단절 곧 틈이 생기게 되고, 자아의식은 그를 비틀거리게 만든다. 그래서 '밖으로부터' 받아들인 '흐름'은 '비-흐름non-flow' 혹은 '반-흐름anti-flow'이 되어버린다. 밖으로부터의 쾌락은 어떤 문제, 걱정거리, 갈망으로 접근해가는 길을 열어 준다.

(2) 행동과 의식의 이와 같은 융합은 어떤 제한된 영역에의 **'주의집중'**에 의해서 이루어질 수 있다. 이때, 의식은 어떤 제한된 주의 집중의 초점으로 좁혀지고, 강화되고,

지향된다. '과거와 미래의 구분이 없어지고', 오직 '지금'의 문제들만이 남는다. 이것이 어떻게 이루어지는가? 정상적으로 두루 펼쳐져 있는 여러 조건들은 반드시 상황적으로 서로 관련된 것들로 나타난다. 서로 관련이 없는 것들은 반드시 배제된다. 이것을 수행하는 생리학적인 방법들로는 약과 알코올이 있다.

이런 것들은 의식을 '확장한다'기보다는 오히려 인식을 '제한'하고 '강화'한다. 이런 강화는 바로 게임에서 잘 나타난다. 게임들 속에서는 '흐름'이 정규적인 규칙들에 의해서 그리고 경쟁과 같은 동기부여적 수단들에 의해서 이루어진다. 게임의 규칙들은 사회적 리얼리티 곧 우리의 의식에 부딪치는 다양한 자극을 만들어내는 대부분의 '소음'을 부적절한 것으로 배재해 버린다. 여기서 우리는 어떤 제한된 일련의 규범들을 지켜야만 한다. 그래서 그 게임의 내적인 구조에 의해서 더 잘 하도록, 가끔 동일한 규칙들을 지키기로 동의하는 다른 사람들보다 더 잘하도록 동기가 부여된다. 이렇게 부적절한 것들로부터 생기는 장애물이 제거되고, 우리의 마음과 초점이 이미 알려진 어떤 방향들에 정확하게 맞추어진다.

우리의 마음과 의지가 어떤 대단한 지식이나 정복할 수 없는 의지의 방향으로 나아가는 대신, 그런 장애물들을 제거하는 전략의 기술적인 솜씨 자체에 몰두하여 있을 때, 그 '초점화'는 완성된다. 그러나 이 때 그런 '흐름'을 만든 사람들에게 있어서 '흐름'이란 것은 규칙 · 동기부여 · 무엇에 대한 보답이 아니라, 그 '흐름'이란 사물 자체인 것이다. 이 흐름 역시, '내적인 원천들', (모든 리미노이드 현상처럼, 자발성으로 되돌아가는, 즉 우리가 놀기로 선택하는) '참여의 의지', (게임의 구조적 구성요소들 중에서 강조할 것들을 변화시키거나 일찍이 없었던 공연들을 생성하는 규칙들을 사용하여) 혁신을 가져오는 능력을 포함한다. 그러나 이런 흐름의 체험을 고무시키는 것은, 어떤 규칙들과 동기들로써 한계를 지어주는 것, 주의를 집중시키는 것이다.

(3) '흐름'의 또 다른 하나의 속성은 **'자아상실'**이다. 여기서, 정상적으로 한 사람의 행동과 다른 한 사람의 행동 사이의 '중재자'인 '자아'는 관계하지 않게 되어버리고, — 배우는 이 '흐름' 속에 빠져들어, 그 흐름의 규칙들을 다른 배우들과 함께 자기들을 지배하는 구속으로 받아들이게 된다 — 어떤 행동을 해야만 할지 할 필요가 없는지에

대해서 자아가 '협상할' 필요가 전혀 없다. 이런 흐름의 규칙은 행위 속에 있는 어떤 이탈과 편벽됨을 확실히 축소시켜 준다. "리얼리티는 이해할 수 있고 규정할 수 있고 다루기 쉬운 지점에까지 단순화되는 경향이 있다"(p.11).

칙센트미하이는 이 '자아상실'이 '종교제의, 예술 공연, 게임들' 속에 잘 보존되어 있다고 말한다. 여기서의 '자아상실'은 자아 인식의 상실을 의미하는 것이 아니다. 근육운동적 · 정신적 인식은 실제로 축소되는 것이 아니라 높여지며, 이미 우리가 알아본 바와 같이, 내적 자아에 대한 어떤 특수한 종류의 인식이 상실되어, 그러한 인식의 완전한 효과는 손상된다고 할 수 있다. 그러나 여기에 체험의 어떤 유아론唯我論, 단순한 자폐성은 존재하지 않는다.

칙센트미하이가 '통일성 · 단결 · 충만 · 수용의 자각'이라고 부르고 있는 것 속에서, 이 흐름은 밖으로 다른 사람들과 자연에까지 도달한다. 모든 사람들 모든 사물들까지 이런 '흐름'의 체험 속에서는 주관적으로 '하나'라고 느껴지며, 수많은 데이더들이 이것을 뒷받침하기 위해서 동원된다. 그의 논의에는 운동가와 스포츠맨에 관한 논의에서와 마찬가지로, 레비-브륄Levy-Bruhl의 이른바 '신비로운 참여'와 스즈키의 '선체험禪體驗'도 인용되고 있다.

(4) '흐름 속에 있는' 인간은 그의 **행동과 환경의 조화**로운 조절 상태 속에 있음을 발견하게 된다. 이런 상태에 있는 인간은 이것을 그 '흐름'의 시간에는 모를 수도 있지만, 자기의 숙련된 솜씨를 제의 · 예술 · 스포츠 등이 그에게 부과하는 요구들과 잘 어울리도록 하는 실천성을 그 흐름 위에 반영할 수 있다. 이것은 그가 '긍정적 자아개념'을 세우도록 도와준다(p.13). '흐름'의 밖에서는, 여러 가지 다중적인 자극물들과 문화적인 의무들 때문에, 흐름의 이러한 주관적인 조절감각은 얻기가 어렵다. 그러나 만일 필요한 솜씨와 요령을 갖추게 된다면, 우리는 제의화된 게임 속에서 혹인 시작詩作 속에서, 이런 문제에 대처할 수도 있다. 조절을 함으로써, 걱정과 두려움이 사라진다. 암반 오르기에서처럼, 여러 가지 위험이 실존할 때조차도, '흐름'이 시작되고 행동에 들어가는 순간, 그 흐름의 '기쁨'은 그 위험의식과 문제의식을 능가한다.

(5) '흐름'은 일반적으로 그 흐름을 이루는 데 필요한 행동을 위한 일관된 모순 없는

여러 가지 **요건들**을 가지고 있고, 인간 행동에로의 명백하고 분명한 **피드백효과**를 가져다준다. 그래서 흐름은 인식의 한계를 어떤 제한된 가능성의 영역으로 제한시켜야 한다. 우리의 문화는 이런 '흐름'의 가능성을 체스 · 경마 · 노름 · 성찬식 행위 · 세밀화 그리기 · 요가 실행 등과 같은 제한된 채널로 축소시키기도 한다. 우리는 우리 자신을 게임이나 예술의 문화적 디자인 속에 던져 넣고, 그 속에서 문화적으로 미리 결정되어 있는 여러 단계들 중의 한 단계를 끝마쳤을 때, 우리가 그것을 잘했는지 못했는지를 알 수 있게 된다. 극단적인 경우, 우리가 만일 그것을 끝마치고도 생존해 있다면, 우리는 그것을 적절하게 수행한 것이다. 다른 경우에 있어서는, 대중이나 비평가들이 중요한 말을 하기도 하지만, 우리가 만일 진정한 '프로'라면 최종적인 판단은 우리들 자신이 하는 것이다.

'흐름'은 도한, '행동과 행동에 대한 가치평가를 문제없는 것으로 만들어주는' 분명한 사회적인 규칙들을 가지고 있다는 점에서, 일상생활과 다르다(p.15). 그러기에 속임수는 '흐름'을 파괴한다. 흐름은 일시적이나마 '기꺼이 하는 불신의 중단'이 필요하며, 즉 (리미노이드한 방법으로) 그 규칙이 '진실하다'고 믿어야 하며, 우리는 그 '흐름'에 대해 일종의 신자가 되어야만 하는 것이다.

(6) 끝으로, '흐름'은 흐름 **그 자체를 목적으로** 한다. 즉 그것은 그 자체 이외에 외부의 어떤 목적이나 보답도 필요로 하지 않는다. '흐른다고 하는 것'은 인간이 행복할 수 있는 한계만큼 최대한으로 행복해지는 것이다. 체스놀이든 기도 모임이든, 그 흐름의 방아쇠를 당기는 특별한 규칙과 자극물이 무엇이 되었든지 간에 문제가 안 된다.

이 '흐름'은, 인간 행위에 관한 참된 탐구라면 어떤 탐구를 위해서도 중요하다. 왜냐하면, 이것은 다음과 같은 생각을 제시하기 때문이다. 즉, 만약 어떤 상황들이 '흐름의 형성을 방해한다'고 하면, 사람들은 그 흐름의 형성을 방해하는 상황들을 문화적으로 날조해낼 수도 있는 것이고, 그들이 처해 있는 그 상황들 안의 위치 밖에서 그러한 흐름을 찾으려고 할 것이라는 생각을 제시한다.

칙스젠트미하이는 계속해서, '흐름이론'을 정보이론 및 언어수행 이론과 결합시키고 있다. 그러나 나는 이러한 견해들에 대해서는 확신을 가지고 있지 않다. 어쨌든, 나는 그가 이런 체험의 여러 가지 자질들을 아주 훌륭하게 지적하고 확인했다고 생각한다. 그러나 (비록 우리가 그의 책 후반에 가서 EEG패턴 신진대사 비율의 변화 등을 통해서 좀 더 '객관적인' 자료들을 얻을 수 있긴 하지만) 이 흐름의 체험은 먼저 현상학적으로 다루어져야만 한다.

나는 간단히 다음과 같이 말하고 싶다. 내가 이른바 **'커뮤니타스'**라고 하는 것도 어떤 '흐름'의 자질을 가지고 있다. 그러나 그것이 예측되지 못한 채로 자발적으로 발생할 수도 있고 또 가끔 발생하기도 한다. '흐름'은 그것을 촉발시킬 정해진 규칙들을 필요로 하지 않는다. 신학적 용어로 말하자면, 그것은 때때로 '법'의 문제라기보다는 '은총'의 문제이다.

또한, **'흐름'**은 한 개인 안에서도 체험될 수 있는 반면, **'커뮤니타스'**는 처음에는 둘 혹은 여러 개인들 사이에 존재한다. 그것은 우리 모두가 공유하고 있다고 믿는 것이며, 그것은 우리들 사이의 언어, 이해의 미소, 그리고 머리카락을 확 잡아당기기와 같은 비언어적 커뮤니케이션을 사용해서 행하는 대화 등으로부터 생성된다.

나에게 있어서 '흐름'이라고 하는 것은 이미 내가 '구조'라고 부른 것의 영역 안에 있으며, '커뮤니타스'라고 하는 것은, 비록 그 커뮤니타스에 참여하는 사람들이 그들이 어릴 때부터 인간으로서 그 '구조' 속에 흠뻑 젖어들었을지라도, 항상 전-구조적前構造的 pre-structural인 것이다. 또한 '흐름'은 그 안에서 '구조'가 변형되거나 (유명한 순교자의 피처럼) 다시 '커뮤니타스' 속으로 '융해'될 수 있는 방법들 중의 하나인 것처럼 보인다.

비록 '흐름'의 기본 요건인 규칙의 엄격한 동의가 그 안에서 친교가 유발될 수 있는 어떤 틀 — 어떤 사람은 이것을 '주문적呪文的' 틀이라고 한다 — 이긴 할지라도, '흐름'은 사람들이 잃어버린 직접적이고 매개되지 않은 친교의 '왕국' 혹은 '반反왕국'을 서로 함께 찾는 테크닉들 중의 하나인 것이다.

산업혁명 이전의 사회에서는 제의가 항상 (부족 · 씨족 · 가문 · 가족 등의) 총체적 사회의 '흐름' 자질을 가지고 있을 수 있었다. 후기 - 산업사회에서는 제의가 개인주의와 합리주의에로의 길을 가게 되자, 이 '흐름' 체험은 주로 예술 · 스포츠 · 게임 · 오락 등 레저 장르들 속으로 밀려들어가게 되었다. 노동이 복잡화 다양화됨에 따라, 즐겁고 선택 가능한 노동의 등가물 · 완화제 · 의약 · 각종 레저 장르들의 영역도 복잡화되고 다양화

되었다.

그러나 '흐름' 체험은 기능에 있어서는 아니더라도 형식에 있어서는 가끔 일work 영역의 반대였다. 왜냐하면, 각종 게임들의 기능은, 우리의 문화가 '일'에 속하는 것으로 규정하는 각종 임무들을 우리가 활기차게 수행할 수 있도록 동기를 부여해 주는 정신적 패러다임들을 강화해 주는 것이기 때문이다.

여기서, 요점은 (제의의 리미널한 단계를 포함하여) 고대의 카리스마적 신권정치적 - 족장적 봉건사회의 제의 및 제국으로 발전하는 몇몇 도시국가에 있어서의 제의 · 종교극과 같은 보조적 제도들이, 우리에게 중추적인 '문화 흐름 - 메커니즘'과 '패턴들'을 제공했다는 것이다. 그러나 (뒤르껭이 표현한 바와 같이) 종교적 제의의 영역이 축소되어버린 시대들에 와서는, 예술 · 스포츠처럼 비종교적이고 (신학적으로 비록 프로테스탄트 윤리가 그것들을 규정한 것보다 더 진지할 수 있기는 하지만) 진지하지 않은 다양한 장르들이 문화 속에서의 '흐름' 기능을 담당해 왔다.

'커뮤니타스'는 어떤 규칙에 의해 유도될 필요가 없기 때문에, '흐름'과는 다른 그 밖의 어떤 것이다. 그것은 가끔 규칙을 무릅쓰고, 어느 것에서든지 발생할 수 있다. 그것은, 보고 사랑할 수는 있지만 그것의 본질을 변화시키지 않고는 행동할 수 없는 (즉 게임 용어로 말하자면, '흐를' 수 없는) 힌두사상의 '증언'처럼, 그 이상의 것이다.

끝으로, 한 가지, '커뮤니타스'와 '흐름'에서 한 가지 필수적인 특징인 체험의 내용을 빠뜨렸다. 이것은 **'상징'**에 관한 분석이 시작되는 곳이다. 체스놀이의 상징, 인상주의자 예술의 상징, 붓다 명상의 상징, 형식논리학의 상징 등은 각기 다른 '의미들' 각기 다른 의미론적 내용들을 갖고 있다. 틀림없이, '커뮤니타스'와 '흐름'의 과정들 속에는 그 과정들을 생성하거나 채널화 하는 '상징들'의 **'의미'**가 스며들어가 있다. 그래서 모든 '흐름들'은 한 '흐름'으로 모이고, 그 '흐름'을 이루는 '상징들'은 여러 종류의 흐름들과 그 흐름들의 깊이를 가리키고 있는 것인가?

Abrahams, Roger, and Richard Bauman. "Rangers of Festival Behavior," Paper presented to Symposium on "Forms of Symbolic Inversion," American Anthropological Association, Toronto, December 1, 1972.

Barthes, Roland. *Elements of Semiology*, London: Jonathan Cape, 1967.

Beal, Samuel. *Travels of Fah-Hian and Sung-Yun*, London: Susil Gupta, 1964. First published 1869.

Csikszentmihalyi, Mihaly. *Flow: Studies of Enjoyment*, University of Chicago, PHS Grant Report, 1974.

______________________. "Play and Intrinsic Rewards," *Journal of Humanistic Psychology*, 1975. Page references from unpublished manuscript, 1972.

______________________. *Beyond Boredom and Anxiety: The Experience of Play in Work and Games*. San Francisco: Jossey-Bass, 1975.

Danielou, Alain. *Hindu Polytheism*, New York: Bollinger Foundation, 1964.

Dumazedier, Joffre. *Le Loisir et la ville*, Paris: Editions du Seuil, 1692.

_________________. Article on "Leisure," in David Sills, ed., *Encyclopedia of the Social Sciences*. New York: Macmillan and Free Press, 1968, pp.248~253.

Gennep, Arnold van. *The Rites of Passage*. London: Routledge and Kegan Paul, 1960. First published 1909.

Grazia, Sebastian de. *Of Time, Work, and Leisure*. New York: Twentieth Century Fund, 1962.

Gurvich, Georges, "Mass, Community, Communion." *Journal of Philosophy*, August, 1941.

Nikhilananda, Swami. *The Bhagavad Gita*. New York: Ramakrishna-Vivekananda Center, 1969.

Norbeck, Edward. "Man at Play," in *Play, a Natural History Magazine Supplement*, December, 1971, pp.48~53.

Piaget, Jean. *Play, Dream, and Imitation*. New York: Norton, 1962.

Singer, Milton. *When a Great Tradition Modernizes*. New York: Praeger, 1972.

Sutton-smith, Brian. "Games of Order and Disorder." Paper presented to Symposium on "Forms of Symbolic Inversion." American Anthropological Association, Toronto, December 1, 1972.

Turner, Victor. *Schism and Continuity*. Manchester University Press, 1957.

_____________. *The Forest of Symbols*. Ithaca: Cornell University Press, 1967.

_____________. *The Ritual Process*. Chicago: Aldine, 1969.

_____________. *Dramas, Fields, and Metaphors*. Ithaca: Cornell University Press, 1974.

Watson, William. "Social Mobility and Social Class in Industrial Communities," in Max Gluckman, ed., *Closed Systems and Open Minds*, Edinburgh: Oliver and Boyd, 1965.

‘사회극’과 그에 관한 ‘이야기’

02

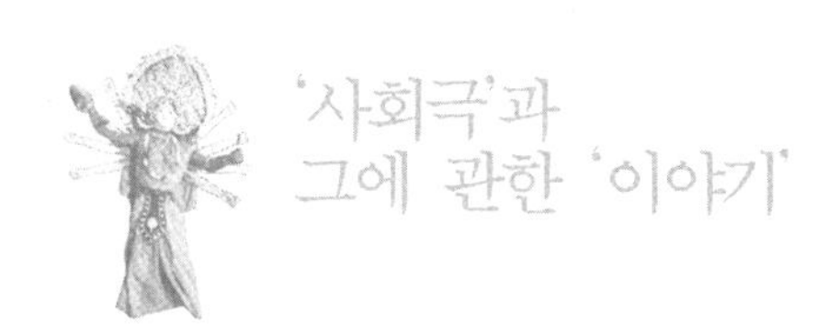

'사회극'과 그에 관한 '이야기'

인류학자들은, 그들이 연구하는 사회문화 영역의 여러 특징들을 파악하기 위해서 그들이 다룰 수 있는 여러 가지 것들을 헤아리고 측정한다. 이러한 활동에는 그것 나름대로 조바심 나게 하는 면들도 있으나, 아프리카 중서부 반투어족의 하나인 잠비아 북서 지방의 응뎀부족과 함께 살았던 2년 반에 걸친 나의 현지조사 기간은, 전체적으로 볼 때 나의 마음을 대단히 편안케 해주는 것이었다.

그들이 사는 마을에서 나는, 수수나 꿀이 든 바가지를 앞에 놓고 앉아 있거나, 수치상의 데이터들 — 촌락의 구성원 총수, 이혼 건수, 결혼 비용, 출타노동 비율, 현금으로 본 개개인의 생활비, 출산율과 살인 발생률 등 — 을 모으기도 하고, 더욱 활동적으로 뜰의 평수나 의례가 행해지는 울타리가 둘려진 땅의 크기를 측정하기도 하였다. 비록 이러한 측정 수치들이 나에게 직접 어떤 '이야기'를 해주지는 않더라도, 적어도 내가 어디로 '이야기'를 찾으러 가면 좋을 것인지는 알려 주었다.

70개 정도 되는 마을의 인구조사 및 가계조사를 바탕으로 한 통계에서 내가 추론할 수 있었던 것은, 이러한 거주 단위들이 서로 긴밀히 연결된 '남자 모계 친족'을 중핵으로 한 단위로 구성되어 있다는 사실이었다. 아내나 자매들은 자주 일어나는 이혼의 결과로, 아이들을 데리고 그들이 태어난 부족으로 다시 되돌아갔다. 이것은 물론 '두꺼운 쐐기의 얄팍한 끌'[1]-에 지나지 않았다. 얼마 후에 나는 응뎀부족의 여인들은 남편 쪽 거주혼을 한다는 것, 즉 결혼 후 그녀들은 남편의 부락에서 산다는 것을 알게 되었다.

따라서 긴 안목으로 본다면, 응뎀부족의 마을이 존속하는 것은 그런 혼인의 불연속, 즉 이혼의 덕택인 것이다.

일정한 마을에서 살 수 있는 권리는 첫째로 모계의 귀속에 의해서 결정된다. 하기야 아버지가 살아있는 동안은 아버지 쪽의 부락에서 살고 있어도 좋다. 분명히, 이러한 일종의 '구조적인 흐트러짐'이 그들의 규범적인 규정 속에 포함되어 있다. 응뎀부족의 마을은 과부 · 이혼녀 및 그들의 아이들을 보충함으로써만이 그 존속이 가능하기 때문이다. 어머니 쪽 마을에서 거주하고 있는 남자들은, 그들의 자매들에게 남편과 헤어져서 본래의 마을에 '본시 속해 있는' 그녀들의 아이들을 데리고 그녀의 어머니 쪽 마을로 오도록 설득하는 경향이 있다.

그런데 정치권력, 족장의 지위, 수장의 지위 및 그 밖의 공적인 지위는 이 모계사회에서조차 남자의 손아귀 속에 들어가 있다. 그렇지만 남자의 뒤를 잇는 것은 그 자신의 아들이 아니라 동모이부同母異父의 누구이거나 자매가 낳은 자식뿐이다. 그러므로 이런 권력의 사슬은 수장首長의 자매가 낳은 아들들이 친아버지 족의 마을을 나와서 어머니 쪽의 아저씨들과 살도록 종용하는 것이다. 이런 일은 젊은이가 실부實父가 아니라 계부繼父와 살고 있을 때 더욱 용이하게 할 수 있는 일이다.

이렇게 하여, 이혼제도가 여러 가지로 작용해서, 남자가 남편 쪽 거주 혼인 제도를 통해서 현재를 지배하려고 함에도 불구하고, 결국에는 모계의 탁월성을 재차 확장하게 되는 것이다. 그렇다고 여기서 내가, 다른 학문들의 신용어新用語들보다 더 그렇다고 할 수는 없겠지만, 그래도 신용어들의 불협화음을 갖고 있는 인류학의 어떤 신비로움을 주장하려는 것은 아니다. 오히려 여기서는, 한 사회 구조의 여러 특징들이, 관찰 가능한 사회적 사건들의 '행위 과정들'과 제의로부터 동화童話에 이르기까지의 문화적 공연 장르들의 '시나리오' 이 두 가지에다 어떻게 영향을 끼쳐주고 있는가를 고찰하는 것이, 다양하게 균형 잡힌 인류학적 내러티브들에 관한 나의 논의에 적절할 것이다.

그러나 응뎀부족 사회구조의 조감도를 만들기 위해서 나는, 이미 간행된 나의 몇 권

1_ 얼핏 보기엔 아무렇지 않으나 중대한 결과를 초래할 일.

의 책들(1957, 1967, 1968, 1969) 속에서, 모계상속이나 그 밖의 여러 원칙들과 그러한 여러 원칙들을 바탕으로 한 과정들 사이의 긴장이, 응뎀부족 사회의 갖가지 세속적 - 제의적 현상 · 과정 · 제도들에 얼마만큼의 영향을 끼쳐주고 있는가를 해명하려고 하였음을 말해두지 않으면 안 되겠다. 이를테면, 나는 촌락의 규모 · 구성 · 이동 · 별거, 결혼 생활의 안정도, 가계의 세대 간 및 세대 내부의 여러 관계, 촌락 내부의 이해 대립, 혈통 · 가족 등을 균형 있게 하는 많은 제의 집단의 구실, 궁극적으로 여자에 의한 농경과 식품가공 활동에 의지하는 시스템에서 남자 중심의 복잡한 수렵이나 할례의식의 강조, 마술을 건 사람으로 몰기 — 왕왕 공직 또는 특권을 다투는 모계의 적에 대해서 행해진다 — 의 패턴 등을 구명하고자 했다.

나의 연구 작업이, 뚜렷한 친족관계의 원칙이나 정치적 · 법적 · 경제적 문맥에서 이끌어낸 데이터들의 수치를 분석하는 것으로써 끝나 내버렸다면, 나는 바로 하이든 화이트Hayden White(1973 : 16)가 『메타 히스토리*Metahistory*』라는 책에서 '기계론적' 선입견이라 부른 것에 지배된 문화인류학적 이야기를 만드는 데 그치고 말았을 것이다. 실제로, 이것이 구조기능주의 인류학을 가르치고 연구하는 학파가 표준적으로 실행하고 있는 것이다.

나도 1940년대 말기부터 50년대 초기까지는 이 학파의 가르침을 받았다. 이 학파가 하는 작업의 주된 목표 중의 하나는, 훈련을 받은 사람이라면 누구라도 찾아낼 수 있는 여러 관계 제도들의 특수한 형태를 결정짓는 구조 및 과정의 법칙을 어떤 문자사용 이전의 사회에서 찾아내는 일이다. 이 학파의 궁극적인 목표는, 래드클리프 브라운Radcliffe-Brown이 공식화한 바와 같이, 비교연구 방법을 사용해서 근사치들을 중첩시켜 일반법칙에로 나아가는 것이었다. 개별 민족지 하나하나가 개개의 사회 연구 속에 나타내는 일반원칙을 추구했던 것이다.

다른 식으로 말하자면, 개성을 기술하는 과정이, 즉 내가 실제로 관찰하거나 제보자들로부터 알아낸 바를 자세히 말하는 것이, 결국 일반적인 법칙의 전개를 위해서 이용되어 버렸던 것이다. 개별 조사에서 발전한 가설들이, 일반 사회학의 법칙을 정립하는 목적 때문에, 법칙 - 정립적으로 검증되었다는 말이다.

물론, 이와 같은 접근법으로도 많은 이점을 얻을 수는 있다. 내가 산출한 수치 덕택으로, 나는 응뎀부족 마을들을 사회적으로 구성하고 있는 여러 가지 원칙들의 상대적 중요성을 얼마간 알아냈기 때문이다. 수치는 개인적 및 집단적인 공간 이동성의 여러 경향들을 보여주었다. 특히, 이러한 수치들은, 근대적인 화폐경제가 이입된 몇몇 지역에서는 복수가족을 기초로 하는 '팜farm'이라 일컬어지는 더욱 소규모의 거주 단위가, 모계친족의 형제 그룹이 만드는 전통적인 원형마을을 대신하고 있는 양상을 자세히 알려주었다. 내가 사용한 방법은 또한 **'로즈-리빙스턴 연구소'**의 동료들도 사용해서, 그 밖의 중앙아프리카 사회들의 마을구조 비교를 용이하게 해주었다. 친족구조나 지역 구조의 차이가 이혼율, 결혼 비용의 과다, 생계방법 등의 변수에 있어서의 차이와 비교된 것이었다.

그럼에도 불구하고, 이 접근방법에는 한계가 있다. 조지 스핀들러George Spindler(1978 : 31)가 논한 바와 같이, "민족지의 개별적인 기술記述이 민족지학자의 법칙정립 지향으로 왜곡되는 수도 있다." 바꾸어 말하면, 조사지역에 적용되는 일반원칙은 주목할 만한 특정 데이터들을 선정하도록은 해 주지만, 동시에 연구대상인 사람들을 이해하기 위한 그 밖의 더 중요한 데이터를 감추어 버리는 것이다.

응뎀부족이 긴급상태에 있을 때나 평온할 때나 (D. H. 로렌스의 말을 좀 바꿔 말하자면) '살아있는 남녀'로서의 응뎀부족을 알게 됨에 따라서 나는 갈수록 이 방법의 한계를 인식하게 되었다. 빌헬름 딜타이의 글들을 읽기 훨씬 이전부터, 그와 마찬가지로 나는, 인간의 행동을 연구할 경우에는 '경험의 여러 구조들'이 기본적인 단위가 되어야 한다고 생각하고 있었다. 즉, 그것은 동시에 인지적·의지적·정서적 구조인 것이다. 이 세 가지 말은 그 어느 것이나 그 자체로서는 물론 넓은 범위에 걸친 여러 과정들과 여러 능력들을 간략히 적은 것이다.

아마도, 이 견지는 에드워드 사피어Edward Sapir의 유명한 논문 「문화 연구에 있어서의 인격 개념의 출현Journal of Social Psychology」(1934, 5 : 410~16)에 영향을 받은 것이다. 이 논문 속에서 그는 이렇게 쓰고 있다. "문화의 비인격성 주장은 가끔 눈에 띄지만 문화의 상당한 부분은 대개 한 공동체나 그룹에 의해서 '유지'되는 것이 아니라……

어느 개인의 특별한 자질로써만 발견 가능한 것이라는 진실이 여전히 남는다. 이와 같은 개인은 이러한 문화재들에 스스로의 인격을 각인하지 않고서는 못 배기는 것이다"(p.412).

그것뿐만이 아니다. 사람은 생각하는 동시에 바라고 느낀다. 사람의 욕망이나 감정이 사람의 사고를 낳고 사람의 의도에 영향을 끼친다. 문화의 다중결정론은 인류학자에 의한 경직된 인식론적 구성에 지나지 않다고 사피어는 비난했다. 인류학자가 말하는 바와 같은 '비인격화된' 문화니 하는 것은, "그저 막연히 서로 겹치는 관념이나 행동 시스템의 모형과 마찬가지여서, 언어습관의 덕택으로 닫힌 행동체계의 외견을 장식하는 데 지나지 않는다"(p.411). 이런 견해는 얼마간 화이트의 '유기체설 패러다임'에 상응하는 입장이다. 기능주의가 동시대의 영국 인류학자들 사이에 세력이 있었듯이, 이것은 미국 인류학자들 사이에 세력이 있었다.

'체험 인류학'은 문화뿐만 아니라 개개인의 심리적 특성도 고려하지 않으면 안 된다고 하는 것이 나에게는 매우 명백해졌다. 사피어가 주장하는 바와 같이, 문화란 각 개인에게 '주어지는 것이 결코 아니라' 오히려 '더듬거리면서 찾아야 겨우 발견되는 것'이다. 좀 더 덧붙인다면, 어느 정도 상당히 오랜 시간이 지나서야 비로소 겨우 발견되는 그러한 것이다. 우리는 우리 자신의 문화를 다 배울 수는 없다. 그것은 끊임없이 변화하고 있기 때문이다. 다른 문화는 더 말할 것도 없다.

인류학자가 짊어진 많은 일 가운데에는, (인구조사와 신화들 같은) 통계나 텍스트로서의 데이터를 구조주의와 기능주의의 방법에 의거해서 분석하는 작업 이외에도, 체험의 여러 구조들을 사회생활의 실제 과정에서 파악하는 작업도 있다는 것이 명백해졌다. 다른 많은 인류학자들의 방법도 그렇지만, 여기서 나의 접근방법도 어느 정도 화이트가 말하는 맥락주의자 모델에 따른 것이다. 화이트는 스티븐 페퍼Stephen Pepper의 용어를 사용해서 '**맥락주의**contextualism'라고 말하는데, 그것은 역사적인 장(인류학의 경우에는 문화적인 장)의 어떠한 요소들을 연구의 주제로 포착해낸다.

"이 요소들이 '프랑스 혁명'과 같은 큰 것이든, 어느 특정 인물의 하루의 생활과 같은 작은 것이든 상관없다." 조사자는 "그것에서 설명되어야 할 사건을, 맥락의 다른 영역에 결부시켜야 할 '실들threads'을 찾아낸다." 이 '**실**'이 무엇인가를 분명히 하고 바깥으로 향해서 추적해 가서 사건이 일어나는 주위의 자연 공간·사회 공간 속으로 들어간다. 사건의 '기원'을 포착하기 위해서 시간을 거슬러 올라가는 것과 동시에, 그 뒤에 일어난 사건의 '충격'이나 '영향'을 포착하기 위해서 시간을 거슬러 내려오기도 한다.

이 '실'을 추적하는 작업은 '실'이 어떤 다른 '사건'의 '맥락' 속으로 사라지거나 혹은 '수렴'해서 무엇인가 새로운 '사건'을 일으키는 시점에서 끝난다. 이것은, "어떤 역사적 영역 전체에서 인식되는 바와 같은 사건이나 추세를 모두 종합하려는 것은 아니며, 오히려 분명히 '중요성'이 높은 사건이 일어난 좁은 범위에서 보이는 잠정적이고도 한정된 여러 특성들의 연쇄 속에서 어떤 사건이나 추세를 종합하려고 하는 것이다"(p.18~19).

여기서 잠시 발을 멈추고서, 사피어와 화이트가 '실'이라는 은유를 어떻게 사용하고 있는가를 비교해 보는 것도 흥미 있는 일이다. 왜냐하면, 사피어의 지적(앞의 책, p.411)에 의하자면, 우리가 민족지라 부르는 '순수히 형식화되고 논리적으로 발전한 체계'가 행동을 설명할 수 있게 되려면, "패턴 또는 패턴의 일부를 전혀 다른 형식적 양상을 가진 다른 패턴과 결부시키는 상징이나 의미의 '**실들**'(필자 강조)이 일상적 공간에 **내재하는 것**"으로 발견되어야 하며, 그런 것들은 개개인의 인격이나 기질과도 관련이 있다. 반면에, 화이트와 페퍼에게 있어서는, 이 '실들'은 '요소' 또는 '사건'과 그 주위의 중요한 사회-문화적인 장 사이의 여러 관계들의 본질을 (화이트에 의하면) '공시적으로' 또는 '구조적으로' 기술하는 것이다(앞의 책, p.19).

나는 오히려 사피어의 생각에 더 매력을 느낀다. 그에게 있어서의 '실'은 '**상징적**'이고도 '**함축적**'인 것이다. 왜냐하면, 상징, 즉 살아있는 남녀의 상호작용에서 생기는 이러한 다수의 문제, 위기에 즈음에서 만들어내는 다수의 은유·제유·환유는, 실제로는 행동계의 여러 레벨이나 여러 부분을 서로 결부시키는 교훈적인 연결이 되기도 하고, 그 '실'과 중요한 환경 사이에서 교훈적인 연결이 되기도 하기 때문이다. 우리는 지금까지 언어로 이루어지는 이야기 구조의 서로 다른 레벨들 사이를 연결해주는 **상징**의 구실을 등한시해왔던 것이다.

이야기가 좀 앞서가는 면이 없지 않으나, 나는 조금 뒤에 (화이트의 용어로 말한다면) 한 종류 또는 여러 종류의 '역사적 장의 요소'와 '사건'에 관해 주의를 환기할 작정이다. 이런 용어들은 여러 가지 문화에 걸쳐서 추상해 볼 수 있고, 이런 생각을 충분히 잘 전개하기만 한다면, 이런 유형의 '역사적 사건'을 거시적으로 생각하든 미시적으로 생각하든 간에, 어떤 특징 있는 과정적 구조, 변하지 않는 견고한 어떤 구조를 파악하여 보여줄 수가 있다.

나는 이 구조가 많은 '이야기'의 사회적 기초가 되어 있다고 생각해서 '**사회극**social drama'라고 부르고 있는 셈인데, 이 '이야기'에 들어가기에 앞서서, 나는 인류학에 익숙지 못한 독자들을 위해 인류학자가 마련한 또 하나의 편리한 구별에 관해서 말해 두어야 하겠다. 즉 '**내부자적 시점**emic perspectives'과 '**외부자적 시점**etic perspectives'의 구별이 그것이다.

이 두 가지는 다 같이 언어학의 'phonemic(음소)'과 'phonetic(음성)'의 구별에서 유래한다. 전자는 어느 특정 언어 안에서 확실히 인식되는 음의 연구를 말하고, 후자는 구별할 수 있는 음성 단위를 여러 언어들에 걸쳐서 연구하는 것이다. 이 이분법은 케네스 파이크Kenneth Pike가 제안한 것이기 때문에, 이에 관한 설명을 그에게 맡기는 것이 좋을 것이다. 이에 관해 그는 다음과 같이 말하고 있다. "외부자적 관점에서 분석하고 기술하는 것은, 체계 외부에 있는 기준을 사용하기 때문에, '**외부적**etic'이다. 내부자적 관점에서 분석하고 기술하는 것은, 체계 내에서 선택된 기준을 사용하기 때문에, '**내부적**emic'이며, 호케트Hockett의 용어로는 '내부자가 보는 관점'을 제공한다. 이 관점은 우리에게 어떤 체계에 통달하고 또한 그 체계 안에서 어떻게 행동하는가를 터득하고 있는 사람들의 관점을 보여준다"(1954 : 8).

이런 관점에서, 화이트가 페퍼의 견해를 이용하면서 제안한 네 가지 설명 전략, 즉 형태론formism · 유기체론organicism · 기계론mechanism · 맥락론contextualism은 서구 문명의 전통 밖에 서 있는 사회를 설명하고 있는 경우, '내부자적 이야기'를 낳게 될 것이다. 여기서 말하는 서구의 전통이란 예루살렘 · 아테네 · 로마의 사상에 의해 발생적으로 정립되어, 유럽 · 북아메리카 및 이것들의 문화적 지류들의 철학적 · 문학적 · 사회과학적 전통들 속에서 유지되고 있는 전통이다.

실로, 이러한 서구 사회의 외부 사회(이른바 '제3세계')에 속하는 사람들은 이에 대해 다음과 같이 이의를 제기해 왔다. 예컨대, 에디오피아의 인류학자 아스마롬 레게스 Asmarom Legesse의 『가다*Gadda*』(1973 : 283)가 그러하다. 즉, 외부사회('제3세계')를 '설명'하려는 서구인의 시도들은 '자민족중심주의적 인식'에 지나지 않다. 이러한 '자민족중심주의적' 시도들은, 아직 쉽다고 할 수는 없지만 오늘날의 전달시스템 및 정보시스템들이 이제 그 가능성을 보이고 있는 전 지구적 규모의 인간 사상에 대한 그 외부사회의 공헌을 감소시키고 있다.

다른 말로 하자면, 서구에서 우리가 '외부자적'이고 '계산적'이고 '문화 - 비문화구분'적이고 '과학적' · '객관적'이라고 생각하는 것을 그들은 '내부자적'인 것으로 간주하게 될 것이다. 즉, 그런 외부 사회 문화의 지지자들은, 우리의 전통을, 토마스 하디Thomas Hardy의 이른바 "우리는 캐틀링 기관총[2]-을 가지고 있고, 그들은 그것을 가지고 있지 않다"라는 말을 그의 역설적인 의도의 흔적을 지운 채 아주 최근에 이르기까지 매우 독선적으로 말할 수 있는, 세계문화의 일부 지역의 정신적 산물로 간주하게 될 것이다.

그러므로 **'이야기'**를 보는 데에는 두 가지 방법, 즉 **'내부자적 방법'**과 **'외부자적 방법'**이 있는 셈이다. 인류학자라는 것은 처음에는, 그의 기억 속에 있는 것들을 제외하고는, 그 자신의 문화와는 전적으로 다르고 동떨어진 문화의 생활로 들어가서, 그를 에워싸고 그에게 침입해 들어오는 것들과 절충해 나아가지 않으면 안 된다.

이런 상황은 아주 기묘하다. 그는 일군의 사람들의 현재 진행 중의 생활 속에 내던져진다. 이 사람들은 그와는 다른 언어를 말할 뿐만 아니라, 우리가 '사회적 현실'이라고 부르는 것을 처음에는 아주 예상외의 방식으로 분류한다. 이런 상황에서 그는 더듬거리면서 어떻게든 '내부자가 보는 관점'을 제공하는 여러 기준들을 배우지 않으면 안 된다.

나는 화이트의 '역사적 연구 이론'을 알고 있으며, 그것이 역사뿐만 아니라 민족지를

2_ 초기의 기관총의 일종.

쓰는 방법에도 매우 중요한 관련이 있다고 인식하고 있다. 그러나 또한 각기 다른 문화에 있어서의 '이야기' 구실을 논의하다 보면, 이야기를 내부자적 방법으로 기술할 필요가 있다는 것을 알아차리게 된다. 왜냐하면, 인류학자가 할 일은 우리 서구인이라면 '전설'·'이야기'·'민간설화'·'역사'·'가십gossip'·'제보자들의 설명'이라고 부르는 것에 깊이 관련이 있기 때문이다. 이들 갖가지 유형의 이야기들 속에는 여러 가지 현지의 명칭들이 있을 수 있으며, 그 모두가 우리의 용어와 꼭 일치하는 것은 아니다.

실제로, 막스 그룩크만Max Gluckman은 '인류학자'라는 말 자체가 그리스어에서는 '타인을 화제로 해서 지껄이는 사람' 즉 '가십하는 사람'을 의미한다고 평하고 있다. 서구의 문화에서는 타인을 화제로 해서 지껄이는 데에도 여러 가지 방식이 있다. 서술적인 방식과 분석적인 방식, 공식적인 방식과 비공식적인 방식, 전통적인 방식과 개방적인 방식 등이 있다.

서구의 문화는 문자문화이며 세련된 문화적 분업을 특징으로 하고 있기에, 많은 전문화된 장르들이 제시되어 있다. 그것에 의해서 우리는 서로에 대한 행동을 음미하거나, 서술하거나, 해석하거나 한다. 그러나 여러 가지 다른 방식으로, 성질과 상호의식의 레벨이 서로 다름에도 불구하고, 서로의 화제를 지껄이고 싶어 하는 언어적 충동은 어떤 공동체에 있어서도 읽고 쓰는 능력보다 먼저 존재하는 것이다. 클리포드 기어츠Clifford Geertz가 말한 것처럼, 인간의 모든 행동이나 제도는 해석을 위한 언어의 네트워크 속에 싸여 있다.

그리고 물론 우리는 서로 마임을 하거나 춤을 추기도 한다. 즉, 우리에게는 비언어적인 상징의 네트워크들도 있다. 그리고 우리는 서로서로 연기를 한다. 그것은 어린 시절부터 시작하며, 평생을 통해서 여러 가지 새로운 역할들을 배우거나, (한편으로는 진지하게, 한편으로는 아이러니컬하게) 동경하는 좀 더 높은 층위의 부분 문화들을 배우기도 한다.

화이트가 서양문화의 개념화 레벨로서 '**연대기**chronicle'와 '**이야기**story'를 구별한 것과 비슷하게, 응뎀부족은 **응쌍우**nsang'u와 **카헤카**kaheka를 구별한다.

응쌍우는 연대기에 해당한다. 이를테면, 응쌍우에서는, 룬다족의 추장들과 그 부하들이 응카라니 강변 자이르의 카탕가 지역으로부터 이동하여, 므위니룬가 지방의 토착

무부웨라 또는 르코르웨 사람들과 만나고, 룬다족과 무부웨라족과의 사이에서 전투나 결혼이 있어서 응뎀부 - 룬다족을 형성하기에 이른 경위, 현재에 이르기까지 역대 추장의 서열, 노예무역이 형식적으로는 폐지된 훨씬 뒤까지 루바레족과 토초케족이 19세기에 사람 사냥을 하고, 산 토메San Tome의 포르투칼 인력에 계약 노동력이 들어가게 되었다는 것, 선교사들이 왔다는 것, 이어서 영국 남아프리카 회사의 설립, 이어서 영국의 식민지 지배하에 놓여지게 된 경위 등이, 사실의 기록이라는 모습으로 말해진다. **응쌍우**는 또 자전적 서술, 개인의 회상, 목격자가 전달하는 어제 일어난 참사의 보고를 의미하는 수도 있다. **응쌍우**는 연대기와 마찬가지로, 화이트의 말을 사용하자면, '사건이 본시 일어난 시간적 질서 속에서 다루어지도록'(위의 책, p.5) 배열하는 것이다.

그런데 응쌍우는 다시 **카헤카**가 된다. 화이트의 말과 같이, "사건을 다시 하나의 '스펙터클'의 구성요소들로 혹은 사건 발생 과정의 구성요소들로 배열함으로써, 즉 시작의 모티브, 이행의 모티브, 그리고 종결의 모티브에 의해서 식별가능한 시작과 중간과 끝을 갖는 것으로 해서", '연대기'가 '이야기'가 되는 것과 마찬가지로, **응쌍우**도 **카헤카**가 되는 것이다. **카헤카**라는 용어는 서구의 민속학자라면 틀림없이 많은 '내부자적' 유형으로 구분할 옛날 이야기들의 전 범위를 커버하고 있다. 신화・민간설화・동화・전설・발라드・민간 서사시 등과 같은 것들이 그것이다. 이러한 옛날이야기들의 두드러진 특징은, 부분적으로 말해지기도 하고 부분적으로 노래로 불려 지기도 한다는 데에 있다. 이야기의 키포인트에 이르면, 청관중은 노래의 후렴 속에 참여해서, 이야기꾼에 의해서 말해지는 이야기의 시퀀스를 파괴한다.

주어진 일련의 사건들이 응쌍우로 간주되느냐 **카헤카**로 간주되느냐 하는 것은, 그것들이 놓여 져 있는 상황의 맥락이나 조직화의 양식 여하에 달려 있다. 고대 룬다족의 추장 야라 무와쿠, 그녀의 딸 르웨지 앙콘데, 그녀의 연인인 루반의 사람 사냥 왕 치빈다 일룽가, 그녀의 남자형제 칭굴리와 치냐아마(나는 이 이름들을 남부 룬다족의 발음으로 표기한다)의 일련의 이야기들을 예로 들어보자. 그들의 애정・투쟁・화해는 한편으로는 룬다국의 건국이 되고, 다른 한편으로는 의견을 달리하는 룬다족의 여러 집단의 분리나 이산이 된다. 그것에 의해서, 넓은 영토에 걸친 중앙집권화 된 정치조직에 관한 지식이

널리 퍼져나가는 것이다.

이 시퀀스는 룬다족 출신이라 칭하는 추장이 정치적 영향력이 있는 방문객에게 자기의 공적인 권위를 정당화하기 위해 '**응쌍우**', 즉 하나의 '연대기'로서 말하는 수도 있을 것이다. 또 할머니들은 이 '연대기'에서 몇 가지 삽화를 '**추헤카**tuheka'(카헤카의 복수)로 전환해서 추운 계절에 부엌 근처에서 몸을 웅크리고 있는 일군의 어린이들에게 '이야기'로 들려주는 수도 있을 것이다.

특히 인기 있는 하나의 '**이야기**'가 있는데, 이것을 최근에 벨기에의 빼어난 구조주의자 뤽 드 우쉬Luc de Heusch가 분석하고 있다. 야라무와쿠 왕이 술에 취해서 자식들에게 조롱당하고 얻어맞는데, 딸 르웨지 앙콘데가 상냥하게 감싸 주었으므로, 왕은 죽는 자리에서 그녀에게 상으로 왕의 팔찌인 (왕국 안의 인간 · 동물 · 곡식의 풍요를 마술적으로 유지하도록 인간 생식기로 만든) **루카누**lukanu를 준다. 이리하여 그녀는 룬다국의 정통주권자가 된다. 그리고 다른 한 '이야기'에서는 이 젊은 여왕이 시녀로부터 미남의 젊은 사람사냥꾼 시빈다가 큰 양을 죽이고 응카라니강 저쪽에서 패거리들과 함께 야영하고 있다는 말을 듣는다. 그녀는 그를 어전으로 불러들이고, 두 사람은 사랑하는 사이가 되어, 몇 시간이고 숲속에서 이야기를 주고받는다. (거기서는 오늘날 넓은 범위에 걸친 순례의 중심으로서의 성화聖火가 끊임없이 타고 있다). 그녀는 그가 루바족의 위대한 추장의 막내아들이며, 궁정보다도 숲에서의 자유로운 사람 사냥 생활 쪽을 좋아한다는 것을 알게 된다. 그러나 그는 그녀를 사랑해서 르웨지 앙콘데와 결혼하고 이윽고 그녀로부터 **루카누**를 받고, ― 그녀는 월경 기간에는 격리생활을 하지 않으면 안 되고, 팔찌를 더럽힘으로부터 지키기 위해서 시빈다에게 건네주었던 것이다 ― 그리하여 그가 룬다국의 지배자가 된다. 그런데 르웨지 앙콘다의 난폭한 남자 형제들은 시빈다를 왕으로 인정하지 않고 자기네들의 새로운 왕국을 만들기 위해, 그의 지배하에 있는 인민들을 이끌고 그 왕국의 주변부로 점차 퍼져나가, 결과적으로 국가 없는 주변 지역들에다가 중앙집권적 정치형태를 퍼뜨리게 된다.

벨기에의 유명한 민족사학자 얀 판시나Jan Van-sina는, 그의 저서 『사바나 지역의 왕국들*Kindoms of the Savanna*』(1966)이란 책에서, 이 건국 이야기와 '무완티얀브와의 후예' ―

그 새 왕조가 스스로를 그렇게 부르게 되었다 — 라고 주장하는 많은 중앙아프리카 지역 사회의 여러 정치구조들 사이의 관계를 논하고 있다. 뤽 드 우쉬도 이미 이 이야기들의 모음에서 신화 이상의 것들을 발견하고 있다. 얀 판시나는 여기서 룬다족의 기원을 볼 뿐만 아니라, 사방으로 흩어져 있는 여러 사회들 사이에 있는 역사적 근사성의 실마리도 발견해내고 있다. 그리고 이러한 새로운 발견들은 다른 유형의 언어학적 · 고고학적 · 문화적 증거들에 의해서 논거 자료들이 보강되어 있다.

다른 문화에서도 마찬가지지만, 동일한 사건이 흔히 그것을 다시 말하는 집단이나 공동체의 생활과정에서 차지하는 '**마디결정**nodal location'의 맥락에 따라서 '응쌍우' 혹은 '**카헤카**'로, 즉 '연대기' 혹은 '이야기'로 달리 틀잡혀질 수 있다. 그것은 모두 언제 · 어디서 · 누구에 의해서 말해지느냐에 따라 결정된다.

이리하여, 어떤 종류의 목적을 위해서는 야라 무와쿠와 르웨지의 건국설화는 '연대기'로 취급되어서 정치적인 주장을 진전시킨다. 이를테면, 이안 쿠니슨Ian Cunnison이 '룬다후드'라고 부른, 유서 있는 이민의 자손이라는 그들의 주장을 진전시키는 것이다.

같은 내용이 여흥의 목적을 위해서 사용되면 '이야기'로 정의된다. 이럴 경우에는, 분위기를 고조시키기 위해서 노래가 삽입되거나 많은 수사적 장식이나 강조가 첨가되기도 한다. 경계선이나 공무 계통에 관한 논쟁에서 원고의 권리 주장을 정당화하거나 강화하기 위해서, 이러한 사건 이야기가 소송절차 중에 인용되는 일조차 있다.

그렇지만, 사회적 활동이나 사회적 과정을 연구하는 인류학자에게 있어서 가장 주의를 끄는 것은, 이러한 이야기나 소문의 형식적 장르라기보다는 오히려 우리가 본 바와 같이 타인의 사사로운 일에 관한 **가십 · 지껄임 · 소문**이라고 우리가 부르는 것이다. 즉, 응뎀부족과 그 이웃인 루발레족Luvale은 그것을 '떼 지어 모인다'라는 동사 **쿠연아**Kuyong'a와 연결되는 **쿠디연오라**Kudiyongola라는 말로 부르고 있다.

많은 **가십**은, 할례를 받고나서 사회적으로 '어른이 된' 사내들이 전통적인 마을의 중심에 있는 벽이 없는 오두막 집에 모여서 공동체에 관한 사안을 의논하거나, 그 밖의 다른 공동체에서 온 여행자로부터 '뉴스(**응쌍우**)'를 듣거나 할 때 이루어진다. 프랭크 커모드Frank Kermode는 일찍이 소설을 두 가지 구성요소, 즉 '추문'과 '신화'로 이루어진 것이라고 정의했다. 확실히 가십은 '추문'을 포함하고 있으며, 이것은 옛날부터 갖가지 문화적 장르들의 변치 않는 원천의 하나이기도 하다. 응뎀부족 사이에서는 가십이 진공 상태에서 생기는 일은 없다. 거의 언제나 사회적 과정의 구조, 즉 '**사회극**'과 '연결되어 있다.'

'**사회극**social drama'은 화이트가 말하는 의미에서의 '이야기'이며, 시작의 모티프, 이행의 모티프, 종결의 모티프, 즉 시작 · 중간 · 종결이 구별될 수 있도록 되어있다고 말할 수도 있다. 그러나 내가 스스로의 관찰한 바에 근거해서 확신하는 것은, 사회극이란 사회적 과정의 자발적 구조이며 어느 인간 사회에서도 발견되는 만인이 체험하는 사실이라는 점이다.

나의 가설은, 그것을 낳은 사회 - 문화적 시스템에서 그와 같은 과정적 구조 단위들을 되풀이하여 관찰하고 민족지와 역사를 해독하는 작업에 바탕을 두고 있기 때문에, '사회극' 곧 케네스 버크Kenmneth Burke가 '삶의 드라마'라고 부르는 것은 4가지 단계가 있는 것으로 보는 것이 타당하다고 가정하고 있다. 그래서 나는 **사회극의 4단계**를, **위반**breach · **위기**cricis · **교정행동**redressive action · **재통합**reintegration 혹은 **분리**schism라고 명명한다. 이 사회극은, 가치나 관심을 공유하면서 현실적으로 또는 전해지는 구전에 의해서 공통의 역사를 가지고 있는 사람들의 집단 내부에서 일어난다. 이 사회극의 주역을 맡는 사람들은 그 집단이 알아주는 사람들이다.

우리들 중 대부분의 사람들은 내가 '**스타집단**star group'이라고 부르는 것을 하나 내지 그 이상 가지고 있다. 우리는 그 집단에 깊은 충성을 다할 의무가 있으며, 그 집단의 운명이 우리에게도 중대한 관심사가 된다. 그것은 우리가 가장 깊이 일체화되는 집단이며, 사람들은 스스로의 주요한 사회적 욕망과 개인적 욕망을 거기서 발견한다. 우리는 모두 공식적인 혹은 비공식인 많은 집단들의 구성원이다. 작게는 가정으로부터, 크게는 국가 또는 어떤 국제적 종교단체, 정치단체에 이르기까지 그러하다.

각자는 스스로 각 집단의 상대적 가치를 주관적으로 평가한다. 그래서 '친숙함'에 가치를 두는 집단, '지킬 의무'에 가치를 두는 집단 등이 있다. 많은 비극적 상황들은 각기 다른 스타집단에의 충성심에 대한 갈등에서 생긴다. 어떤 문화든 이러한 집단에는 객관적으로 이루어진 자리매김의 질서가 없다. 어느 대학의 한 동료로서 그의 최고의 스타집단이 놀랍게도 그의 학부의 특정 운영위원회였다거나, 사랑과 충성심이 우표 수집협회에 향해져 있다거나 하는 사람들을 나는 알고 있다.

각 문화에 있어서, 사람들은 통상적으로 제도화되어 있는 어떤 집단에 귀속될 **'의무'**가 부여되어 있다. 가족 · 연령 집단 · 학교 · 회사 · 직업 조합 등이 다 그런 것들일 수 있다. 그러나 이러한 집단이 반드시 중요한 스타집단이 되는 것은 아니다. 사람들은 자기의 주관적인 스타집단에서 사랑 · 인망 · 명성 · 직업 및 그 밖의 유형 · 무형의 은혜나 보수를 많이 구하게 된다. 바로 거기에서 사람들은 자존심을 품게 되고 존경하는 타인들과 연대하고 있다는 느낌을 받게 되는 것이다. 그런데 어떤 객관적인 집단에서든지 그것을 자신의 스타집단이라고 간주하는 사람들도 있으나 또 그 집단에 무관심하거나 나아가서는 심지어 그것을 싫어하는 구성원도 있다.

스타집단에 속하는 구성원들 사이에 보이는 관계는 기본 가족 구성원 사이의 관계와 비슷하다. 스타집단은 어쩌면 그런 가족 구성원의 대역이라고 할 수 있을지도 모른다. 그들은 집단에의 공통된 애착심을 인식하지만 그 애착심의 상대적 강도에 관해서 그리고 집단 전체가 다른 구성원에 대해서 품는 경이에 관해서 서로 질투를 한다. 그 집단에서의 높은 지위를 다투는 수도 있을 것이다. 권력 추구를 위해서 뿐만 아니라 자기만이 그 집단의 성질 및 가치를 참으로 이해하고 그 집단의 이익을 사리사욕을 갖지 않고 추진할 수 있다고 확신하고 있는 탓이기도 하다. 바꾸어 말하면, 스타그룹에 속하는 사람들 중에는 형제끼리의 경쟁이나 부자간의 반목의 상징적 등가물을 발견할 수도 있다.

몇 권의 저서들(1957, 1967, 1968, 1974) 속에서 나는 '사회극'에 관해서 상당히 자세하게 논의한 바 있다. 마을의 레벨에서는 응뎀부족과 같은 소규모 사회에서 나타나는 '사회극'을 논의한 적이 있고, 복잡한 국가의 레벨에서는 영국 국왕 헨리 2세와 대주교 토마스 베케트와의 권력투쟁에서 엿보이는 '사회극'도 논의한 적이 있다. 드레퓌스 사건[3]

3_ 1894년 프랑스 참모 본부에서 일어난 간첩 의옥(疑獄) 사건. 유태계 포병 대위 드레퓌스(Dreyfus)가 독

이나 워터게이트 사건[4]-과 같은 대사건이든, 마을 추장의 지위에 관한 싸움과 같은 소사건이든 간에, '사회극'은 우선 어떤 규범을 깨뜨리고 어떤 공공의 장場에서 도덕·법·관습·예의범절의 규칙을 침범하는 것에서부터 그 모습을 나타낸다. 이것이 **'위반'**이다. 이 위반은 겉으로 보이는 것과는 달리 이익이나 충성심이 흐트러진 것으로 간주된다. **'위반'**이라는 사건은 한 개인 혹은 한 당파가 확립하고 있는 권위에 대한 시위 또는 도전을 위해서 고의로 또는 계산해서 꾀하는 일도 있다. 이를테면, '보스톤 차 사건Boston Tea Party'[5]-과 같은 것이 그것이다. 그리고 그것은 흥분한 감정의 엉크러짐에서 나타나는 수도 있다.

일단 **'위반'**이 가시적인 것이 되면 우선 취소할 수가 없게 된다. 그래서 **위반** 뒤에는 **'위기'**가 고조된다. 사회적 장場을 구성하는 여러 요소들 사이의 여러 관계들에 어떤 사태의 전기가 찾아온다. 평화는 공공연한 투쟁이 되고, 숨어 있던 적대관계는 눈에 보이는 것이 된다. 적편과 내편이 갈라지고 당파가 형성된다. 이 싸움이 사회적 상호작용의 한정된 영역 내부에 봉쇄되지 않는다면, 이 **'위반'**은 점점 더 밖으로 퍼져나가게 되고, 이어서 그것은 다투는 쌍방이 귀속해 있는 가장 넓은 영역의 사회적 관계에 있어서의 주요한 분열과 일치하기에 이른다. 나는 이러한 '사회극'의 경과가 테헤란에 있는 미국 대사관의 점거 사건이 도화선이 된 **'위반'**에 이어지는 이란의 **'위기'** 속에서 진행되고 있는 것을 보았다.

'위기'의 단계에서는 관련된 사회집단 — 마을이든 다른 사회 공동체이든 간에 — 의 현재 내부의 파벌투쟁의 패턴이 드러난다. 그 밑에서 좀 더 덜 견고하고 좀 더 지속적이면서도 점차적으로 변화하는 사회구조가 서서히 눈에 띄게 된다. 사회구조는 비교적

일 간첩 혐의로 체포되었으나, 작가 에밀 졸라(Emile Zola) 등 자유주의적 지식인들의 재심 청구로 이들 지식인들과 우익 군부 국수주의자들이 대립하여, 1906년 최고 법원의 무죄 판결을 받은 사건.

4_ 1972년의 미국 대통령 선거운동 중에 공화당의 운동원이 미국 Washington D.C.의 건물 Watergate 안에 있는 민주당 본부에 침입해서 저지른 스파이 방해 따위의 조직적 파괴행위.

5_ 영국정부의 차에 대한 과세와 동인도회사에 허가된 독점권에 항의하여 1773년 12월 16일 보스턴 시민이 인디언으로 가장하여 보스턴만 안에 정박 중인 세 척의 영국 선박을 습격하여 수백 상자의 차를 바다에 던져버린 사건으로 미국 독립전쟁을 촉발시켰다.

항구적이고도 일관성 있는 여러 관계들로 이루어지기 때문이다.

예컨대, 응뎀부족들 사이에서 '사회극'의 진행 과정이 오래 지속하게 되면, 응뎀부족 사회구조에 긴장된 특성을 부여하는 일련의 관련된 대립조합들이 항상 분명하게 드러난다는 것을 나는 알았다. 즉, 모계상속제 대 남편쪽 거주혼제, 야심 있는 개인 대 좀 더 폭넓은 모계친족의 결합, 기본가족 대 모계 형제집단(같은 어머니의 아들들), 젊은이의 전진 대 어른들의 압제, 지위추구 대 책임감, 요술Wuloji — 즉 적대감 · 원한 · 음모 — 대 타자에의 호의나 관대함 등등이 다 그런 것들이다.

이런 '위기'에서는 이해의 분열과 제휴가 공공연하게 가시화된다. 그중에는 놀라운 것, 계시적인 것도 있다. 위기는 모든 문화에 있어서 수많은 레벨들로 구성되어 있다. 사회극의 이 단계에서는 거짓된 우호와 이해의 참된 공동성이 식별된다. 만장일치 체제가 한계에 이르고 그렇게 인식된다. 진짜 권력이 겉보기 권위의 배후로부터 전면으로 출현한다.

이렇게 되면, **위반**이 사회에 전염병처럼 만연하지 않도록, 공식적이든 비공식적이든, 어떤 조절을 위한 '교정기구' 곧 '**교정행동**'이, 흐트러진 집단의 지도층에 의해서 움직이기 시작한다. 이러한 교정기구는, **위반**의 뿌리 깊은 중대성, **위기**가 사회 전체를 포괄하는 정도, **위반**이 일어난 사회집단의 성질, 해당 집단이 더욱 넓은 사회관계의 시스템에 대해서 자립해 있는 정도와 같은 요인들에 의해서, 그 성격이 달라지게 된다.

이러한 교정기구들은, 개인의 조언이나 비공식적인 조정인이 하는 조언에서부터 공식적인 사법조직에 이르기까지 여러 가지가 있겠으나, 어떤 위기를 해결하기 위해서는 공적인 제의祭儀를 집행하는 수도 있을 것이다. 이러한 제의에는 글자 그대로의 희생 또는 비유적인 희생이 따라 붙는다. 즉, 그 집단이 행사한 보복적 폭력의 '죄'에 대한 속죄양의 '희생'이 바쳐지는 것이다.

최종 단계는 흐트러진 사회집단이 '**재통합**' 되거나 — 그 사회의 관련 분야의 넓이나 범위도 변해 버리고 그 각 부분의 수도 변화하고 규모도 영향력도 변해 버리겠지만 — 그렇지 않으면 그 사회가 대립하는 파벌 사이의 위반을 극복할 수 없다고 인식해서, 때로는 공간적으로 '**분리**'되어 떨어져 나가거나 한다. 이것은 역사상에서 보는 숱한 민족 이동과 같은 큰 규모일 수도 있으나, 단지 마을의 불만분자들이 수마일 떨어진 장소로 이동하는 데서 끝나는 경우도 있다. 이 단계도 또한 공적인 의례나 제의에 의해서 마무리되는 수도 있다. 그것은 관계된 당파들 사이의 화해 또는 영구적 단절을 보여주는 것이다.

'사회극'은 빈발하는 대립 상황에서 이끌어내어진 대립모델이라는 것을 나는 잘 알고 있기 때문에, 다른 유형의 과정적 구조는 없다느니 하는 주장은 하지 않겠다.

예컨대, 필립 걸리버Philip Gulliver는 다른 중앙아프리카 사회인 탄자니아의 응댄듈리족Ndendeuli을 연구하고 있는데, 그가 주목하는 것은 그다지 중요하지 않은 우발사, 사건이 끊임없이 이어지는 데서 오는 누적 효과이다. 그러한 사건도, 사회관계에 영향을 끼치거나 변화를 초래하거나 하는 데에 한층 명백한 극적 충돌과 마찬가지로 중요할지도 모른다.

레이몬드 퍼스Raymond Firth는 '조화적' 과정 구조를 논의하고 있다. 나는 이것을 '사회적 사업'이라고 부르고 있는데 이것에도 역시 확실히 인식되는 단계 구조가 있다. 이 과정적 구조가 강조하고 있는 것은 '주어진 사회적 목적에 대해서 행동 및 여러 관계를 질서세우는 과정'이며, 가끔 유형 면에서 경제적인 것이 되기도 한다. 그러나 이러한 사업은 — 미국의 도시 재개발의 경우처럼 — 추진자의 목적에 대한 반대 운동이 일어난다면 '사회극'이 되는 수가 가끔 있다. 반대자들은 사업의 개시를 진보가 아니라 위반으로 생각하는 것이다.

그리고 사회극이 되어가는 모습도 '진실한 사랑의 길'과 마찬가지로 언제나 '가는 방향이 평안한' 것은 아니다. 구제 수단이 실패로 끝나거나 다시 위기에 빠지는 수도 있다. 조정이나 강제와 같은 전통적인 메커니즘으로는 새로운 유형의 쟁점이나 문제, 새로운 구실이나 지위에 대처하기에는 충분치 않을 수도 있다. 물론, 각본의 표면상으로는 제3단계, 4단계에서 화해가 달성되는 것처럼 보인다 하더라도, 진짜 싸움은 숙여져서 조금도 해결되지 않는 경우도 있다. 더 나아가, 어떤 역사적인 전기에 일어나는 대규모의 복잡한 사회 폭동은 혁명으로 발전하여 교정이 이루어지는 수도 있다. 사회의 일치된 가치 체계가 무너지고 전례 없이 새로운 역할이나 관계나 계급이 나타나는 경우에 그러하다.

그렇지만, '사회극'은 보편적인 과정적 형식이며 사회 - 정치 기구의 완전성을 지향하는 끊임없는 도전을 보여 주고 있다는 주장을 나는 견지하고자 한다. 문화에 따라서는, 사회극의 윤곽이 확실하고 양식이 거친 경우도 있고, 대립행위가 침묵을 당하기도 하고, 정교한 에티켓 코드에 의해서 왜곡되는 경우도 있을 것이다. 나아가, 또 다른 문화에서는 싸움이 — 요르단의 아랍 마을의 정치에 관한 리차드 안툰Richard Antoun의 연구를 인용하자면 — '정도를 낮출' 수 있어서 그 양식 안에서의 직접적인 대립이나 충돌을 피하는 수도 있다.

사회극은 대체로 정치적 과정이다. 즉 희소가치가 있는 목적 — 권력 · 위신 · 특권 · 명예 · 청렴 — 에 대한 특정 방법에 의한 경쟁으로, 희소한 자원 — 물품 · 영토 · 금전 · 남녀 — 을 이용하는 것이다. 이 목적 · 방법 · 자원은 상호의존의 피드백 과정으로 연결된다. 어떤 종류의 자원, 이를테면 토지라든가 금전은, 다른 종류의 목적인 명예나 특권(그것들은 동시에 구해지는 대상이기도 하다)과 바꾸어지는 수도 있을 것이다. 혹은 라이벌에게 누명을 씌워서 그들이 이러한 목적들을 달성하지 못하도록 하는 수도 있을 것이다.

사회극의 정치적 측면은 '스타집단'의 구성원들에 의해서 지배되어 있다. 그들은 주요 인물, 당파의 지도자, 신앙의 옹호자, 혁명의 전위, 대개혁자들이다. 설득과 선동의 수사학을 예술로 발전시키는 것은 바로 그들이다. 그들은 언제 어떻게 해서 압력이나 강제를 행사해야 할 것인가를 터득하고 있고, 정통성의 요구에 가장 민감한 것도 그들이다. 나아가 반란을 이끌고 최초의 **위반**을 범하는 것도, 또 불만을 품거나 의견을 달리하거나 하는 것도, 바로 이 스타집단의 구성원일 가능성이 크다.

내가 지금까지 그 형태를 분석한 사회극은, **아리스토텔레스**가 말한 **비극**의 구조와 관련이 있다. 아리스토텔레스의 『시학』에 의하면, 비극이란 "엄숙하고 일정한 크기를 가지고서 완결되어 있는 일종의 행위의 모방이며, 시작 · 중간 · 결말을 갖는다." 그렇다고 해서, 내가 부적절하게 외부자적인 서양의 무대극 모델을 아프리카 마을 공동체가 움직이는 방식에 가져다 붙이려고 하는 것은 아니다. 아리스토텔레스의 비극 형식과 아프리카 마을 공동체의 사회극 형식 사이에서 이러한 유사성을 볼 수 있는 것은,

아마도 모든 사회에 있어서의 사회극과 여러 문화적 장르들 사이에는 상호의존적인 어쩌면 변증법적인 관계가 있는 탓이리라. 예술이 삶의 모방이듯, 삶이란 결국 예술의 모방이다.

어린 시절에 응뎀부 사회에서 야라 므와쿠Yala Mwaku와 루웨지 앙콘데Luweji Ankonde에 관한 무수한 이야기를 들은 적이 있는 사람들은 그 이야기의 모티프들을 잘 알고 있다. **'시작 모티프**inaugural motifs'는 '왕이 술에 빠져서 무력해졌을 때 자식들은 그를 때리고 욕했다.'라는 것이고, **'중간 모티프**transitional motifs'는 '왕의 딸은 왕이 죽음에 직면하고 있는 것을 보고서 그를 위안하고 간호했다.'이며, **'결말 모티프**terminal motifs'는 '왕은 딸에게 루카누를 주고 자식들로부터 왕위 계승권을 박탈했다.'이다.

이 같은 응뎀부족 사람들이, 이제 완전히 성장해서 사회극의 '위반'을 유발하려고 한다거나 '어느 파벌이 평온한 사회질서를 결정적으로 혼란스럽게 했다'고 주장하려고 할 때, 그들에게는 하나의 사회극을 '시작하는' 데 유용한 틀이 있다. 그 틀은 (그 틀을 짜는 과정을 계속해서 진행시키고 그 다음의 논쟁적인 전개들의 길을 열어주는) '시작 모티프'와 '중간 모티프'와 '결말 모티프'로 이루어진 하나의 레퍼토리를 갖고 있다. 이 이야기는 가족관계와 성역할과 연령역할 사이의 강조점들에 관한 요점을 분명히 해주고, 내부자적 일반화로 나타나며, 은유로 장식된다. 그리고 여러 가지 구조적 긴장에 의해 생성되는 수많은 특수한 사회극들이 그러는 것과 같이, 이 이야기는 또 사회적 과정 속으로 피드백되어 그 사회적 과정에다가 수사학과 양식과 의미를 부여한다. 몇몇 장르들 특히 **서사시**는 중요한 정치 지도자들 ― 그들은 교회나 국가와 같은 특히 포괄성이 높은 집단을 스타집단으로 하는 사람들이다 ― 의 행동을 지배하는 패러다임으로서 유용하며, 그들에게 어떤 양식이나 방향을 주고, 때로는 그들이 중대한 공공의 위기에 처했을 때 그들의 삶을 구축하는 어떤 일련의 행동과정을 무의식중에 추종하도록 강제한다.

나는 『드라마, 장, 그리고 은유*Dramas, Fields, and Metaphors*』(1975)라는 책의 제2장에서, 토마스 베케트Thomas Becket가 노담프턴회의에서 헨리 2세 및 주교재판소와 대립한 후, 기독교의 신념과 제의에 있어서 **'그 십자가의 길이'** 제시하는 행동 패러다임에 '이끌리고 사로잡혀서', 헨리 2세와의 애증관계를 순교자와 박해자라는 이미지 조합으로 은닉

시킨 이후, 그에 이어 수많은 서사물들과 예술극들(T. S. 엘리엇의 「대성당의 살인」등을 가리킴)이 출현하게 된 그 전말을 보여 주려고 시도했다.

여기서 나는 '패러다임'이라는 단어를 정합성 있는 인위적인 개념체계라는 의미로 사용하는 것도 아니고, 윤리적·심미적 혹은 관습적 행동의 상투적 지침의 집합이라는 의미로 사용하는 것도 아니다. 이런 종류의 '패러다임'은 인식적 세계나 도덕적 세계조차 초월해서 실존의 세계에 도달하는 것이다. 그렇게 함으로써, 사회극의 진실이 암시나 함의나 은유로 표현된다. 왜냐하면, 행동의 긴박함 하에서는 명확한 정의의 윤관은 감정을 띤 갖가지 의지의 대립에 의해서 흐려져 버리기 때문이다.

이런 유형의 패러다임, 말하자면 문화적 원천 패러다임은, 개인의 궁극적인 삶의 자세에까지 파고들고, 의식적인 이해의 밑을 지나, 신탁자神託者에게까지 이르러, 개인에게 원리적 가치라고 느껴지는 것, 글자 그대로 삶과 죽음에 관련된 문제로 느껴지는 것들을 포착해낸다.

리차드 셰크너(1977)는 최근에 이르러 이 '**사회극**social drama'과 예술극 즉 '**무대극**stage drama'과의 관계를, 아래 도식과 같이 8자를 수평으로 눕혀 놓고 그 양쪽 바퀴 모양을 다시 수평으로 이분화한 형태로 표현하였다.

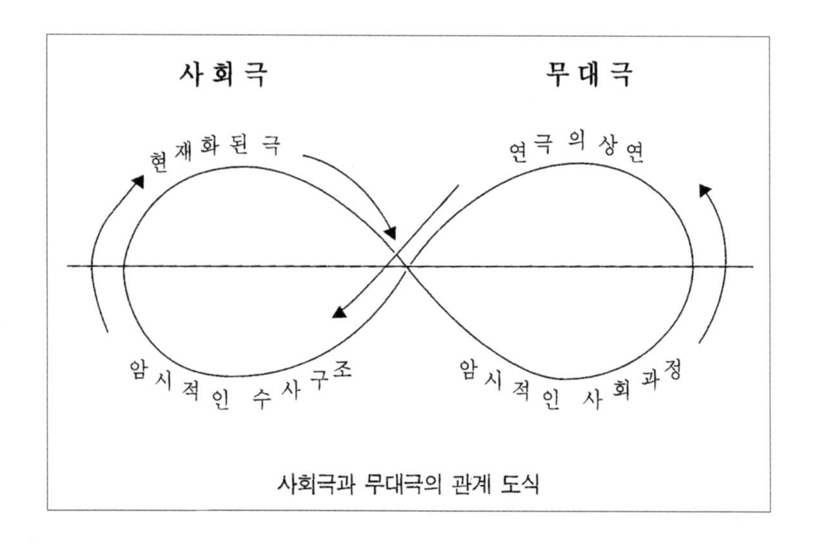

사회극과 무대극의 관계 도식

이 도식에서, 먼저 왼쪽 바퀴는 '사회극'을 나타내고, 그것의 왼쪽 수평선 위쪽 바퀴는 '현재화된 극', 수평선의 아래쪽 바퀴는 '암시적인 수사구조'를 나타낸다. 오른쪽의 바퀴는 '무대극'을 나타내고, 오른쪽 수평선의 위쪽 바퀴는 '무대극의 상연', 아래쪽 바퀴는 구조적인 모순을 수반한 '암시적인 사회과정'이다. 이 도식의 왼쪽에서 오른쪽으로 가리키는 화살표는 행동의 방향을 나타낸다. 화살표는 왼쪽 바퀴의 수평선 위쪽에 있는 사회극의 여러 단계들을 따라서 내려가 오른쪽 바퀴의 하반부로 들어가는데, 이 오른쪽 바퀴의 하반부는 사회의 숨겨진 하부구조를 나타낸다. 그리고 여기서 화살표는 다시 위로 올라가서 이번에는 오른쪽 위쪽에서 아래쪽으로 내려가면서 무대극 일반의 연속적인 초기단계를 통과한 다음, 두 바퀴가 교차되는 지점에서 화살표는 다시 왼쪽으로 내려가, 말하자면 명시적인 사회극을 지탱하는 암시적인 심미적 모델을 형성하는 것이다.

이 모델은 유효가기는 하나 어쩐지 나에게는 균형이 편중된 느낌이 든다. 직선상의 움직임이라기보다도 원환상의 움직임을 시사하고 있기 때문이다. 그렇기는 하나, 사회극과 문화적 장르 표현 형태 사이의 다이나믹한 연관성을 부각시킨다는 이점은 있다.

'워터게이트 사건'이라는 '사회극'은, 각 단계가 '**스테이지** 비즈니스'[6]-로 가득 차 있었다. 출입문에 있는 도청 테입을 발견한다는 식으로, 이 '**위반**'의 이야기에는 가이 포크스Guy Fawkes[7]- 비슷한 모략의 분위기가 있으며, 이 사건의 은폐 공작은 하드보일드 소설 비슷하다. 모든 것은 수사라고 하는 '**위기**'의 단계로 향하고, 딥 슬롯Deep Throat[8]-에 의한 진상 폭로, 고결한 원칙과 저열한 정치적 기회주의의 결합이 공연되었던 것이다. '**교정**'의 단계도 마찬가지로 연극이나 소설을 암묵적인 견본으로 하고 있었다. 여기서, 청문회나 '토요일 밤의 대학살'[9]-에 관해서 말할 필요는 없을 것이다. 이제 '워터게이트

6_ 무대에서 보여주는 장면.
7_ 1605년 영국의 화약음모사건의 주모자.
8_ 유명한 하드보일드 영화의 제명인 동시에 도청 사건의 비밀을 『워싱턴 포스트』지에 폭로한 익명의 정보 제공자.
9_ 미첼 사법 정권 등의 해임.

사건'과 **'그 살아 있는 등장인물들'**을 다룬 수많은 연극 · 영화 · 소설들이 존재하고, 그것들은 그것들을 ― 사회과학 특유의 멋이 없는 언어를 사용한다면 ― 집필하는 관점에 의해서, 작자들의 내적 - 외적 환경을 이루는 사회적 장場의 구조와 특질에 따라서 다양하게 만들어지고 있다.

가장 의미 깊은 레벨에서 우리는, 이 사회극의 수용 가능한 텍스트를 깊이 뿌리박힌 미국성美國性의 패러다임에 적용시키는 방향에로, 그 해석상의 변환을 기할 수 있다고 얘기해도 좋을는지 모른다. 미국의 '신화'는, 새크번 버코비치Sacvan Bercovitch가 그의 저서 『미국의 에레미야적 탄핵*American Jeremiad*』(1978)에서 논의한 바와 같이, 미국의 패러다임은, 생활이 정체되고 타락하고 계급적인 구세계와 비슷하게 되어버려서, 항상 멀리에 있으나 결국에는 도달 가능한 약속의 땅으로 향하는 움직임을 그런 타락들이 방해하도록 되어버릴 때, 그 타락에 대한 '에레미야적 탄핵'(갖가지 문화장르들에 있어서의 논쟁적 설교)을 주기적으로 창출해 낸다는 것이다. 그 '약속의 땅'이란, 더럽혀지지 않은 황야에서 만들어지며 이상적이고 풍요한 민주주의가 '신神 아래에서' 번영하는 땅을 말하는 것이다. '워터게이트 사건'은 바로 '미국의 에레미야적 탄핵'이므로, 이러한 경우에 안성맞춤적인 사례이다.

역설적이게도, 이 사건의 관계자들 중 많은 사람들이 유명인사가 되었다. 그러나 그것은 결국 그다지 놀라운 일은 아닐 것이다. 폰티우스 빌라도Pontius Pilate[10]-는 이디오피아 교회에 의해서 성자의 대열에 서게 되었으며, 딘Dean과 얼리치먼Ehrlichman[11]-은, 결코 성자로 간주될 수는 없을지라도, 그들이 중요한 문화적 패러다임을 활성화하는 드라마에 단지 참여 했다는 것만으로도, 그 일이 아니었더라면 결코 성취할 수 없었던 그런 애매한 명성이 그 두 사람에게 주어졌던 것이다.

이처럼, '사회극'의 승리자들은 그들의 성공을 언제나 정당화해 주는 그런 문화적 수행들 곧 공연들을 적극적으로 요구한다. 이와 같은 연극들은 그것들 자체의 '상징적

10_ 1세기 초 로마령인 Judea의 총독(26~36?). 예수를 다스려서 유죄 판결을 내렸음.
11_ 워터게이트 사건 관계자.

인물 유형들'을 낳는다(R. Grathoff, 1970; Don Handelman, 1979). 즉 배반자 · 변절자 · 악인 · 순교자 · 영웅 · 충실한 인물 · 이단자 · 사기꾼 · 속죄양 등이 다 그런 것들이다. 본보기 또는 패러다임이라고 간주하게 되는, 서사극narrated drama의 '배역'이 되는 것만으로도, 그 사람의 이름을 사회에 남기는 어떤 보증이 되는 것이다.

사회극의 세 번째 단계에 해당되는 '**교정행동**'은, '고급' 문화에서나 '민중' 문화에서나, 구전문화에서나 문자문화에서나, 문화적 장르의 창조와 유지에 가장 깊이 관계하고 있다. 나의 책『분열과 지속』에서 내가 논한 적도 있지만, 응뎀부족 사회에서는 단일한 사회 윤리 하에서, 이를테면 같은 여자 조상을 갖는 상황 하에서 행동하는 주역들의 이해나 요구가 대립하여 충돌이 일어날 때에는, 사법제도에 호소해서 그 위기에 대처할 수 있다. 왜냐하면, 같은 기반을 갖는 사람들끼리의 요구라면 합리적으로 조정하는 시도를 할 수 있기 때문이다. 그러나 다른 사회적 원리 하에서의 요구가 나타난다면, 즉 그 사회적 원리가 서로에게 일관되지 않고 서로에게 모순되어 있게 되면, 이성적인 귀결을 기대할 수 없게 된다. 이렇게 되면, 응뎀족은 '요술'에 의한 점이나 조상의 분노를 이용해서 사회극이 일어나기 이전 또는 사회극 발생의 한가운데에서 발생한 불행이나 질병이나 죽음 등을 설명한다. 최종적으로는, **화해**의 제의가 행해지는 수도 있다. 이러한 제의는, 사회의 기층 레벨에서는 규범이나 이해의 대립이 있더라도, 언어적 - 비언어적인 상징에 의해서, 응뎀부족 모두가 공유하고 있는 포괄적 가치체계를 재확인하고 재활성화 시킨다.

'**위기**'의 고조 문제를 해결하기 위해서 사법상의 '교정행동' 수속을 밟든 혹은 제의적인 '교정행동' 수속을 밟든 간에, 이로 인해서 결과적으로는 사회적 **반성성**reflexivity 또는 복수적 반성성이라 부를 수 있는 것이 그 사회 안에 점차 증가하게 된다. 여기서, '반성성'이란 언어집단이 무엇인가를 음미하고, 그려내고, 이해하고, 스스로에게 적용하는 방식을 말하는 것이다.

바바라 메이어호프Barbara Myerhoff는 '문화적 공연'에 관해서 다음과 같이 쓰고 있다. 노인들은 "우리 자신을 보여준다는 의미에서 **반성적**이다. 그들은 또 **재귀적**으로도 된다. 즉 우리가 우리 스스로를 볼 때 우리 자신의 자의식을 불러일으킨다. 자기 자신을 주인공으로 하는 이 드라마에서 우리는 우리의 의식을 의식하는 자아를 알게 된다. 동시에 여기서 우리는 배우이자 청관중인 우리의 인간적 가능성의 충족, 즉 우리 자신을 보고 우리가 아는 삶을 즐기려는 인간적 욕망의 충족에 도달할 수 있을지도 모른다.”

나는 충분한 형식상의 발전을 이룩하고 충분한 단계 구조를 갖춘 ‘사회극’을, 여러 ‘배우들’의 삶에 걸쳐서 분포하고 있는 특정한 가치나 목적을 공유된 또는 합의된 의미체계로 바꾸어가는 과정으로 간주하고 싶다. 우리가 마련해 놓고 있는 ‘사회극’은 아직 메이어호프가 이른바 스스로 알고 있다는 것을 알고서 기뻐하는 단계에까지는 도달하지는 못했으나, 그런 방향에로 한 걸음 한 걸음 발걸음을 내어딛고 있는 것이다.

나는 다음과 같은 딜타이의 생각에 동의하고 싶다. 그에 의하면, **의미**Bedeutung는 **기억**, 즉 **과거**를 **인식**하는 데서 생기며, 과거와 현재 사이의 ‘정합성fit’을 에워싼 교섭에 관련이 있다. 그리고 **가치**Wert는 현재를 정서적으로 즐기는 데에 있으며, 목적Zweck 또는 **선**Gut의 범주는 **자유의지**volition에서 즉 미래를 언급하는 의지를 활용하는 힘 또는 능력에서 생긴다.

법(세속적 제의)에 의한 정밀한 조사와 종교적 제의에 의해서, 위기에 대한 피드백을 행하는 **‘교정행동’** 단계는, 일상생활의 연속적 영위와는 다른 경계적 시간이며, 이 단계에서는 위기를 이끌어 내고 구성하는 사건들에다가 외견상의 의미와 질서를 부여하기 위해서 일종의 **해석**Bedeutung이 행해진다. 딜타이가 말한 바와 같이, 오직 **의미의 범주**가 있는 덕택으로 우리는 인생의 연속적인 사건들 사이에, 또는 덧붙여 말하면 하나의 사회극의 연속적인 사건들 사이에, 내재적인 일관성이 있다고 생각할 수 있는 것이다.

이 ‘교정행동’의 단계에서, 사회생활의 의미가 사회생활의 이해를 형성하고, 이해되어야 할 대상이 이해하는 주체로 들어가서 그 주체를 재형성하는 것이다. 인류학상의 **순수 · 기능주의**, 주어진 시간에 있어서의 하나의 사회체계의 구성요소들 사이에서 성립하는 사회적 균형의 조건들을 제시하는 것을 목적으로 하고 있는 순수 · 기능주의는, **의미를 다룰 수가 없다**. 의미는 언제나 회고와 반성성, 과거와 역사를 수반하기 때문이다.

의미 곧 **해석**은 인생에 있어서의 부분과 전체의 완전한 연결을 파악하는 유일한 범주이다. 가치는 현저히 정서적인 것이고, 본질적으로 '의식적 현재'에 있어서의 체험에 속해 있는 것이다. 이와 같은 의식적 현재들이 순전히 현존의 순간들로 간주된다면, 완전히 체험자들을 포괄해버려서, 그 체험자들 서로 간에 어떤 체계적이고 인지적인 종류의 내적인 관계도 갖지 않는 지점에까지 나아간다.

'의식적인 현재들'은 시간적 계기 속에서 서로서로 연결되어 있다. 그것들은 '가치'로서 즉 인식론적으로 동등한 것으로서 비교할 수는 있으나, 그것들이 시종 일관된 전체와 같은 것으로 될 수는 없다. 그것들을 고립된 가치들로 보는 한, 의식적 현재들은 본질적으로 일시적·순간적이다. '의식적 현재들'이 서로 결부되어 있다면, 그것들을 묶는 끈들은 다른 범주 곧 의미의 범주, 획득된 반성의 범주에 속하는 것이 된다.

무대극에서는, 가치는 배우의 영역이고, 의미는 연출가·제작자의 영역이다. 가치는 식스젠트미하이가 '흐름'의 상태라고 명명한 것 속에 존재한다. 반성성은 흐름을 억제하는 경향이 있다. 왜냐하면, 반성성은 체험을 분절화하기 때문이다.

딜다이는 **가치**의 미분화된 성질을 다음과 같이 교묘하게 묘사하고 있다. 즉, "가치의 관점에서 보면, **삶**이란 긍정적 존재가치와 부정적 존재가치의 무한한 배합으로 나타난다. 삶이란 조화와 무질서로 이루어진 하나의 카오스 같다. 그것들 각각은 저마다 하나의 현재를 채우는 일종의 '음조구조tone-structure'이지만, 그것들 서로 간에는 '**어떤 음악적인 관계**'도 갖지 않는다"(필자 강조).

삶의 '위기'의 단계에서는 전이적 반성성liminal reflexivity이 필수적이다. 위기는 '조화와 무질서로 이루어진 하나의 카오스'같다. 어떤 종류의 현대음악 양식은 이 혼돈을 그려내고 있는 그대로 방치하려고 한다. 왜냐하면, 과거로부터 물려받은 의미의 끈들은 이미 더 이상 삶을 묶을 수 없게 되었기 때문이다.

우리는 여기서 다시 '**이야기**'에로 되돌아가야 할 것 같다. 왜냐하면, 제의와 법의 절차들은, 둘 다 맹목적인 사실들로부터, 즉, 단순하게 공존·병립하는 체험들로부터 '이야기'를 생성하고, 주어진 상황으로부터 통합을 이룩하는 요인들을 포착하려고 노력하기 때문이다.

의미 곧 해석은 시간적 과정을 '**되돌아봄**'으로써 이루어지는 것이다. 의미 곧 해석은,

법 집행자와 재판관이 목격자의 증언으로 반대심문을 행한다거나, 점쟁이가 직관적으로 상대의 반응을 스스로의 해석기법으로 틀잡아 나간다거나 해서 구성하는 '이야기' 속에서 생성되는 것이다. 이 과정의 각 부분의 의미는 그것이 결과 전체에 기여한 정도에 따라서 평가된다.

내가 사용하는 기본적인 **'사회극' 모델**은 대립의 모델이며 분쟁이나 투쟁을 잔뜩 안고 있다고 하는 것을 여러분은 알아차릴 것이다. 이것은, 사회문화 체계는 논리적 체계나 조화로운 **'통일체**gestalt'[12] 같은 것은 아니며, 구조적 모순이나 규범의 충돌을 안고 있다고 상정하고 있는 탓만도 아니다. 참된 대립은 이러한 '객관화된' 용어로 정의될 도리가 없다. 그것은 온갖 모습의 불확정성과 확정성 사이에 존재하고 있다.

여기서, **불확정성**이란 말하자면 (현실의 사태를 말하는 직설법에 대해서 가상의 사태를 서술하는) 가정법인 것이다. 그것은 아직 낙착되지 않았고, 종결되지 않았고, 알려져 있지 않은 것이기 때문이다. 즉, 그것은 있을지도 모르는 것, 있었는지도 모르는 것, 있을 수도 있는 것, 어쩌면 있어야 할 것 모두이다. 사회극의 '위반' 단계와 '위기' 단계에 있어서 위협이 되는 것은 바로 이것이다. 셀리 퍼크 무어Sally Falk Moore는 "사회생활에 잠재하는 성질들은 이론적으로 절대적인 불확정성으로 생각되어야 한다"(1978 : 48)고까지 말하고 있다. 그녀는 '규칙화의 과정'과 '상황적 조절의 과정' 및 사회적 현실을 늘상 조직화 - 체계화된 형식으로 바꾸려고 하는 인간의 욕망을 표현하고 있는 것이지만, 어쨌든 사회 현실은 '유동적이고 불확정적'인 것이다. 질서 부여의 규칙들과 관습들이 아무리 철저하게 준수된다고 하더라도, 거기에는 "불확정성이 생기고, 상대적으로 확정적인 여러 요소들로 이루어진 세계의 내부에서 애매성들이 생겨나게 마련이다." 이와 같은 작동이 '위반'과 '위기'의 특징이다. 이러한 특징을 파악하는 것은 또한 위기를 해결하는 데 도움이 될 것이다.

세 번째 단계인 **'교정행동'**은, '확정하는 것'도 '정착시키는 것'도 결국 하나의 과정에 지나지 않으며, 영원히 안정적인 상태나 여건은 아니라고 하는 것을 명백히 한다. 이

12_ '체험의 통일적인 전체'를 뜻하는 용어.

단계는, 반성적인 이야기들 속에 있는 사건이나 관계들에 **'의미'**를 부여함으로써 진전되어 나아간다. 이 단계에서 '불확정성'을 사회적 존재의 부재로 볼 일은 아니다. 그것이 곧 부정 · 공허 · 결여는 아니다. 그것은 오히려 잠재적 능력 생성의 가능성인 것이다. 이 관점에서 보면, 사회적 존재란 유한성 · 제한 · 구속이다. 실제로, 그것은 단지 배우들의 머릿속에 있는 한 벌의 인지 모델이거나 혹은 어느 정도 일관성이 있는 '객관화된' 주장이나 계획안으로 '존재'하는 것에 지나지 않는다.

이 단계에서, 제의적 · 법적 절차들은 형태를 이룬 것들과 불확정적인 것들 사이를 매개한다. 무어가 주장하는 바와 같이, "제의는 불확정성에 항거하는 형식의 선언이다. 그러므로 불확정성은 어떤 제의의 분석 배경에도 항상 현존하고 있다."

1979년에 나는 리오 데 자네이로의 한 예배센터terreiro에서 **움반다교**Ubanda의 몇몇 집회에 참석한 적이 있는데, 서부 아프리카 요르바족에 기원을 두고 있는 길거리의 **장난꾸러기 신 '오릭사**Orixa' 혹은 **'엑수**Exu'라고 하는 신이 들린 무당이 거기에서 몇 가지 방법으로 (니콜라스 베르자예프Nicholas Berdyaev의 용어를 사용하자면) 이 '메오닉한meonic' **불확정성**을 의인화하여 표현하고 있음을 알게 되었다. 그는 때때로 움반다교 신자들의 제단에서는 두 개의 얼굴을 가진 존재Entitade로 표상되기도 한다. 하나의 얼굴은 예수의 얼굴이고, 다른 하나의 얼굴은 사탄의 얼굴이다. 그의 제의적 색깔은 검은색과 빨간색이고, 문화의 가정법의 완전한 애매 모호성인 경계지대limen와 카오스의 신이며, '리얼리티의 모든 사회 - 문화적 조직들'의 갈리진 틈들 속에 숨어있는 불확정성을 표상하며, 제의의 여러 과정 절차들의 짜여 진 형식적 질서가 그 원안대로 진행되기 위해, 견제 · 저지되어야만 할 존대이다. 그는 혼돈스런 가능성의 심연이다. 그는 구제자/구세주이자 유혹자/사탄이기 때문에 머리가 둘이다. 어떤 경우에는 공동묘지의 신이기에 파괴자이기도 하다. 창조자이자 파괴자인 시바여신Shiva처럼, 그도 삼지창을 휘두른다. 우리가 만일 카리브해의 **마르디 그라 카니발**Mardi Gras carnivals의 ('환타지'라는) 의상들을 자세히 관찰해 보면, 뉴욕과 몬트리올에서도 이 신상神像과 표지를 볼 수 있다. 브라질의 **칸돔불교**와 **움반다교**뿐만 아니라 쿠바와 푸에도리코의 **산테리아교**도 이 신을 숭배하고 있다.

제의로부터 연극과 소설에 이르기까지, 어떤 복잡한 의미를 지니고 있는 모든 주요 문화의 과정들 속에는, **'겉으로 드러나는 연속관계**sequence와 **숨겨진 비밀들'** 양자가 다 존재하고 있다. 커모드Kermode의 말을 다시 인용하자면, '숨겨진 비밀들'이라고 하는 것은 분명히, 가정성의 심연의 아무리 작은 틈으로라도, 모든 질서정연한 계획안들・대본들・텍스트들 속으로라도, 침투해 들어가 그것들을 혼란시키는 것처럼 보이며, 앞에서 말한 '엑수'라는 신처럼 마구 뛰어들고 마구 뛰어 다니면서, 문화적인 용어 체계상의 클라이맥스를 지향하는 질서정연한 움직임을 위협하는, **'창조적 불확정성'**의 비연속적 단위들이다.

그러므로 나는 **'사회극'**을 체험의 모체로 본다. 이 모체로부터 '교정행동'의 제의나 법률적 절차들이 시작되고, 최종적으로는 구전의 이야기나 문학의 이야기 내용들을 포함한 수많은 장르들에 걸친 문화적 이야기가 생겨나게 되는 것이다.

사회극의 **'위반・위기**・교정・(그 결과로서의) **재통합** 혹은 **분열'** 이란 과정적 구조는, 후대의 이러한 장르들의 '내용'을 제공하고, 이 과정적 구조에서의 여러 가지 교정적 절차들은 그것들의 '형식'을 제공한다. 사회가 복잡화되고 사회적 분업이 사회의 문화적 행동양식을 갈수록 특수화・분화함에 따라, 사회극에 의미를 부여하는 방식도 다양화 된다.

그러나 **'사회극'**은 우리 사회에서 여전히 단순하고도 뿌리 깊은 것이다. 그것은 모든 사람들 각자의 사회적 체험의 일부이며, 지속을 바라는 모든 집단의 발전 사이클의 중요한 교차점이다. 사회극은 여전히 인류의 고통스러운 문제, 인류의 '죽지 아니하는 벌레',[13] 인류의 '아킬레스건腱'이다. 우리는 이러한 분명하고 익숙한 연속적 관계성의 패턴에 관해 상용어구들만을 사용할 수 있을 뿐이다. 사회극은 동시에 우리 자신에게 우리 자신을 표명하는 우리의 본래적 방식이며, 어디에 권력과 의미가 있으며 어떻게 그것들이 분배되는가를 표현하는 우리의 본래적 방식이다.

13_ 『성경』의 「이사야」 66장 24절(끝절) "그들이 나가서 내게 패역(悖逆)한 자들의 시체들을 볼 것이라. 그 벌레가 죽지 아니하며, 그 불이 꺼지지 아니하여 모든 혈육에게 가증(可憎)함이 되리라"에 나오는 말에서 인용한 것.

『제의과정』이란 저서 및 몇몇 논문들에서 나는, **통과의례**rite de passage의 과정적 형식에 관한 판 헤네프의 관찰에 대해서 논의한 바 있으며, 이러한 논의의 골자들을 본장에서 다시 한 번 간략히 언급하겠다. '통과의례'는, '사회극'과 마찬가지로, 여러 시간적 과정들과 대립관계들을 포함하고 있다. 신참자 혹은 신입자는 이전에 귀속하고 있던 사회적 상태 또는 지위에서 떨어져 나와서 (여기에 때로는 현실적 내지는 사회적 강제력이 사용되는 수가 있다) 리미널 단계에서 강제적으로 격리 상태에 놓이고, 이미 의례를 통과한 연장자나 선배에 의한 시련을 받고, 그러고 난 뒤에 상징적인 방식으로 일상생활에로 다시 돌아와 놓이게 된다.

이렇게 하여, 흔히 통과의례 이전의 유대들은 돌이킬 수 없을 만큼 파괴되고, 새로운 관계들이 강제적으로 형성된다. 그러나 다른 종류의 제의와 마찬가지로, 가장 변환적인 종류의 통과의례인 삶의 위기점에서의 제의는 이미 어느 정도 확실하게 보편화되어 있다. 그러한 제의는 사회적 반성성이 상당히 발달한 단계의 산물이다.

제의는, 언어적 혹은 비언어적 수단을 통해서 배우/수행자에게 사회생활이란 개인에 있어서의 시공간 상의 일련의 운동, 행동의 변화, 지위의 전이임을 체험적으로 이해시키는 것이다. 또한, 배우/수행자에게 이러한 운동・변화・전이가 제의에 의해서 특징지워질 뿐만 아니라, 제의에 의해서 실현되기도 한다는 인식을 분명하게 제시한다. 제의의 절차와 법률의 절차는 사회극의 맹아적 요소들을 표상하며, 거기서부터 복합적인 문화의 수많은 공연 양식이나 서사 양식들이 유래하고 있다는 의견을 나는 제시한다. '문화적 공연들'은 사철 내내 끊이지 않는 사회극의 (로날드 그림스Ronald Grimes의 문구를 사용하자면) '변증법적인 댄스 파트너들'로 보여 질 수도 있다.

'사회극'이 때와 장소와 문화의 특성에 걸맞는 의미를 부여하는 것은 바로 이러한 **'문화적 공연들'**이다. 그렇지만, 문화적 공연들은 그 나름대로의 자립성autonomy과 모멘트들을 가지고 있다. 즉, 하나의 장르가 다른 하나의 장르를 생성할 수도 있다. 어떤 문화적 전통에 있어서 증거가 충분히 갖춰지면, 우리는 상당히 정확한 장르의 계보를 재구성할 수 있을 것이다 (나는 고의적으로 '장르genre'라든지 '생성하다generate'라든지 '계보genealogy'라는 용어들을 사용하고 있다. 이 단어들은 이것들이 준비하고 있는 문화적 재생산성에 대한 은유로서, 인도

유럽 조어祖語의 어근 'gan' ― '잉태하다', '생산하다' ― 에서 유래하는 단어들이다).

또 하나의 장르가, 역사적으로 혹은 상황적으로 우위에 있는 형식으로서, (클리포드 기어츠의 계몽적인 용어를 사용하자면) '사회적 메타주석' 형식으로서, 다른 하나의 장르를 대신할 수도 있다. 새로운 정보전달 수단이나 정보전달 매체들은 전례를 찾아볼 수 없는 여러 문화적 공연 장르들의 형성을 가능하게 할 수도 있고, 자기 - 이해의 새로운 양식들의 형성을 가능하게 할 수도 있다.

그러나 일단 하나의 장르가 지배적인 것이 되면, 그것은 엘리트 문화로부터 대중문화에로 또 그 역방향으로 이동하면서, 청관중들을 얻기도 하고 잃기도 하면서, 사회문화적 체계의 어떤 레벨에서 살아남거나 재생되기가 쉬워지고, 그 과정을 지탱하기가 쉬워진다.

그럼에도 불구하고, 그 모든 문화적 장르들은 말하자면, '사회극'이라는 지구 주위를 순환해야만 하며, 어떤 장르들은 위성들처럼 그 내부구조 위에서 조수潮水의 영향을 받는 것들도 있을 것이다. 이른바 '좀 더 단순한' 사회의 제의도 매우 복합적이고 여러 층위로 성층화되어 있기 때문에, 사회극을 (문화 - 진화론적으로 보아) 좀 더 후대의, 좀 더 전문화된 공연 장르들의 중요한 '원천'으로 간주하더라도 부당하지는 않을 것이다. 제의가 하나의 지배적인 장르로서는 시들어버릴 때, 이 경산부經産婦는 수많은 공연예술들을 포함한 제의화된 자손들을 낳고서 죽는다.

앞선 논의들에서 나는 '**제의**'를 다음과 같이 정의했다. '모든 결과들의 제일 원인과 최종 원인으로 간주되는 불가사의한 존재 혹은 힘에 대한 신앙을 표시하면서, 테크놀로지의 기계적 조작 과정에 맡겨지는 일이 없는 여러 경우들을 위해 규정된 정규적인 행위'라고. 이 정의는 오귀스트 콩트, 고드프리 윌슨, 모니카 윌슨, 루스 베네딕트와 같은 사람들에게 힘입은 바 크다. 나는 아직도 이 정의가 쓰임새 면에서는 유효하다고 생각하고 있다. 하기야 에드먼드 리치 경과 그와 같은 부류의 인류학자들은, 제의의 종교적인 구성요소를 제외하고, 제의가 '합리적 · 기술적 의미에서의 유효성은 없지만, 연기자의 문화적 습관에서 보면 유효한 스테레오 타입화된 행위'이기 때문에, 그 문화가 가장 중요시하는 가치에 관한 정보를 전달하는 데에는 쓸모 있는 것이라고 간주하고 있다.

내가 제의에 관한 앞의 정의를 유익하다고 생각하는 것은, 제의를 주로 규칙이나 예배 규정으로가 아니라, 본질적으로 **공연**으로, **연기**로 생각하고 싶기 때문이다. 제의의 규칙들은 제의 과정의 '틀'을 짜지만 제의 과정은 그 틀을 초월한다. 강에는 제방이 필요하다. 그렇지 않으면 강이 범람한다. 그러나 강이 없는 곳에 제방이 있다면 그것은 불모 이외의 아무것도 아니다.

'**공연**performance'이라는 단어는 물론 고대 영어의 'parfournir'에서 유래한다. 글자 그대로는 '남김없이 완벽하게 제공하는 것'이다. 그러므로 공연이라는 것은 무엇인가를 가져다주는 일, 무엇인가를 완성하는 일, 연극·명령·기획을 '**수행하는**' 것이다. 그러나 그런 것들을 수행하면 무엇인가 새로운 것이 생기는 수도 있을 것이다. 공연은 스스로를 변용시키는 것이다. 앞서 말한 바와 같이, 규칙들은 아닌게 아니라 공연의 틀을 짤지도 모르지만, 그 틀 안에서의 공연작용 및 반작용의 흐름은 지금까지의 선례가 없는 통찰을 가져다주고, 그것은 뒤에 오는 공연 속으로 짜 넣어질 수도 있다. 나아가 전통적인 틀은 다시 고쳐 짜지지 않으면 안 될 것이다. 새 술은 새 부대에 담아야 하는 것이다. 바로 여기서 나는, 초자연적이고 불가시적인 존재와 힘들에의 적응이라는 정반대의 공연 개념을 발견하게 된다. 왜냐하면, 잘 공연되는 제의에는 의심할 바 없는 변용 능력이 있어서, 어떤 힘이 최초의 상황으로 유입하는 것을 암시하고 있기 때문이다. '잘 공연된다'는 것은 제의의 자기-초월적 흐름 속에 그 공연자의 대다수가 어울려 들어간다는 말이다. 그런 힘은 그 드라마에 관련이 있는 사람들로부터 이끌어내어질 수 있지만, 그것은 그들의 인간적인 깊이로부터 이끌어내어지는 것이지, 문화적 솜씨들에 관한 인식이나 '지시'로부터 이끌어내어지는 것은 아니다. 제의를 공연하는 순서나 그 성질을 정하고 있는 전례법典禮法 책이 존재하고 있더라도, 그것은 '지시'의 원천이라기보다는 오히려 '유도'의 원천으로 보아야 한다. 제의의 공연에서 주관적-반주관적 '흐름'을 체험하면, 그것의 사회-생물학적 혹은 인격론적 요인들이 무엇이든지 간에, 공연자들은 그 제의의 상황이 실제로 초월적이고 동시에 내재적인 힘으로 가득 차 있다고 확신한다.

더 나아가, 나의 예전의 시도도 포함해서 인류학에 의한 제의의 정의는, 거의 대부분이, 판 헤네프의 발견을 제대로 살리지 못했다. 그 발견이 말하는 제의는 언제나 "하나의 상태에서 다른 하나의 상태로의 이행, 하나의 우주 또는 사회적 세계에서 또 하나의 우주 또는 사회적인 세계에로의 이행을 수반 한다"는 것이다. 주지하는 바와 같이, 판 헤네프는 이러한 제의를 '분리의례', '경계의례', '재통합의례' 세 가지로 나누고 있다. 그는 또 '프리리미널prelominal', '리미널liminal', '포스트-리미널post-liminal'이라는 용어를 이것들 각각에 대응시킨다.

판 헤네프의 지적에 의하면, 제의가 하나하나 이어져서 공연되지 않으면 안 되는 순서는 본질적으로 중요한 종교적 요소이다. 니콜 벨몽Nicole Belmont이 판 헤네프의 견해에 관해서 쓰고 있는 바와 같이, 그것이 만일 '신화로부터 주어진 선행 모델'에 따르는 것이라면, 제의가 존재하기 위해서는, "제의는 무엇보다도 먼저 시간과 공간 속에 새겨지지 않으면 혹은 되새겨지지 않으면 안 된다"(*Arnold Van Gennep: The Creator of Fench Ethnography*, 1979 : 64). 공연의 순서는 본래적인 것이며, 어떠한 제의의 정의에서도 이 점이 고려되어야 할 것이다.

여기서 나는 형식적인 구조주의자들의 변명에 회의를 표하고 싶다. 즉 순서 같은 것은 환상이며 모든 것은 이미 마음과 뇌의 심층 구조 속에 처리되어 있는 규칙과 어휘의 순열 조합에 지나지 않다고 그들은 말한다. 사회극이나 통과의례에 보이는 연속적 각 단계 사이에는 엄연히 질적인 차별이 있으며, 각 단계들은 뒤바뀔 수 없으며—그것들의 순서는 환상이 아니다—어느 한 방향으로 움직이면서, 변용의 힘을 가지고 있다.

나는 제의의 **'문지방'** 또는 **'리미널 단계'**에 관해서 상당히 많은 논의를 해왔다. 그 결과, **'리미널리티**liminality'의 개념을 하나의 은유적 용어로 사용하여, 제의에 그치지 않고 다른 표현적 문화 행동의 영역에까지 확장하는 것이 유익하다는 것을 알았다. '리미널리티'는 공연으로서의 제의를 엄밀히 규정할 때에 반드시 고려하지 않으면 안 되는 것이다. 왜냐하면, 제의의 이 단계에 관한 내부자적이고 민중적인 설명은, '모든 결과의 제1원인이자 최종 원인으로 간주되는 불가사의한 것 혹은 초자연적인 존재와 힘'의 변환 작용을 가장 강조하기 때문이다.

'리미널리티'를 고려에 넣지 않으면, 제의는 '의식ceremony'이나 '예식formality' 혹은 바바라 메이어호프와 샐리 무어Sally Moore가 『세속의례*Secular Ritual*』(1977) 서문에서 바로 '세속의례'라고 불렀던 것과 구별할 수 없게 된다. '리미널 단계'는 본질적인 것이며, '종교적인' 제의이든, '마술적인' 제의이든 간에, 진짜 제의에서는 반세속적反世俗的인 구성요소이다.

'의식'은 지시하고, '제의'는 **변환**시킨다. 변환은 경계적 격리기라는 제의의 '용화기熔化期(pupation)'에 가장 급격하게 생긴다. 적어도 삶의 위기점에서의 제의에서는 그러하다. 계절과 관련 있는 대축제의 공적인 리미널리티는 그것의 갖가지 환상들과 '변환들'을 모든 사람들의 눈에 드러내 보여 준다. (여기서, 이 '변환'은 언어학적 의미의 '변환', 즉 ① 하나의 핵심 문장의 문법적 변환들을 산출해 내는 일련의 어떤 규칙들, ② 이러한 역할을 이용하여 산출되는 문장이라는 의미의 변환과 유사한 점이 있다). 포스트모던 연극에 관해서도 마찬가지의 언급을 할 수 있는데, 이것은 다른 논문에서 다뤄야 할 사안이므로 여기서는 논의하지 않기로 한다.

나는 또한 부족문화와 후 - 부족문화 속에서 공연으로 성숙한 '**제의**'는 우리가 '심미적'이라고 생각하기 쉬운 장르의 대부분을 포함해서 많은 장르의 문화적 공연들이 파생해 나온 모체라고 주장해 왔다. 제의에는 강박신경증 환자 혹은 자기 영역을 정하는 동물이나 새의 '제의화된' 행위에서 보이는 굳고 정확한 특징들이 있다는 견해는, 아마 심층 심리학자가 주장하고 장려한 이후 동물 심리학자도 장려한 근대 후기 서구의 신화이다. 이러한 견해는 또한 제의란 '참된 종교적 내용을 결여한 단순한 텅 빈 형식에 지나지 않다'라는 근세 초기의 청교도적 신화가 장려한 견해이기도 하다.

제의가 어떤 역사적 전환기에는 단순한 껍데기나 외표로 떨어지는 수가 있다는 것은 사실이다. 그러나 이러한 사태는 제의 과정의 노쇠 혹은 병리에 속하는 것이지 제의의 '정상적인 작용'에 속하는 것은 아니다. 살아 있는 제의란 신경증보다 오히려 예술에 비유될 수 있을 것이다.

제의가 가장 전형적으로 어떤 문화를 초월하는 표현을 얻을 때에는, 수많은 공연의 장場들의 동시적 조화이며, 극적 구조나 플롯으로 질서 잡혀지고, 자기희생 행위를 수반하는 경우도 많다. 이러한 행위는, 드라마의 **주요모티브**leitmotive에 본래하는 의미를 여러 가지 방식으로 표현하는 상호 관련된 전달 코드들을 활성화하고, 거기에 감정적 색채를 부여해준다.

제의가 '극적'인 한, 제의에서는 사회극의 대립 과정이 간접화되고 일반화되어서 재연된다. 그러므로 제의는 '내용이 빈약한' 것이 아니라, 마음과 감각이 만들어내는 것을 다양하게 섞어 짠 '풍부한 직물'이다. 부족사회의 종교이든 부족사회 이후의 종교이든 간에, 살아 있는 종교의 주요한 제의에 참여하는 사람들은, 제의가 집행됨에 따라 그것에 대해 수동적이거나 능동적인 태도를 취하게 될 것이다.

판 헤네프가 제시하고 최근에는 또 로널드 드레트르Ronald Delattre가 제시하고 있는 바와 같이, 제의의 움직임은 사회의 리듬이나 생물・기후・생태학의 리듬에 입각하고 있다. 제의의 삽화적 구조에서 계기적으로 사용되는 과정 형식의 모델로서 그러한 리듬을 이용하는 것이다. 또, 참여자나 공연자의 감각 모두가 동원될 것이다. 그들은 음악과 기도를 듣는다. 시각에 호소하는 상징을 본다. 성스런 음식물을 먹는다. 향을 맡는다. 성스런 사람이나 사물에 접촉한다. 그들도 춤이나 몸짓과 같은 근육운동 형식을 이용할 수 있으며, 어쩌면 그들에게 중요한 공연적 상호 이해를 가져다주는 그 문화 특유의 표현의 레퍼토리들을 이용할 수도 있다.

이것과 관련해서, 나는 쥬디스 린네 한나Judith Lynne Hanna의 유익한 책 『춤은 인간적이다 - 비언어적 전달의 이론*To Dance is Human : A Theory of Nonverbal Commu-nication*』(1979)에 대해 언급하지 않으면 안 되겠다. 이 책 속에서 그는 춤의 사회 - 문화 이론을 구축하려 하고 있다. 노래 속에서 참가자들은 질서화 되고 상징화된 여러 가지 다른 방법들로 일체가 된다. 더 나아가, 완전히 스테레오타입화된 제의는 거의 없으므로, 모든 단어, 모든 제스처, 모든 장면들이 엄격히 규정되어 있는 것은 아니다. 불변적인 이미지나 삽화가 가변적인 구절과 서로 엉크러져 있는 경우도 드물지 않다.

가변적인 구절에서는 언어적 레벨과 비언어적 레벨 양쪽에서 즉흥이 허용되고 또 그것이 필요하게 된다. 피아노의 검은 건반과 흰 건반처럼, 중국의 종교적 우주론이나 도교의 제의에 있는 음양의 상호작용처럼, 불변성과 가변성이 그 대립 속에서 인간적인 의미 — 기쁨 · 슬픔, 그리고 윌리엄 블레이크의 말에서는 기쁨과 슬픔 두 가지가 모두 하나로 어울려 '미묘하게 올 짜진' 것 — 를 표현하기 위한 전체적인 장치를 만들어 낸다.

제의는 실재로 단지 형식적이라든가 공식적이라든가 하는 것은 전혀 아니며, 음악 이상으로 고양적인 것이다. 제의는 하나의 교향악이라고나 할까, 문화의 여러 표현 장르들의 공감각적 앙상블이라고나 할 그러한 어떤 것이다. 변화가 넘쳐흐르는 상징 조각의 상승 작용, (바그너가 반복해서 강조한 바와 같은, 여러 장르들의 복합인) '오페라'와는 달리, 오페라의 연극성을 피한 작품일 수도 있고 흔히 그런 작품이 있기도 하다.

그러나 제의는 결코 인생이 정복할 수 없는 사회극을 벌이지는 않는다. 제의의 궁극적인 관심사는 진지한 것이다. 제의를 '평판적인' 것으로 보아서는 안 된다. 그리고 최근까지 기능주의 인류학자들이 좋아했던 생각도 버리지 않으면 안 된다. 즉, 제의는 로빈 호튼Robin Horton이 집단 전체의 일치단결을 강조하기 위한 하나의 메커니즘으로 특징지은 바와 같이, '사회를 위한 일종의 만능 접착제'로 이해하는 것이 최선이라고 생각한다. 제의에서 사용되는 상징은 '사회구조를 이루는 구성요소들의 반영 혹은 표현'에 그치는 것이 아니다. 제의는 공연으로서의 충분한 흐름 속에서 많은 다양한 레벨들을 가지고 있으며, '여러 겹으로 성층화되어 있을' 뿐만 아니라, 사회적 변화가 일어나는 상황 하에서는 그 모든 레벨에서 창조적인 변화가 일어날 수도 있는 것이다.

제의는 정기적으로 그것을 공연하는 집단의 가장 뿌리 깊은 가치관을 전달하기 위해서 암묵리에 개최되는 것이기 때문에, 클리포드 기어츠가 주장한 두 가지 의미의 '패러다임' — '~을 하기 위한 모델'과 '~의 모델' — 으로서의 기능이 있다. '**~을 하기 위한 모델**'로서 제의는 변화를 예조豫兆하고 변화를 낳기조차 한다. '**~의 모델**'로서 제의는 창조자의 정신 · 마음 · 의지의 질서를 기록할 것이다.

바꾸어 말하면, 제의는 복합적이고 여러 겹으로 성층화 되어 있는데 그치는 것이 아니다. 거기에는 심연이 입을 벌리고 있다. 실로, 실레지아[14]의 신비가神秘家 야콥 뵈메

Jakob Boehme[15]-가 마이스터 에카르트Meister Eckhart[16]-의 뒤를 이어서 '지상'과 '지하' · '연淵(byss)'과 '심연深淵(abyss)' — 그리스어로는 a-bussos라고 한다. 그리스어에서 a-는 결여를 나타낸다. 이것과 '밑바닥'이라든가 '깊이' 특히 '바다의 밑바닥'을 의미하는 아티카지방의 방언 'buthos'의 이오니아형이 결합한 것이다. 따라서 '연'은 깊지만, '심연'은 모든 깊이를 초월하고 있다 — 이라고 불렀던 변증법적 관계를 의미로 가득 채우려는 노력인 것이다.

제의의 정의는 대개 '깊이'의 개념을 포함하고 있으나, '무한한' 깊이 개념을 포함하는 것은 별로 없다. 바꾸어 말하면, 이러한 정의는 유한한 구조적 깊이에 관련은 있어도 무한한 '반구조적' 깊이와는 관련이 없다는 것이다. 언어학에서 가장 가까운 유추를 끌어온다면, 판 헤네프가 도출한 통과의례의 형식은, 문화과정의 '**직설법**'에서 시작하여 문화과정의 '**접속법**'을 통과해서 다시 '**직설법**'으로 되돌아간다고 하는 일방향의 움직임을 가정하고 있다고 말할 수 있다. 그렇기는 하나, 이 되돌아온 직설법은 이제는 접속법 속에 침투되어 수정되고 변형되기도 한다.

이 과정은 무릇 판 헤네프가 말하는 프리리미널 단계, 리미널 단계, 포스트리미널 단계에 각각 대응한다. 신참자는 프리리미널 단계의 직설법적 사회구조에서 시작하여, 리미널 단계의 접속법적 반구조反構造로 옮겨가고, 이어서 포스트리미널 단계의 체험에 의해서 변환된 후, 재통합 의례에 의해서 다시 직설법적 사회구조의 참여에로 되돌아가는 것이다.

『웹스터 사전』에 의하면, 접속법에는 언제나 '희망 · 욕망 · 가능성 또는 가정'의 뉘앙스가 있다고 한다. 그것은 '~이기나 한 것처럼(as if)'의 세계이며, 과학적 가설로부터 축제적 환상에 이르기까지의 세계이다. '그렇다면'이지 '그렇다'는 아니다. 서구에서의 우리의 직설법은 '현실'이라 부르는 세계에 널리 퍼져 있다. 그러나 이 정의는 넓다. 어떻게 해서 어떤 상황 · 사건 · 작인이 어떤 효과 혹은 결과를 낳았는가를 과학적으로

14_ Silesia. 유럽 중부에 있는 지방 이름.
15_ 독일의 신비주의 철학자(1575~1624).
16_ Johannes Eckhart. 독일 도미니크회의 신학자 설교자, 독일 신비주의 신학의 창시자(1260~1327?).

정밀하게 조사하는 데에서부터, 일반적인 양식 혹은 건전한 실제적 판단의 특징에 관한 아마추어의 설명에 이르기까지, 그 폭이 매우 광범위하다.

샐리 무어와 바바라 메이어호프의 『세속제의』에서는 '직설법'과 '접속법'이라는 대립어는 사용되고 있지 않다. 오히려, 사회과정은 '모습이 있는 것과 불확정적인 것과의 사이'를 움직인다고 보고 있다(p.17). 그러나 이 두 사람 다 대개는 '의식儀式'이라든가 '세속제의'를 논의하고 있지, 순수한 제의를 논의하고 있는 것은 아니다.

앞에서도 말한 바와 같이, 나는 두 사람의 견해에 찬동하고 있다. 즉, "모든 집단적인 의식儀式은 문화적인 허무에 대항하는 문화적 질서에 관한 문화적 호명으로 해석할 수 있다"(p.16). 그리고 "의식은 불확정성에 반대하는 선언이다. 그것은 형식과 정식 절차를 통해 인간이 만들어낸 의미, 문화적으로 확장된 것, 규정된 것, 이름 붙여진 것, 설명된 것을 풀이하는 것이다. 그것은 문화의 허구성 · 가소성可塑性 · 가변성에 의해 제기되는 기본 문제들을 불문에 붙인다……

(모든 의식은) 그것이 나타내려는 것은 우주도 사회도 그리고 그 쌍방의 특정 일부분도 질서가 있으면 설명이 가능하며 그 순간에 그것이 고정된다는 것을 말하고자 한다. 의식儀式은 이러한 명제들에 관해 언급함으로써 이것들을 동시에 증명할 수 있다. ……제의 — 원문대로라면, 실제로 '의식'이라고 해야 할 것이지만 — 는 불확정성에 반대하는 형식의 선언이다. 따라서 불확정성은 언제나 어떠한 제의에 대한 분석의 배후에도 존재하고 있다"(pp.16~17).

로이 라파포트Roy Rappaport도 그의 저서 『생태학, 의미, 그리고 종교*Ecology, Meaning, and Religion*』(1979 : 206)에서 이와 비슷한 입장을 취하고 있다. 그는 이렇게 쓰고 있다. "예배식 식순 — 그것의 '계기성의 차원'이 의례라고 그는 말한다 — 은 이종異種의 실체들과 과정들을 하나로 뭉뚱그려 결합시키는데, 그러한 결합이 예배식 식순에 특유한 성질이 되어서 그렇게 결합되는 것이라고 보기는 어렵다. 예배식 식순은 메타 - 순서, 순서의 순서인 것이다. ……그러한 식순의 질서는, 관습에 의한 타격이나 언어에 의한 분할 구분의 영향을 받아, 늘 산산이 흩어지려고 하는 세계를, 언제까지나 거듭하여 고치고 수선한다."

나는 이러한 견해가 **의식**儀式에 관한 대단히 명석한 설명이라고 생각한다. 나에게 있어서 의식은, 직설법에 의해 규범으로 구조화된 사회적 현실이 인상적으로 제도화된 공연이며, 사회적 상황과 사회적 지위의 모델이기도 하며, 또 그것들을 '위한' 모델이기도 하다.

그러나 나는 이러한 규정이 제의에도 마찬가지로 적용될 수 있다고는 생각지는 않는다. 왜냐하면, 제의는 내가 이미 말한 바와 같이 질서와 허무, 코스모스와 카오스, 확정성과 불확정성 — 전자가 언제나 최종적으로는 승리하지만 — 의 이원론 혹은 마니교적인 싸움을 묘사하는 것은 아니기 때문이다. 오히려 제의는 접속법적인 경계의 심연에서의 현존질서에 대한 변형적인 자기 - 희생이며, 때로는 질서의 자발적인 자기 - 해체이다. 엘리아데Mircea Eliade의 '샤먼의 여정' 연구가 생각나거니와 거기서는 신참자는 뿔뿔이 각각이 되고 거기에서부터 그들은 다시 고쳐 만들어지는 것이다. 가시의 세계와 불가시의 세계를 연결해주는 존재로서 말이다. 이것은 파괴와 재건 곧 변형과 같은 방식들을 통해서만, 진정한 질서의 재건은 가능 할 수 있다는 것이다. 현실의 가능성 속에 몸을 내던지고 나서야 다른 종류의 현실 위로 부상할 수 있는 것이다.

우리는 여기서 마니교의 신화가 보여주는 바와 같은, 비슷하면서도 서로 대립하는 두 가지 힘을 앞에 놓고 있는 것은 아니다. 제의에서의 대립의 힘과 힘 사이에는 질적인 불일치가 있다. 이에 대해, "의식적인 자아가, 원형적인 어머니로 간주되는 무의식과 모자 - 상간적인 결혼을 한다"고 한 칼 융의 대담한 명언은, 이러한 관계를 역설적인 혈연과 근친성의 관점에서 보고 있다. 그러기에, 접속법은 직설법의 어머니라고 말하는 것이 적절하다. 현실화 곧 직설법화 하는 것은 무수한 가능성들 곧 접속법들 중의 하나에 지나지 않기 때문이다. 그러한 무수한 가능성들 곧 접속법들은 어딘가 다른 곳에서 다른 때에 현실화 곧 직설법화 할 가능성도 있다. 여기서, "그대 만약 어린이처럼 되지 않는다면"[17]-이라는 엄격한 가정법의 말이 새로운 의미를 띤다. 신참자가 어른들

17_ 『마테복음』 18장 3절. "가라사대 진실로 너희에게 이르노니 너희가 돌이켜 어린 아이들과 같이 되지 아니하면 결단코 천국에 들어가지 못하리라."

의 고정되고 질서 지워진 과정 즉 사회구조의 영역을 경계 지워서 포기하고, 보편적인 제1질료 즉 한 덩어리의 인간 점토粘土에까지 환원되지 못하면, 그는 변형하고 변성해서 새로운 체험을 만날 수 없다.

따라서 제의의 **'리미널 단계'**는 사회 - 문화적 활동의 '접속법'에 가까이 가는 것이다. 그것은 본질적으로 어떤 특정한 '생물 - 문화적 생태계' — 앤드류 베이다A. Vayda, 존 베네트J. Bennett 등의 입장 — 에서 법률 · 정치 · 종교의 규칙 및 경제적 필요에 의해서 규정되고 지배되는 모든 시간과 공간 '사이'에 깃들어 있는 어떤 시간과 장소이다.

여기서는, 일상생활에 의미를 부여하거나 질서를 부여하거나 하는 인식론의 도식은 이미 적합하지 않다. 그것은, 파괴 또는 붕괴로 제시되기조차 하는 제의의 상징 속에서, 말하자면 '중간 상태'가 되는 것이기 때문이다. 여기서, 파괴의 남신과 여신이 숭앙되는 것은 이 단계가 무엇보다도 먼저 불가역적인 변형의 과정에 있어서의 불가결한 한 단계를 인격화하고 있기 때문이다. 더욱 발전하기 위해서는 이전의 단계에서 기본적이었던 것을 희생하지 않으면 안 된다. "하나의 좋은 관습이 세계를 부패시키지 않기 위해서"[18] 분명히 제의에 의해서 창출되는 경계영역의 시공간적 '누에고치'는 위험성을 간직하고 있다. (오늘날은 반성적으로 제의화된 연극에 의해서 이 '고치'가 창출되고 있다.) 왜냐하면, 잘못하면 이 '누에고치'가 — 사회과학의 서툰 전문용어를 사용하자면 — 정규적으로라면 사회화에 의해서 지위 - 역할 행동으로 채널화될 인간의 생물 - 심리학적 에네르기로 개방되어 터져 나올지도 모르기 때문이다.

그렇지만 '리미널 단계'의 이러한 위험성이 용인되고 존중되어, 제의가 그 주위를 정해진 금제禁制나 금기로 둘러싸 버리게 되면, 앞서 논의한 바와 같이 대부분의 문화는 또한 그 제의를 재생력을 가져다주는 것으로 여기게 된다. 왜냐하면, 이 '리미널 단계'에서는 늘상 사회구조의 형식 속에 강하게 결합되어 문제가 되던 것도 그 결합을 풀고 다시 새로운 방향에로의 재결합을 이룩할 수 있기 때문이다.

물론, 그 사회의 환경과 생존망이 문제 없는 균형 상태에 있다면, 우리가 이미 다

18_ 알프레드 테니슨의 시 「아더의 죽음」에 나오는 시구.

입증된 것들을 가지고 다시 바보처럼 왈가왈부할 필요는 없다. 그러나 베이다A. Vayda의 용어를 사용하자면, '생물 - 문화적 생태계'가 상당한 잉여를 산출할 때에는, 비록 그런 잉여가 단지 자연의 혜택을 받은 환경의 계절적인 선물에 지나지 않는다 할지라도, 그것에 영향을 받는 주요 제의의 **'리미널티'**가 충분히 문화적 잉여도 산출할 수가 있다. 크와키우틀족이나 그 밖의 북서 아메리카 인디언들이 매우 복잡한 생산의 도상학을 가지고 있고 옛날에는 그들에게 수렵자원이나 채집자원들이 매우 풍요했다는 것을 아울러 생각해보는 것도 좋을 것이다. 경우에 따라, 제의는 새로운 의미나 상징을 도입하거나 생활의 옛 모델을 새롭게 바꾸어 그리거나 꾸미거나 하는 방식을 도입할 수도 있고, 그런 것들에 대한 관심을 새롭게 강화할 수도 있다.

그러므로 제의의 '리미널리티'는 사회문화 시스템 내에서 상대적으로 안정된 구조적 변환을 가져다주는 수단이 있으며, 또한 문화적 쇄신의 잠재적 가능성들도 간직하고 있다. 물론, 많은 경우 이 변환은 사회구조의 한계 내에서의 변환이며, 내부의 구조를 조절하여 외부의 환경의 변화에 적응하는 일을 하고 있다. '인지구조주의'는 그와 같은 상대적으로 순환 - 반복적인 사회를 다루는 데 가장 적합하다.

부족문화 · 농경문화는, 상대적으로 매우 복잡한 경우에 있어서도, 제의의 '리미널리티'에 있는 혁신적 잠재력을 제한하거나 불활성 상태로 놓아두고, 고작해야 그것을 현행 사회질서를 유지하는 데에나 봉사시켜온 것처럼 보인다.

그래도 호이징하Huizinga가 말하는 바 **'놀이**ludic'의 요소는 많은 부족 제의 속에 충만되어 있다. 장례 제의에서조차 그러하다. **상징 - 매체**인 놀이는, 이상한 형태로 결합된 일상생활의 여러 요소들에서부터 기묘한 가면이나 의상을 만들어 내는 일에 이르기까지 매우 광범위하다.

'의미 놀이'에는 가치관이나 사회적 신분의 계층 질서를 **전도**시키는 것이 포함되어 있다. **'말놀이'**는 재미있고 진지한 말맞춤과 더불어, 비의秘儀를 위한 비밀언어를 산출하기도 한다. 제의 과정의 틀을 짜는 수많은 극적 시나리오들도 진지하게 또는 비극적으로가 아니라 희극적으로 제시되는 경우가 있다. '리미널 단계'에서는 신참자가 머무는 격리의 장場에서 수수께끼나 농담을 할 수도 있다. 푸에블로족 제의에서의 익살꾼

clowns에 관한 최신의 연구는, 이 익살꾼의 구실이 부족문화나 고대 종교문화에 널리 퍼져 있는 현상이라는 것을 우리에게 상기시킨다. '리미널리티'는 특히 놀이를 촉진하기 쉽다. 이것은 게임이나 농담에 한정되지 않고 새로운 모습의 상징 활동, 즉 언어게임이나 신기한 흥밋거리와 같은 활동을 도입할 수가 있다.

그러나 사회(특히 서구의 공업사회)가 대규모화되고 복잡해짐에 따라, **'리미널리티'**에 무엇이 발생하였을까. **'재전이화**deliminalizaton'와 **'강력한 놀이**powerful play'라고 하는 구성요소가 없어진 듯하다. 성전을 물려받은 여러 종교들 또한 어김없이 축제적인 요소들을 희생시키고 장엄한 요소들을 강화하는 경향이 있다. 물론, 지금도 종교와 결부된 시장・제례・사육제는 여전히 존재하지만, 그것들이 전례 체계의 본질적인 부분으로서 존재하는 것은 아니다.

하지만, 힌두교・도교・탄트라 불교・일본 신도神道 등은, 인간에 의한 제의가 진지한 것인 **'동시에'** 장난기가 있다는 것이라는 것을 그것들의 많은 공연들에서 여전히 공공연하게 보여주고 있다. 에로스Eros와 타나토스Thanatos[19]-가 함께 놀고 있다는 것은, 그것은 오싹하는 죽음의 연극 상징하기 위한 것이 아니라, 온전한 인간적 리얼리티와 이상야릇함으로 가득 찬 자연을 상징하기 위한 것이다.

공업화・도시화・읽기 쓰기의 보급・노동력의 이동・전문화・직업화・관료제・굳어진 시계체계에 의한 일과 여가의 분리 등으로 인하여, 이전에 제의를 구성하고 있던 교양 있던 종교 형태는 이전의 그 완전성을 잃은 채 분열해 버리고, 신과 인간의 활력에 찬 협동의 죽음으로부터, 수많은 특수화된 공연 장르들이 태어나게 된 것이다. 공업사회의 여가를 채우는 장르들로는 연극・발레・오페라・영화・소설・인쇄된 시・전람회・고전 음악・록 음악・사육제・퍼레이드parade・민속극・스포츠 대회 및 그 밖의 많은 것들이 있다.

이러한 제의의 온전성의 붕괴에는 '세속화'가 수반되었다. 전통적인 종교의 제의는,

19_ 사랑의 신과 죽음의 신. 프로이트는 이 두 용어를 각각 '삶의 본능'과 '죽음의 본능'을 뜻하는 용어로 사용했다.

여가의 영역에 살아남아 있다고는 하지만, 예전의 풍요로운 상징성들과 의미들을 빼앗기고, 놀라운 변형의 힘도 많이 빼앗긴 채, 근대 세계에 제대로 적응하고 있다고는 말할 수 없다. **근대** 세계는 '직설법'에 편중되어 있다. 그러나 이합 핫산Ihab Hassan이 **'포스트모던의 전환'**이라고 부른 것 속에서 우리는 '접속법'에로의 귀환과 변형 능력을 가진 문화양식의 재발견을 보고 있는지도 모른다. 특히, **연극**의 몇몇 형식들에서 그것이 이야기되고 있다. 포스트모던의 분열은 **'재통합'**의 전주곡일지도 모른다. '재통합'이라고 하는 것은 단지 어떠한 과거를 손상시키지 않고 다시 회복한다고 하는 것뿐만 아니라, 현재와의 생생한 관계 속에다 과거를 놓는 일이기도 하다.

그러나 일본 · 인도 · 중동의 여러 나라 및 중남미 여러 나라들 등과 같이, 비교적 늦게 공업화된 나라들의 문화는, 적어도 부분적으로는, 중요한 제의 유형의 붕괴를 용케 잘 회피한 증거가 있다. 그들은 자기네들의 제의의 공연에다가 근대 도시생활의 여러 가지 대립들과 문제점들을 집어넣고 그것들이 종교적 의미를 갖게 하는 데 성공했던 것이다. 하지만, 공업적 발전이 이루어지게 되자, 제3세계의 여러 나라들에서도, 르네상스 문예부흥기로부터 산업혁명기에 이르는 시기의 서구에서처럼, 그들의 제의적 장르들을 서서히 침식시켜 가게 되었다. 여기에서도, 직설법이 승리하고, 접속법은 더욱 좁은 영역으로 퇴보하여 종교보다는 '예술' 속에서 한층 더 밝게 빛났다.

종교는 예술과 마찬가지로 그것이 공연되는 한, **제의**가 '영업을 하고 있는' 한, 살아 있는 것이다. 종교를 제거하려면 그 종교의 제의의 생성과 재생성 과정을 제거하면 된다. 종교라는 것은 인식의 체계이거나 한 벌의 교양체계인 것만은 아니다. 그것은 의미 있는 **'체험'** 또는 체험을 겪은 **'의미'**이다. 제의 속에서 우리는 사건을 '통해서 살고', 제의의 틀과 상징화의 연금술alchemy을 **'통해서 살고'**, 의미를 산출하는 사건 곧 예언자나 성인의 행동이나 말을 **'재체험'**하고, 그런 것들이 없는 경우에는 신화와 성화된 서사시를 **'재체험'**한다.

그러면, 우리가 **'이야기'**를 내부자적emic 관점의 서구 문화 표현 장르 혹은 메타 - 장르로 간주한다면, 그것은 '부족의' 제의 절차 또는 법률 절차의 문화적인 손자나 증손자 중의 하나로 보지 않으면 안 된다. 그러나 만약 '이야기'를 외부자적etic 관점에서 인간

행위를 '의미'의 상황적 구조로 동기 부여한 것, 즉 딜타이가 말하는 의미에서의 '가치'와 '목표'를 결합하기 위한 최고의 장치로 간주한다면, 우리는 제의를 보편적 문화 활동임과 동시에 사회극의 중심에 놓인 일종의 사회적 과정의 통문화적 - 초시간적 단위라고 보지 않으면 안 된다.

'이야기하다narrate'의 어원은 옛 라틴어의 *narrare*('말하다')에서 유래하며, 이 말은 라틴어 *gnarus*('알다', '정진하다')에 가깝다. 이 말들은 다 인도유럽어 어원 *GNA*('알다')에서 파생되고 있다. 그리고 이와 관련된 방대한 유연어有緣語가 라틴어 *cognoscere*에서 파생하고 있다. 그런 유연어들 중에는 'cognition(인식)' 그 자체도, 'noun(명사)'도, 'pronoun(대명사)'도 그리고 그리스어 *gignoskein*에서의 *gnosis* 그리고 고대영어의 과거분사 *gecnawan*에서 파생한 근대영어의 'know(알다)'도 포함되어 있다.

'**이야기**narrative'란 과거의 사건과 그 사건의 의미를 '알려고' — 제의적 측면에서는 신지神知를 얻으려고 — 하는 반성적인 활동에 상당히 걸 맞는 용어처럼 보인다. 드라마drama라는 말은 그리스어의 dran('하다, 연행하다')에서 왔으므로 '이야기'는 행위에 의해 생겨나는 지식(그리고 또는 신지), 체험에 의해 생겨나는 지식이다.

'사회극'의 '교정단계redressive phase'는 당파의 이해 혹은 사리사욕에 의해서 깨뜨려진 사회 집단을 재통합하는 노력의 틀이 된다. 마찬가지로, 제의나 소송의 이야기적 요소는 대립하는 가치나 목표를 의미 있는 구조로 재통합하려는 것이고, 그것의 플롯은 문화적 의미를 갖는다.

역사적인 삶 자체가 문화에 매우 유용했던 예전 시기와는 달리, 문화적 의미를 제대로 생성해내지 못하는 시기에서의 '이야기'와 '문화극cultural drama'은, **포에시스**poiesis[20]-의 책무 즉 문화에 의미를 부여하는 책무를 질 수도 있을 것이다. 그것들이 더 이상 우리의 근대적 '삶의 드라마'를 교정/구제할 수 없는 (이제 전 지구적인 규모로 모든 생명체들의 생존을 위협하고 있는) 의미의 낡은 건물들을 철거하고 있는 것처럼 보이는 지금에도 말이다.

20_ 그리스어로, 생산기술 활동 혹은 예술 활동을 말함. 아리스토텔레스는 인간의 지적 활동을 이론적 탐구를 말하는 관조(theōria), 정치를 포함한 윤리적 행동인 실천(praxis), 생산 기술 활동 및 예술 활동인 제작(poiēsis)으로 나누었다.

Belmont, Nicole, *Arnold Van Gennep: The Creator of French Ethnography*. Trans. by Derek Coltman. Chicago: Chicago University Press, 1979.

Bercovich, Sacvan, *The American Jeremiad*. Madison: University of Wisconsin Press, 1978.

Gennep, Arnold van, *The Rites of Passage*. London: Routledge and Kegan Paul, 1960. First published 1908.

Grathoff, R, *The Structure of social Inconsistencies: A Contribution to a Unified Theory of Play, Game and Social Action*. The Hague: Martinus Nijhoff, 1970.

Handelman, Don, "Is Naven Ludic?," *Social Analysis* (published in Adelaide, Australia), no.1, 1979.

Hanna, Judith Lynne, *To Dance is Human: A Theory of Nonverbal communication*. Austin: University of Texas Press, 1979.

Heusch, Luc de, *Le roi ivre ou l' origine de l' Etat*. Paris: Gallimard, 1972.

Hodges, H. A, *The Philosophy of Wilhelm Dilthey*. London: Routledge and Kegan Paul, 1952.

Legesse, Asmarom, *Gada: Three Approaches to the Study of African Society*, New York: Free Press, 1973.

Moore, Sally Falk, *Law as Process*. London: Rourledge and Kegan Paul, 1978.

Myerhoff, Barbara, *Life History among the Elderly: Performance, Visibility, and Remembering*. n.d.

________________, and Moore, Sally Falk (eds.), *Secular Ritual*. Amsterdam: Royal van Gorcum, 1977.

Pike, Kenneth L., *Language in Relation to a Unified Theory of the Structure of Human Behavior. Glendale*, California: Summer Institute of Linguistics, 1954.

Rappaport, Roy, *Ecology, Meaning*, and Religion. Richmond, California: North American Books, 1979.

Sapir, Edward, "Emergence of a Concept of Personality in a Study of Cultures," J*ournal of Social Psychology*, 5, 1934, pp.410~416.

Spindler, George D. (ed.) *The Making of Psychological Anthropology*, Berkeley: University of California Press, 1978.

Tuner, Victor, *Schism and Continuity in an African Society: A Study of Ndembu Village Life*. Manchester: Manchester University Press, 1957.

____________, *The Forest of Symbols: Aspects of Ndembu Ritual*. Ithaca: Cornell University Press, 1967.

____________, *The Drums of Afflictin: A Study of Religious Processes among the Ndembu of Zambia*. Oxford: The Clarendon Press, 1968.

____________, *The Ritual Process: Structure and Anti-Structure*, Chicago: Aldine, 1969.

____________, *Drama, Fields, and Metaphors: Symbolic Action in Human Society*, Ithaca: Cornell University Press, 1974.

Vansina, Jan, *Kingdoms of the Savanna*. Madison: University of Wisconsin Press, 1966.

White, Hayden, *Metahistory: The Historical Imagination in Nineteenth-Century Europe*. Baltimore: Johns Hopkins Press, 1973.

연극적 제의와 제의적 연극

03

—공연적 · 반성적 인류학

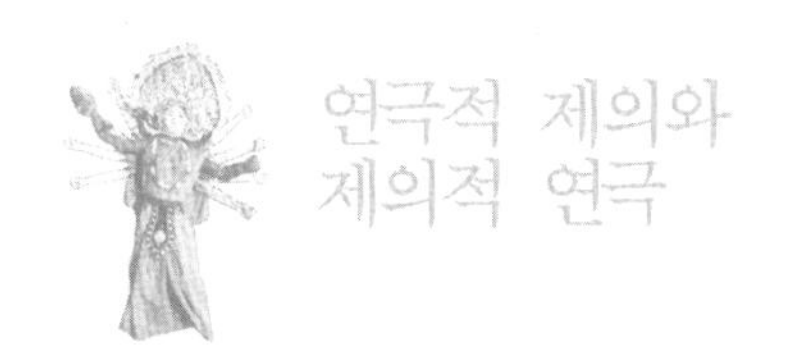

연극적 제의와 제의적 연극

나는 인류학을 가르치고 배운다는 것이 사람들이 일반적으로 생각하는 것보다 더 재미있다고 오랫동안 생각해 왔다. 아마도 우리는, 민족지를 읽고 코멘트를 해야 할 뿐만 아니라 실제로 그것을 공연해 보아야만 하리라. 현장에서 멀리 떨어져 있는 연구자들은, 외국인의 삶에 관한 설명들이나, 삶의 질서에 관한 외국 인류학 이론들의 설명과 씨름하면서, 도서관의 독서석에서 지루한 시간을 허비한다. 그러나 인류학이라고 하는 것은 로렌스가 다시 말했듯이 '살아 있는 남자와 여자'에 관한 것이어야만 한다. 로렌스의 말을 다시 인용하자면, 우리의 '분석은 죽은 시체를 전제로 하기' 때문에, '살아 있는 자질'을 교육적 관점에서는 제대로 파악할 수 없는 경우가 많다.

오늘날 대부분의 인류학 논문들은 활기 없는 문자적 장르라는 주장이 점차적으로 인식되어가고 있다. 그것은 인문과학의 리포트가 비굴하게도 자연과학의 리포트를 근거로 하여 모델화되어야 한다는 견해로부터 성장한 것이다. 그러나 이러한 장르가 다루는 사회생활에서는 인지적 요소와 정서적 요소와 의지적 요소들이 서로서로 밀접하게 관련되어 있고 매우 유사해서, 순수한 형태로 나타나는 경우는 드물다. 또, 그 사회생활은 집단이 살아온 체험과 관련될 뿐만 아니라 각 개인이 살아온 체험과도 관련되며, 그것을 체험적으로 조사하는 '조사자'에 의해서만 이해될 수 있는 것이다.

아무리 훌륭한 민족지民族誌 기록필름이라도 필름화된 그 사회의 구성원이 '된다는 것'의 그 심장한 의미에 관해서는 많은 것을 전달해 주지 못한다. 선택되고 편향된 시각적 이미지들이 수동적인 청관중들에게 그저 보여 지기만 하는 것이다. 또, 수업 중의 토론은 필름 제작자들이 '선택하여' 촬영한 것들에 집중된다. 훌륭한 선생이 그 필름 내용을 문헌으로부터 이끌어낸 민족지의 맥락과 그럴싸하게 연결시킨다고 할지라도, 그러한 문화의 맥락들이 지니고 있는 사회문화적 · 심리학적 복합성이 그 필름만으로 파악될 수는 없는 것이다. 인류학 논문들과 기록필름들이 어떤 집단의 특유한 행동 동기들을 기술하거나 표현할 수는 있지만, 이러한 장르들(논문 · 필름)이 독자들과 청관중들을 그 문화의 모든 동기부여 망상조직 안으로 완전히 끌어들이기란 참으로 어렵다.

그러면 이 문제를 어떻게 하면 해결할 수 있을까? 한 가지 가능한 방법은, 민족지의 좀 더 흥미로운 부분들을 '연극대본'으로 바꾼 다음, 그것을 수업 중에 '실연實演'해 보고, 끝에 가서 다시 여러 가지 이해로 무장된 민족지에로 되돌아가 보는 것이다. 여기서, 다시 민족지로 되돌아간다고 하는 것은, 단지 자기 자신의 문화 속에 있는 '자기와 다른 사람의 역할을 하는 것'에서 나오는 이해가 아니라, 각기 다른 문화들의 구성원들이 '**몸소 체험**'으로부터 얻은 것'에서 나오는 '이해'로 되돌아간다는 뜻이다.

이런 새로운 문제 해결의 방법 곧 '**공연민족지**' 방법 전체는 다음과 같은 분명하고 단일한 과정으로 이루어진다. 즉, 이 과정은 민족지를 연극대본으로 바꾸는 단계, 그 연극대본을 공연하는 단계, 그 공연을 메타-민족지로 바꾸는 단계, 이렇게 세 단계로 이루어진다. 이 세 단계는 각기 서구의 전통적인 학문분야인 인류학의 수많은 약점들을 드러내고 있다. 그리고 이 과정은 우리로 하여금 순전히 인류학적인 설명을 넘어서, 문학 · 역사 · 전기 · 여행기록에까지 확장하여 연극대본의 데이터들을 찾도록 강요한다. (앙토냉 아르토의 방법과는 반대로) 사회극이 예술극 및 다른 문화 공연 장르들 속에서 그것의 문화적 '이중성'을 찾는다면, 리차드 셰크너가 주장한 바와 같이 그것들 사이에 어떤 상호 관련성이 발전할 수 있어서, '**사회극**'의 과정적 형식은 (전도 혹은 부정에 의해서이긴 하지만) '**예술극**'에 여러 가지 암시를 주고, 반대로 '사회극'의 수사학—논증 형식—은 '예술극'을 포함한 여러 문화 공연들로부터 나오게 된다. 여기에는, '워터게이트 사건'에서의 『페리 메이슨*Perry Mason*』[1]-과 같은 점이 많다.

'민족지의 연극화 방법'은 실로 하나의 학제적인 기도이다. 왜냐하면, 우리의 대본을 신뢰하고 그 대본의 공연에 대해서 우리 스스로 만족하려면, 다양한 비인류학적 자료들로부터의 도움을 필요로 할 것이기 때문이다. 우리 문화 내에서 드라마 영역에 종사하는 전문 직업인들 — 대본작가 · 연출가 · 배우 · 무대계까지 — 은 수세기 동안 계속해온 전문적인 연극공연 체험에 의존하여 일을 한다. 이상적으로 볼 때, 우리는 배역의 한 사람 및 공연되는 문화의 구성원의 한 사람으로서 논의할 필요가 있고, 더 나아가 직접 참여할 필요가 있다. 우리는 다행히도 우리가 연구하는 사회의 연극 혹은 민속 전문가들의 도움을 충분히 받을 수 있다. 어쨌든, 그 내부로부터 업무를 배우는 사람들은 무한한 도움을 받을 수 있는 것이다.

내가 동료 사회학자 알렉산더 얼랜드Alexander Alland와 어빙 고프만Erving Goffman과 함께 "제의와 연극 사이의 접촉면 ……'사회극'과 '예술극' 사이의 접촉면을 탐구"하고, 사회과학과 공연예술의 또 다른 경계영역을 탐구하기 위한, '집중적인 워크숍'에 리차드 셰크너의 초대를 받았을 때, 나는 실제로 이러한 생각들을 시험해 볼 기회를 가지게 되었다.

나는 가끔, 인류학자들이 기술해 놓은 다양한 사회에서의 사회적 갈등의 과정적 형식들과 문화적 공연의 여러 장르들 사이의 관계에 관해서 생각해 보았다. 이보다 몇 년 전 나의 양쪽 동료들은, 셰크너도 연극의 관점에서 나와 같은 문제에 관하여 관심을 가지고 있다는 것을 알려 주었다. 우간다의 이크족the Ik에 대한 콜린 턴불(Colin Turnbull, *The Mountain People*, 1972)의 연구를 일련의 '연극적 에피소드들'로 바꾼 콜린 턴불과 피터 브룩의 공동 작업은, 나로 하여금 적절한 민족지적 데이터를 연극대본으로 전환시키는 가능성 쪽으로 마음을 돌리게 했다.

이 실험은, 인류학을 하는 사람과 연극을 하는 사람 사이의 협동 작업이, 서로서로에 대해서 알고 싶어 하기 시작하고 있는 두 개의 파트너 집단을 위한 학습 수단일 수 있다는 것을 나에게 설득시켰다. 우리가 가까운 사람의 배역을 해 봄으로써 우리 자신

1_ '워터 게이트 사건'을 극화한 미국 CBS 방송국의 드라마.

에 대해서 무엇인가를 배운다는 것이 사실이라면, 훌륭한 문화 매개자인 인류학자들은 문화내적인 기도企圖뿐만 아니라 문화상호적인 기도로서도 이러한 작업에 도전할 수 있을 것이다.

수많은 사회학자들이 '**공연**performance'이라는 용어와 '드라마drama'라는 용어에 대해 눈살을 찌푸릴지라도, 내게는 이 용어들이 매우 중요한 용어로 보인다. 'performance(공연)'라는 용어는, 우리가 보아온 바와 같이, 중세 영어 'parfournen(후에 parfourmen)'으로부터 나왔으며, 이 말 자체는 고대 프랑스어 '*parfournir*' — *par*('완전히') + *fournir*('제공하다') — 로부터 나왔기 때문에, '*performance*(공연)'라는 말은 반드시 형식(form) 표명이라는 구조주의자의 함의를 가지고 있는 것은 아니고, 오히려 '완성에 이름' 혹은 '**완성함**'이라는 과정적 의미를 가지고 있다.

그러므로 '*perform*(공연하다)'이라는 말은 어떤 단일한 행위나 행동을 한다는 말이라기보다는, 오히려 다소간에 내포되어 있는 과정들을 '완성한다'는 말이다. 따라서 민족지를 '공연한다'라는 것은, 우리가 그 민족지 자료들을 충분하고 절실하게 느낄 수 있도록, 그 자료들의 행동의 의미를 충실하고 절실하게 느낄 수 있도록 하는 것이다. **인지적 환원주의**[2]-라고 하는 것은 나에게는 항상 사회생활의 진수를 놓쳐버리는 것으로 다가왔다. 틀림없이, 이런 환원주의식 패턴들은 논리적으로 유도될 수는 있다. 그러나 여러 가지 욕구와 정서, 개인적 · 집단적인 목표와 전략, 상황적인 약점들과 권태와 실수들까지도, 기계적인 인과성이라는 18세기 '자연과학적' 원칙 위에 모델화된 활기 없는 인간행위 이론을 구체화하고 생산해내려는 시도 속에서는, 모두 제거되어 버리는 것이다.

욕구와 정서는 인지적인 순수 본질의 해독이 아니라, 우리의 인간적 본질에 근접해 있는 것이다. 인류학이 인간 행동에 대한 참된 학문이 되려면, 아마 때로는 구조를 찾으려는 노력으로 인해 피를 흘리게 된 행동 자체의 메마른 껍질들을 표상하는 데 불과

2_ 환원주의: 생명현상은 물리학적 · 화학적으로 충분히 설명할 수 있다고 하는 설. 복잡한 데이터 · 현상을 간단히 바꾸어 말하려는 이론.

한 '**구조**' 못지않게 '**행동** 자체'를 진지하게 받아들여야만 한다.

'**드라마**'라는 용어는 (예컨대 막스 글루크만Max Gluckman과 레이먼드 퍼스Laymond Firth 등에 의해서) 과학적 용도에 충분할 만큼 '중립적'인 용어가 아니라, '하중이 부과된' 문화적 장르들로부터 나온 도식 자료들 위에 억지로 부과되어 있는 용어로 비판받아 왔다(Gluckman, 1977 : 227~43; Firth, 1974:1~2). 그러나 나는 이런 비판에 동의하지 않겠다. 왜냐하면, 나의 노트는, 하나로 뭉뚱그려진 채로 어떤 행동의 과정을 표상하는, 부정할 수 없이 연극적인 형식을 취하고 있는 매일 매일의 사건들에 대한 수많은 기술들로 가득 차 있기 때문이다. 내가 드라마란 용어, 특히 '**사회극**'이란 용어로 무엇을 의미하는지에 대해서 먼저 말해보겠다. (나의 **사회극** 이론에 대한 좀 더 충분한 설명은 1957년에 나온 나의 저서 『한 아프리카 사회에서의 분열과 지속*Schism and Continuity in an African Society*』 및 본서의 제3장을 볼 것.)

나는 '**사회극**'의 형식이 국가로부터 가족에 이르기까지의 모든 레벨의 사회 조직에서 발생한다고 생각한다. '사회극'은, 평화로운 규칙의 방향 즉 규범이 지배하는 사회생활이 그것의 두드러진 관계들 중의 하나를 조절하는 어떤 규칙의 '**위반**'에 의해 중단됨으로써 시작된다. 이러한 위반은 곧바로 처리되지 못하고, 그 공동체를 서로 다투는 당파와 연합체로 분열시킬 수 있는 어떤 '**위기**'의 상태로 몰고 간다. 이것을 막기 위해 그와 관련된 공동체의 가장 합법적이거나 가장 권위 있는 대표자들이라고 스스로 생각하거나, 그 공동체에 의해서 그렇게 생각되는 사람들이 '**교정**' 수단을 강구한다. 교정은 일반적으로, (정규 법정이나 비정규 법정에서의) 법적인 것이든 (강력한 초자연적 실체의 보복적인 행동에 대한 신념이나 희생행동도 포함한) 종교적인 것이든 혹은 (예컨대 원한 갚기, 사람 사냥 혹은 조직적인 전쟁에의 참여 등의) 군대적인 것이든, 제의화된 행동을 포함하고 있다. 만일 그 상황이 (때로는 혁명적인 수단에 의해서, 사회관계의 어떤 급진적인 재구조화가 이루어질 때까지 계속 사회병리 현상으로 남아 있을 수도 있는) '**위기**'로 퇴보하지 않는다면, 사회극의 다음 단계는 '**놀이**'로 나아가게 되며, 그 놀이는 그 문제에 대한 다음과 같은 두 가지 대체적인 해결책들을 내포하고 있다. 첫째는, 법률적 · 제의적 · 군사적 과정들을 따라 갈등하고 있는 당파들에 대한 조정에 의한 '**재통합**'이다. 둘째는, 일반적으로 각 당파들의 공간적인 '분리'가 뒤따르는 돌이킬 수 없는 '**분리**'에 대한 교감적인 인식이다.

'사회극'은 정상적인 일상생활의 역할연기를 일시 중단시키기 때문에, 이것은 사회생활의 '흐름'을 잠시 중단시키고 그 사회 집단으로 하여금 그 집단의 가치와 관련된 그 집단 자체의 행위를 인식케 하며, 때로는 그 여러 가치들의 진가를 의심하고 탐구하게까지 한다. 다른 말로 하자면, 사회극은 반성적 과정들을 유도하고 내포하고 있으며, 이 **'반성성'**은 어떤 합당한 장소를 찾을 수 있는 문화적 틀을 생성한다.

셰크너가 개최한 어느 여름의 강습회에서, 나는 이 '과정적 형식' 곧 '사회극' 형식을 가지고 대본을 써서, 그것을 우리의 공동 작업을 위한 개략적인 가이드로 삼아, 공연민족지를 작성하는 협동 작업에 인류학자들과 드라마 학자들을 함께 참여시키고자 했다.

여기서, 우리가 활용할 민족지로는, 자기 아버지의 모계친족이 자기 아버지의 죽음으로 인해 그들의 마을을 떠나라고 강요받았을 때, 나무꼭대기에 올라가서 자살하겠다고 으르는 젊은이 역(*Crime and Custom*, 1926 : 78)이 들어 있는 말리노프스키의 『죄와 관습*Crime and Custom*』처럼, 연극적인 작업에 도움을 주는 고전적인 민족지의 일부를 선택하는 것이 가장 좋을 것처럼 보였다. 그러나 시간이 짧아서(그 기간은 2주일이었다), 나는 내 자신이 정리한 민족지를 선택하는 쪽으로 마음을 돌려야 했다. 그 이유는, 내가 그것을 가장 잘 알기 때문이기도 했고, 이미 어느 정도는 내가 '사회극'이라고 부른 형식 속에 있는 많은 양의 현지조사 자료들을 기록해 놓았기 때문이기도 했다.

아내 에디Edie와 나는, 거의 동수의 인류학 파트와 드라마 파트로 나누어진 수십 명의 학생들과 교사들로 이루어진 모임에서, 내가 『한 아프리카 사회에서의 분열과 지속』(pp.95, 116)이란 책 속에서 기술해 둔 처음 두 가지 사회극들의 배후에는 어떤 문화적 가정들이 놓여있는가를 설명하려고 했다. 약간의 개략적인 설명으로, 한두 가지의 제스처로, 이것이 가능했을까? 물론, 불가능했다. 그러나 사람들로 하여금 정신적 · 육체적으로 (물질적으로 나타나지는 않은) 다른 하나의 문화 속에 자신들이 '참여하도록' 하는 방법들은 가능했다.

이 모든 작업이 이루어진 곳은 **'퍼포먼스그룹**The Performance Group'의 공연장이었던 그 차고극장의 윗방이었다. 이곳은, 셰크너의 연극 단체인 **'퍼포먼스그룹'**이 『69년의 디오니소스*Dionysus in 69*』 · 『멕베스*Makbeth*』 · 『어머니의 용기*Mother Courage*』, 그리고 좀 더 최근의 엘리자베스 르콤프트Elizabeth LeCompt가 연출한 『죄의 이빨*Tooth of Crime*』·『럼스틱 로우드*Rumstick Road*』를 포함한 몇몇 유명한 작품들을 공연한 소호Soho에 있는 극장이다.

나는 셰크너가 **'리허설 과정'**이라고 부르는 것을 대단히 많이 실행하였다. 이 과정은, 시간이 아무리 많이 걸리더라도 본질적으로 극작가·배우·연출가·무대·후원자 사이의 어떤 역동적인 관계를 수립하는 과정으로 이루어지며, 그 중의 어떤 과정이 제일 중요하다는 식의 일차적인 가정도 되어 있지 않다는 것을 나는 알았다. 수업시간은 가끔 시간 제한을 두지 않고 진행되기도 했다. 어떤 때에는 배우들이 마음을 편히 갖도록 하기 위해 호흡 훈련을 포함한 여러 가지 훈련이 한 시간 이상 계속되기도 한다. 또 어떤 경우에는, 연출가에 의해 배역이 결정된다기보다는 오히려 배우들이 자기 스스로 배역을 결정할 하기도 했다.

이 복잡한 과정 속에서 셰크너는 직관적이고 체험화된 연출가의 눈으로 '나 아닌 나not-me' — 청사진화된 배역 — 로부터 '나 아닌 나가 아닌 나not-not-me' — 실현되는 배역 — 로 이동하면서, 극작가가 제공한 배역을 맡아 하는 배우를 본다. 그는, 배역 이동을 함으로써 그 안에서 모든 종류의 체험적 실험들이 가능해지고, 실제로 그렇게 되도록 하는 일종의 제의적인 '리미널 단계'가 이루어진다고 본다. 이것은, 대부분 박진성迫眞性으로 어떤 역할을 모방하는, 화려한 직업적 테크닉에 의존하는 서구적인 연기 스타일과는 다른 연기 스타일이다.

셰크너는 미메시스mimesis보다는 **포에시스**poiesis(생산, 제작)를, 즉 ~인 체하는 것faking보다는 만드는 것making을 목적으로 하고 있다. 여기서 배역은 배우를 따라 성장하며, 그것은 때때로 자기폭로의 고통스러운 순간을 포함하기도 하는 리허설 과정을 통해서 올바르게 '창조된다.' 이러한 방법은 특히 인류학 교육에 적절하다. 왜냐하면, '모방적mimetic' 방법은 친숙한 재료들(서구적 행위 모델들) 사이에서만 작동하는 반면, '제작적poietic' 방법은, 그것이 내부에서 행위를 재창조하기 때문에, 친숙하지 않은 재료들도 다룰 수 있기 때문이다.

입센의 『인형의 집』을 리허설하기 위해서 셰크너가 소집한 실험적인 학습기간 동안에, 우리는 네 사람의 '노라' 역을 만들어 나가기도 했다. 그중의 한 사람은 실제로 입센의 대본 방향과는 반대되는 방향의 선택을 했다. 그녀는 자신의 실제 생활 속에서 '노라'의 그것과 비슷한 딜레마에 직접 직면하게 되었다. 즉, 그녀의 남편과 헤어지고, 두 아이들을 남편과 함께 남겨두고(남편이 이것을 원했다) 집을 떠나, 어떤 독립적인 삶을 시작해야만 하느냐 마느냐 하는 문제에 직면하게 되었던 것이다. 그런데 '노라'의 배역을 맡아 하면서 자신의 문제를 다시 체험하게 되자, 그녀는 (비통한 나머지) 이상하게 격렬하고, 느릿하고, 아주 복잡한 방식으로 손을 꽉 마주대고 비벼대기 시작했다. 마침내 그녀는, 일부 비평가들이 근대극의 신기원을 열었다고 말하는 그 유명한 '문 닫는 쾅 소리'를 내는 대신, 적어도 아직은 자기의 아이들을 포기할 준비가 되어 있지 않다는 것을 확인하고, 입센이 만든 '노라'의 그 윤리적인 완고함에다 예기치 못했던 빛을 던져주고서, 자신이 속해 있는 그 집단(가정)으로 서둘러 되돌아갔던 것이다.

셰크너는, 그녀의 이 동작 — 손을 꽉 마주대고 비벼대는 동작 — 을 리허설에서 보존하려고 했고, 그 다음에 이어질 리허설에서 좀 더 구체화할 필요가 있는 '리얼리티의 조각'이라고 말했다.

이러한 것들이 서로서로를 연결시켜줌에 따라, 이러한 여러 제스처들의 브리콜라주bricolage,[3] 부수 사건들, '자기가 아닌 자기'를 '자기가 아닌 것도 아닌 자기'로 만들기 등이 전체적으로 종합되고, 예술적으로 하나의 '과정적 단위'로 모델화되어야 할 것이었다. 이렇게 해서, 깊이 · 반성성 · 뇌리를 떠나지 않는 어떤 애매한 표현 등이, 일련의 공연 속으로, 각각의 어떤 독특한 사건들 속으로, 스며들어가기도 하는 것이다.

특히, 직접적인 연극적 솜씨나 체험이 없었던 나에게 있어서 이러한 작업은, 어떤 상이한 문화의 일상생활 배경과 분위기 및 배우와의 커뮤니케이션 작업이 매우 어려운 일이라는 것을 입증해 주었다. 자기 자신이 속해 있는 사회에서 배우는 '개성적인 등장인물의 성격'을 실현하려고 노력하지만, 부분적으로는 그 등장인물의 성격에 의해 상상

3_ 손이 닿는 아무것이나 이용하여 무엇을 만드는 작업.

적으로 연기된 배역들을 자기 사회의 실제 인물들 — 아버지 · 사업가 · 친구 · 애인 · 약혼자 · 무역회장 · 농부 · 시인 등등 — 로 규정하는 것도 당연하다고 받아들인다. 이러한 '역할들'은 배우와 관객들이 공유하는 집단적 표상들로 이루어지며, 이들은 일반적으로 같은 문화의 구성원들이다.

반대로, 민족지를 보고 배역을 맡아 연기하는 배우들은 그가 구현하려는 등장인물의 성격 뒤에 숨어 있는 문화적인 규칙들을 먼저 배워야만 한다. 이것을 어떻게 할 수 있을까? 내가 생각하기에 이것은, 공연으로부터 추상화된 전공논문들을 읽어서 되는 것이 아니라, 그 공연상의 배역을 자기가 직접 맡아서 공연해 봄으로써 가능하다고 생각한다. 우리는 그렇게 해서 얻어지는 이해들을 공연 수행을 통해서 배우고, 그리고서는 그 이해들을 다시 공연하게 되는 것이다.

나는 달리 더 좋은 방법이 없어서, 필요할 때마다 설명적인 코멘트를 삽입하면서, 앞서 언급한 처음 두 가지 '사회극'에 대한 내 스스로의 공연 내용을 읽어주기로 했다. 앞서 말한 워크숍 그룹의 사람들은 이미 언급한 바 있는 나의 책 『한 아프리카 사회에서의 분열과 지속』에서 이와 관련된 페이지들을 읽고 있었다.

그 '사회극'은 응뎀부 마을의 정치 · 추장 경쟁 · 야망 · 시기猜忌 · 마법 · 당파 모으기 · 라이벌에 대한 오명 씌우기 등에 걸쳐 널리 존재하고 있었으며, 특히 모계로 결합된 친족의 한 지역 집단과 그 친족들 중의 몇몇이 결혼과 이웃으로 맺은 관계들 내에서 잘 이루어졌다. 나는 이 '사회극'에 직접 참여함으로써 이런 종류의 사회극에 관한 수많은 설명 자료들을 긁어모았던 것이다. 나의 가족과 나는, 적어도 15개월 동안 이 사회극들의 '무대' 혹은 '개방극장arena'이었던 그 마을에서 살았으며, 약 2년 반에 걸친 현지조사 기간 동안 그것들을 관찰했다.

내가 이 '사회극'에 관한 설명들을 다 읽어 주었을 때, 그 워크숍에 참여한 배우들은 곧바로 나에게 그들이 응뎀부 마을의 삶의 '분위기들을 감지하기 위해서'는 '바로 그런 분위기' 속으로 들어갈 필요가 있다고 말했다. 그들 중의 한 사람은 이미 아프리카 요루바족Yoruba의 음악에 관한 기록들을 가져왔고, 이것이 비록 중앙아프리카의 음악어법과는 다른 음악어법이었지만, 나는 그 배우들로 하여금 춤을 추기 위한 둥그런 원을 만들어 서게 한 다음, 그들에게 발목이 시도록 응뎀부족 무용의 몇몇 동작들을 실천으로 보여주었다. 이것은 재미는 있었지만 중심에서 벗어난 재미였다.

그런데 우연히도 극장에서 우리를 활용할 수 있는 몇몇 후원자들이 생기게 되어, 이 '교정의 제의'의 핵심 부분을 '2차적인' 사회극으로 재창조할 수 있게 되었다. 이 사회극의 형식은 우리가 이미 이에 앞서 여러 가지 경우를 참작하면서 참여한 바 있는 응뎀부족의 사회극 체험으로부터 잘 알게 된 상태였다. 이 '**이름계승**Kuswanika ijina' 제의는, 이미 추장으로 작인을 받은 후보자 산돔부Sandombu와 유력한 후보자 무칸자Mukanza 및 그의 직계 모계 친족 사이의 권력투쟁이라는 일시적인 목적을 표현했기 때문에, 하나의 '감정적'인 사건이었다.

산돔부는 1년 동안 마을의 사회적 압력에 시달려 왔다. 왜냐하면, 그가 '어머니'라고 부르는 모계 쪽의 사촌 누이 니야무와하Nyamuwaha를 마법으로 죽였다는 여론이 있었고, 그녀는 수많은 사람들의 사랑을 받는 나이 많은 부인이자, 무칸자의 누이였기 때문이었다. 산돔부는 고발당하자 눈물을 흘렸지만(그의 적들도 이것을 승인했다), 1년 동안 추방을 당하게 되었다. 시간이 지남에 따라, 마을 사람들은 차츰 마음이 달라져, 그가 감독으로서 마을 사람들이 공적인 노동 활동에서 임금을 받을 수 있도록 많은 도움을 주었으며, 손님들에게 술과 음식을 관대하게 대접했던 것을 생각하게 되었다. 마을의 몇몇 사람들에게 전염병이 발생하고, 동시에 많은 마을 사람들이 니야무와하에 관한 꿈을 자주 꾸게 되자, 산돔부를 다시 마을로 불러들일 수 있는 구실이 생겼다. 점을 쳐보니, 그녀(니야무와하)의 영혼이 마을의 여러 가지 문젯거리들로 인해 고통을 당하고 있는 것으로 나타났다. 그녀의 영혼을 달래기 위해, 마을 사람들은 사자死者의 혈통을 기억나게 하는 식물이자 가장 빨리 자라는 나무인 무욤부나무muyombu의 어린 묘목을 심기로 했다. 산돔부가 이 제의적인 식수의식植樹儀式을 수행하기 위해 다시 마을로 초대되어 왔다. 그는 전해에 화를 부른 행위에 대한 배상으로 염소 한 마리를 마을에 바쳤다. 비록 이 의식이 니야무와하의 장녀인 마니요사Manyosa — 이 여자는 후에 이 마을에서 내 아내의 가장 좋은 친구가 되었다 — 에 의해 니야무와하의 '이름계승' 제의로 행해져야만 했지만, 이 제의는 그가 다시 이 마을로 '**재통합**' 되었음을 표현하는 것이었다.

나는 춤과 레코드의 드럼 소리에 흥분되어, 소호Soho에서 이 '이름계승' 제의를 다시 한 번 재창조하고 싶은 마음이 생겼다. 이 재창조 제의의 헌주獻酒로서의 '흰 술'은, 한 컵의 물로 대신해야 했다. 사람들에게 기름을 발라 신성하게 할 '흰 진흙'은 없었지만, 나는 약간의 흰 소금을 발견하여 그것을 물에 녹여서 사용했다. 또 응뎀부족 제당祭堂의 나무들이 나무껍질 밑의 흰 살이 드러나도록 깎여져 있었기 때문에(일종의 수술인 할례는 상징적으로는 정화와 관련이 있다), 이것을 대신하기 위해서 마침 발견한 날카로운 부엌칼로 칫솔의 손잡이 끝을 하얗게 깎아서 이것을 대신했다. 이 일이 끝난 다음에 나는, 모임에 참여한 사람들 중의 한 여자가 내가 이것을 가지고 어떤 무시무시한 일을 하려고 하는 것으로 알고 무서워서 벌벌 떨었다는 얘기를 들었다! 그러나 실제로 그 생생한 제의의 분위기 속에는 어떤 위험의 요소가 있긴 있었다. 그리고 어떤 풀지 못할 신비스러움도 있었다.

이 매우 특수한 응뎀부족 제의를 현대의 미국 용어들로 번역하기 위해서 나는, 마을의 새 추장 배역을 맡아 했고, 내 아내의 도움을 받아 칼과 소금으로 종교재판소surrogate의 신목神木(shrine-tree)인 무욤부나무를 준비하여, 그것을 마룻바닥의 갈라진 틈에 '심었다.' 그 다음 동작은 누군가 한 사람을 설득하여 이 상황에서 니야무와화의 장녀 마니요사의 배역을 연기하도록 하는 것이었다. 이때, 베키라는 이름의 한 연극 연출가가 이 역을 하겠다고 자발적으로 나섰다. 나는 베키에게 그녀의 인생에 관한 많은 의미를 부여하도록 하고 최근에 고령으로 사망한 어떤 가까운 모계 친척 한 사람의 이름을 나에게 알려달라고 요구했다. 상당한 정도로 동작이 진행된 다음에, 그녀는 자기의 이모 루스에 관해서 언급했다. 다음에 나는 칠룬다Chilunda에서 '마을 조상님들'에 대한 기도를 올렸다. 베키는 '성소shrine' 앞의 내 옆에 앉아서 그녀의 앞쪽으로 다리를 펴고, 머리는 응뎀부족 사회에서 제의적 겸손을 표시하는 위치로 수그리고 있었다. 그러고서 나는 즉흥적인 엠펨바mpemba, 즉 조상들 및 살아있는 공동체와의 일체감의 상징인 '흰 진흙'으로 그 신목에다가 기름을 발라 신성하게 한 다음, 그것을 가지고 성소로부터 나에게 이르기까지 땅바닥 위에다 세 개의 줄을 그었다. 그 다음 나는 베키의 눈동자에, 이마에 그리고 배꼽에 기름을 부어 그녀를 신성하게 했다. 나는 비록 총체적으로 하나의 구조적 페르소나로서는 아닐지라도, 그녀를 대신하는 또 다른 한 사람에게도 루스에게 한 것과 동일한 방법으로, '루스의 계승자', '엔스와나 루스Nswana-Ruth'라고 선언했다. 그러나 나는 그들을 이미 멸망한 아프리카 혈족의 후예로 명명한 것이 아니라, 그들을 우리가 만든 교사 - 학생의 공동체라는 그 상징적 통일체로 결합시키고, 그 모임의 다른 구성원들에게도 그와 같은 기름을 발라 신성하게 하는 과정을 반복하기 위해서 그렇게 한 것이었다. 그리고 아내 에디스와 나는 모든 사람들의 이마를 흰 천 조각으로 묶고, 그 신목의 밑둥에다 흰 맥주로 대신한 또 한 번의 헌주를 쏟아 부었다. 여기에는 분명히 하나의 이중적인 상징이 있었다. 왜냐하면, 서구의 물질들을 사용하여, 그것들을 문화적 상징들의 상황적 색인들로 만들어, 그것들 자체가 제의에서의 상징적 가치를 가지고 있는 응뎀부족의 사물들을 표상하도록 했기 때문이다. 그런 여러 단계들에서, 그 공연의 전체 과정이 고도로 인공적이고 꾸며진 것처럼 보여서는 안 되는 것일까? 이상하게도, 참여 학생들에 의하면, 그것이 그렇게 인공적이고 꾸며진 것처럼 보이지는 않았다고 한다.

그 후에 그 워크숍 모임은 그들이 그 몇 시간 동안 체험한 일들을 계속해서 토론하였다고 보고했다. 그들은, 응뎀부족 제의에 관한 공연 연기가 그들에게 사회극의 영향력 있는 구조에 대한 이해를 가져다주었을 뿐만 아니라, 파벌주의와 속죄양주의 사이의 긴장관계에 대한 이해 및 마을 '연대'의 깊은 의미에 대한 이해까지 가져다 준 전환점이었다는 데에 동의했다. 또 이 공연은, 그들이 인지적 코드뿐만 아니라 신체의 운동역학적 코드를 가지고 제의적 공연에 참여함으로써, 갈등 상황에 대한 어떤 향상된 개인적 집단적 이해를 성취하는 방법을 그들에게 보여주었다.

그 다음날부터, 모임에 참여한 사람들은 이 '사회극'의 실제적인 무대화 작업을 시작했다. 어떤 사람은 일종의 이원론적인 접근방법을 제시했다. (예컨대, 야심에 찬 주도자인 산돔부Sandombu가 한 마라의 영양을 죽여 추장인 그의 외삼촌에게 작은 고깃덩어리만을 주었을 때와 같은) 몇몇 사건들은 사실주의적 혹은 자연주의적으로 취급될 것이었지만, 문화적 신념의 세계, 특히 마법이나 조상 숭배와 관련된 신념들은 상징적으로 취급될 것이었다. 산돔부는, 어떤 영적인 '흐름'으로부터 그 추장이 가지고 있던 인면사형人面蛇形의 한 친숙한 영혼을 불러일으키기 위해, 어떤 강력한 마술을 걸어서 그 추장을 죽였으며, 인간의 경골脛骨을 아로새기고 무덤의 흙을 채워 넣은 소총인 그의 '야간용 권총'으로 추장을 쏴 죽였다는 이야기가, 산돔부의 마을에 사는 그의 적들뿐만 아니라 크게는 응뎀부족 사회 전체에 널리 믿어지고 있었다.

이러한 뱀 유사물 혹은 '말롬바malomba'라고 하는 것은, 그 형상 소유자의 얼굴을 하고 밤에 남몰래 도청하는 식으로, 반대파들이 만든 그 뱀 형상 소유자들에 대한 비방의 말을 들으면서, 마을 여기저기를 이리저리 기어 다닌다고 생각하고 있다. 이 형상들은 자기 형상의 그림자 또는 그 형상을 소유한 사람의 원수들의 삶의 원리를 먹고 자라는데, 그 원수들은 일반적으로 그 형상을 소유한 사람들의 혈족이다. 그 형상들은 일종의 프레이저 식의 '외적 영혼'으로 작동하지만, 그것들이 만일 앞서 말한 '야간용 권총'과 같은 마술적인 수단에 의해 파괴될 때에는 그 형상의 소유자들도 역시 파멸된다고 믿어지고 있다. 족장과 추장들은 '강력한 말롬바'를 가지고 있고, 이 말롬바는 그들을 죽이는 무서운 독약이 되는 것이다.

워크숍 모임에서 우리 분과는 산돔부의 **일롬바** 유사물ilomba familiar — 즉, 그의 유사 편집증적인 기층 자아 — 이 연극의 코러스로 표현되어야만 한다는 의견을 제시했다. 이것은 그 상황에서 정치적 계획에 비밀리에 관여하게 되므로, (셰익스피어의 희곡 『리차드 3세』의 방식으로) 청관중들에게 그 마을의 혈족규범에 의해 지배되는 여러 관계들의 심층에서 지속되고 있는 것을 말해줄 수 있기 때문이었다. 또 하나의 제안은, 이 사건이 구체적인 상황 속에서 보여 지도록 하기 위해서, 이 사회극의 연극적 페르소나가 무대 위와 전경前景 속에서 또 다른 하나의 페르소나를 향한 형식적인 억제력을 가지고 확실한 적대적 정서를 분출하면서 행동하는 동안 그 연극적 페르소나 자신에게 인식되는 바대로, 정치 권력관계의 '진정한' 구조를 시니컬하게 드러내는 일롬바ilomba의 필름을 제작하자는 제안이었다.

토론이 진행되는 동안 인류학과의 졸업반 학생들은, 그 모임에 참여한 연극학도들에게 모계혈족 체계 및 그와 관련된 여러 문제들의 본질에 대해 그리고 조금 뒤에 가서는 모계혈족 계보와 (남편 마을에 거주하는) 부계동거父系同居 결혼관계를 결합시키는 응뎀부족 사회체계에 대해, 몇 가지 설득력 있는 교훈을 주었으며, 남자 형제의 공무 계승이 여자 형제 자식의 공무 계승보다 우세하다고 주장했다. 이것은 우리가 드라마의 배경으로 삼은 무칸자Mukanza 마을에 대한 논쟁의 한 원인이 되기도 했다. 이 인지 모델의 공연적 실행은 도움이 된다는 것이 입증되었다. 그 이유는, 그 인류학자 아닌 사람들이 응뎀부족 제의의 공연 연기를 통해서 그 부족의 여러 가지 사회문제들을 알고 싶도록 자극받게 되고, 한 모계사회 컨텍스트 속에서 벌어지는 정치적 투쟁의 연극적 '이야기'를 스스로 목격했기 때문이었다.

모계사회인 응뎀부족과 관련된 좀 더 개인적인 가치관을 심어주기 위해, 나의 아내 애디는 응뎀부족 소녀의 '사춘기 제의'에 관한 자기의 기록 일부를 모임 분반의 모든 여성들에게 읽어 주었다. 나도 이 제의에 관해서 나의 저서 『고통의 북*The Drums of Affrication*』(1968 : 제7~8장)에서 인류학의 관례적인 스타일로 좀 딱딱하게 기술한 적이 있다. 그러나 아내의 설명은, 이 복합적인 제의과정 속에 포함된 여성들의 어떤 상호주관적인 세계 참여에 대한 기술記述을 통해 점점 향상・보강되었으며, 모계사회의 이런 통과의례에서의 여성들의 정서와 욕구를 생생하게 전달했다. 그녀의 읽기가 드러내주는 정서적인 차원을 포착하기 위해, 이 워크숍의 드라마 분야에 참여한 여성들은 하나의 새로운 공연 테크닉을 시도했다. 그녀들은 발레로 리허설을 시작했고, 하나의 둥근 원으로 늘어서서 그녀들의 신체로 일종의 틀frame을 만들었으며, 그 원으로 된 틀 안에서 그 다음에 이어지는 남성들의 정치적 행동이 시작될 수 있었다. 그녀들의 이러한 행동의 의도는 남성들의 행동이 모계의 사회문화적 공간 안에서 지속된다는 것을 보여주자는 것이었다. 이러한 고안은 제대로 작동하지 못하는 측면도 있었다. 즉, 거기에는 응뎀부족의 사회문화적 과정을 암암리에 변성시키는 어떤 동시대적 정치 기미가 작동하고 있었다,

결국, 민족지를 공연한 이 페미니스트 양식은 현대의 이데올로기적인 이념들이 잘 부합되지 않는 상황에서 그런 이념들을 상정하고 연기했던 것이다. 그래서 결국 응뎀부족의 투쟁 갈등들은 개인적인 의지의 충돌로 변화되었고, 응뎀부족의 개인적・집단

적・정서적 반응들은 공연자들이 상정하거나 주장하는 어떤 권리의 이행・불이행과 관련되었다. 이 공연을 지배한 것은 결국, '계승'의 어떤 보편적인 모계적 구조는 세속적인 권력을 획득하려는 의지에 압도된 경쟁자의 전술에 영향을 미쳤지만, 정치는 주로 남성들의 손에 달려 있다는 인식이었던 것이다. 그래서 하나의 대본은, 그것이 만일 민족지에 충실하려면, 모계적인 여러 가지 가정들보다는 오히려 권력투쟁에 초점을 맞추어야만 한다.

그러나 민족지 자체의 적절성은 문제로 삼아야 할 것인가 말아야 할 것인가? 이것은 우리 모임의 몇몇 여성 분반 멤버들이 제기한 하나의 견해였다. 그러나 실제로 이러한 질문은, 우리가 민족지들을 공연적 과정으로 개방시킬 때 매우 적절한 것이라고 나는 생각한다. 나 자신과 같은 남성 민족지 학자가, 그 민족지에 포함되어 있는 모든 행동들 — 정치적・법적・혈통적・제의적・경제적인 모든 행동들 — 속에 포함되어 있는 하나의 권력적 요인으로서의 모계적인 구조와 그 구현체의 본질을 (여성들 속에서 뿐만 아니라 남성들 속에서도) 제대로 이해하거나 완전히 분석하고 설명할 수 있겠는가?

그럼에도 불구하고, 사실상 정치적인 공무公務는 모계사회에서조차도, 남성 일색은 아니지만, 주로 남성의 일인 것이다. 따라서 응뎀부족 사회의 여성적인 틀을 확실하게 전면으로 드러내려는 이 워크숍의 여성 분반의 시도는, 이러한 특별한 '사회극'이 비록 모계적 혈통 속에서 인도되긴 하지만 본질적으로는 남성의 정치적 투쟁이라는 사실로부터 사람들의 주의를 딴 데로 돌리게 하였다. 산돔부라는 인물의 진짜 비극은, 그가 (모계적이든, 부계적이든 혹은 양계적兩系的이든) 각 개인의 정치적 재능을 경시하고 출생에 의해 정해지는 지위로부터 나오는 장점을 강조하는 하나의 모계구조 속에 끼어들어가게 되었다는 것이 아니었다. 자본주의 나라 미국에서나 사회주의 나라 러시아 및 중국에서나, 산돔부와 같은 '정치적 동물'이 번창할 수 있을 것이다. 그러나 응뎀부족 마을의 정치에서는, 야망을 가졌지만 생식적으로 불임이면서 많은 모계혈족이 없는 사람은, 처음부터 거의 비극적으로 운명 지워진 인간이었던 것이다. 문제는, 이 워크숍 그룹이, 시간이 흐른 뒤에야 비로소, 산돔부가 처한 정치적 상황을 그려볼 기회를 갖게 되었다는 것이었다.

그러나 인류학과 연극에 종사하는 우리 모두는 이제 생각할 문제가 하나 더 생겼다. 그것은 다음과 같은 **공연민족지**의 문제였다. 그러면, 우리는 어떻게 하여, 민족지를 대본으로 바꾸고, 그리고서는 그 대본을 연기하며, 그런 다음에는 그것에 대해서 생각해 보고, 그 다음에는 좀 더 충실한 민족지로 되돌아가고, 그 다음엔 하나의 새로운 대본을 만들고, 그 다음엔 그것을 다시 연기할 수 있는가?

데이터・관례・이론 및 좀 더 많은 데이터들 사이의 이런 해석학적 순환 — 일종의 해석학적인 창窓 모양의 바퀴 — 은 민족지에 대한 가혹한 비판을 낳게 된다. 일반적으로, 서구인들이 작성한 보고들 속에 있는 허위성을 간파하고 민족지적 내러티브 안에서 논의되지 않았거나 해결되지 못한 문제들을 제기하기 위해, 그 문화에 특이한 어떤 위기 상황 속에서, 자기 문화와는 다른 한 문화 구성원 역할을 연기해 보는 것은, 다른 어떤 것으로도 대체할 수 없는 것이다. 이 방법은 단점도 있지만, 학생과 배우로 하여금 그 문화에 관한 문헌을 좀 더 폭넓게 읽도록 동기를 부여하는 한은, 교육적인 장점을 지닐 수 있다.

더 나아가, 미학적・공연적인 문제들을 인류학적인 해석들과 분리한다는 것은 어려운 일이다. 민족지들 속에 포함되어 있는, 아무리 예리하고 명백하게 보고되고 확대된 사례연구라고 하더라도, 그것을 공연을 하는 데 쓰기 위해서는 좀 더 많은 불순물이 제거되고 줄여져야 한다. 이것을 강력하고 효과적으로 하기 위해서는 뚜렷한 사회문화적 컨텍스트들에 대한 건전한 지식이, 효과적인 연극 대본을 만들어내기 위한 표현의 재능과 결합되어야만 한다. 이렇게 해서 만들어진 연극 대본은 개인의 심리와 (어떤 특정한 문화가 제공하는 모델들로 표현된) 사회적 과정 양쪽 모두를 효과적으로 그리게 된다.

이런 식으로 민족지를 대본화 하는 작업 곧 '공연민족지'를 만드는 작업의 한 가지 이점은, '교정' 제의에서의 마법/예언/공연이 연극적인 방법으로 재구성되는 경우와 같이, 문화의 하부체계에로 우리의 주의를 집중시켜준다는 것이다. 이 워크숍의 참가자들은 또 다음과 같은 주장을 펴기도 했다. 즉, 어떤 영화나 발레의 경우는, 그 일롬바 ilomba 및 (마스크 및 변장이 채용될 수 있는) 어떤 다른 마법의 창조물을 묘사하고 있는 자연주의 연극의 배경 속에서 공연될 필요가 있다는 주장이었다. 이러한 주장은 은밀하게 숨겨져 있는 행동의 무의식적인 레벨들까지도 드러낼 수 있는 하나의 효과적인 고안일 수도 있다. 그것은 또한 응뎀부족의 연극적 페르소나가 가지고 있는 문화적 전제들에 대한 일련의 생생한 주석들로서의 역할을 할 수도 있을 것이다.

이 연극 워크숍에 관련된 우리의 체험은, 어떤 트레이닝의 무대이긴 하지만, 인류학자와 드라마 및 무용의 실천가들 사이의 공동 작업이 어떻게 이루어질 수 있는가에 관한 수많은 안내 지침들을 제공해 주었다. 무엇보다 먼저, 인류학자들은 그것들이 가지고 있는 공연적 잠재력 때문에 선택된 일련의 민족지적 텍스트들을 이 모임의 연극쪽 동료들에게 제시해 줄 수 있었다. 또 이 과정별로 기록된 민족지적 텍스트는 활용할 수 있는 예비적 연극대본으로 변환될 수가 있었다.

여기서, 연극인들의 노하우 — 그들의 대사 감각, 배경과 소도구들에 대한 이해, 어떤 말솜씨, 계시적인 구절에 관한 가청력 — 는 어떤 문화의 의미, 고유의 수사학, 물질문화에 대한 인류학자들의 이해와 결합되었다. 물론, 극작가는 리허설 과정 동안에 끊임없는 수정 변경 요구를 받게 될 것이고, 그러한 과정은 점차 실제의 공연으로 인도되어 갈 것이다. 이 단계에서, 우리는 어떤 '체험'을 한 연출가, 되도록 (리차드 셰크너나 피터 브룩과 같이) 인류학과 비서구적인 연극에 익숙한 연출가, 확실히 공연으로 표현되는 문화의 표면구조 밑에 놓여 있는 사회구조 · 규칙 · 주제들에 익숙한 연출가를 필요로 할 것이다.

여기서, 연극 공연을 위한 세부 지침들을 제공해 주는 민족지에 대한 인류학적 분석으로부터 시작하여, 등장인물의 말과 행동을 과거와 미래의 사건들과 연결시키는 일, 적절한 무대배경 속에서 행동이 이루어지도록 하는 일련의 장면의 연속체를 포괄적으로 마련하는 일, 연극작품의 여러 행동들을 종합하고 통합하는 일 등에 이르기까지의, 끊임없는 전진 - 후퇴 운동이 전개될 것이다.

이런 종류의 공연민족지적 연극에서 연극적인 중요성을 지니는 것은, 등장인물 개개인들이 아니라 사회생활의 의미심장한 여러 과정들이다. 인류학적 관점에서 볼 때, 사회 - 문화적인 여러 과정들의 작동과 상호 조우 속에는 실제로 '연극'이 있다. 때로는, 무대 위에서 움직이는 배우들이, 길게 이어놓은 노끈 위의 인형들처럼 보이기도 하는 것이다.

인류학자들이, 적어도 18세기 독일의 레싱에 의해 규정되고 리차드 혼비Richard Hornby에 의해 '연극 연출가에 대한 단지 문학적인 조언자'(*Script into Performance*, 1977 : 63)라고 정의된 **'극작가'**의 역할에는 직접 관여하지 않을지라도, 연극의 리허설이 이루어지는 동안 그들이 연극 학자들에게 도움을 줄 수가 있다. 혼비와 셰크너는 이런 극작가를 단지 자기 자신의 연구보다는 오히려 일종의 작품 제작을 통해서 자기의 탐구를 수행하는 구조주의 문학비평가의 일종으로 묘사하고 있다(pp.197~199).

그러나 인류학적 극작법 혹은 **'민족극작법**Ethnodramaturg'은 연극대본 — 그 자체가 민족지로부터 문학에로 나아가는 한정된 운동이다 — 의 구조와 관련된다기보다는, 그 대본이 그리고 있는 사실들 및 집단의 구조와 과정들에 관한 인류학적 분석에 대해 가기게 되는 그 대본의 박진성迫眞性과 관련된다.

그렇다고 내가 인류학자들을 연극의 배역에서 반드시 배제시켜야만 한다고 주장하는 것은 아니다. 실제로, 나는 인류학자들이 이런 배역에 참여하는 것이 그가 역동적인 형태로 연구하고 있는 그 문화에 대한 인류학자의 '과학적' 이해를 확실히 향상시킬 것이라고 생각한다. 왜냐하면, 인문과학은 우리가 앞에서 얘기한 바와 같이 '살아 있는 인간'과 관련되기 때문이다.

그러나 나는 나와 같은 종류의 인간의 도피성과 관음증觀陰症을 잘 알고 있다. 그것을 우리는 소위 '객관성'이란 말로 합리화하고 있다. 아마도, 우리는 연극이 요구하는 '훈련된 방종' 이상의 것을 필요로 하는 것이리라! 그러나 우리는 그 차선책으로, '민족극작법'에서 만족을 구할 수 있다.

이와 같은 민족지로부터 공연에로의 이동 과정은 일종의 실용적인 **'반성'**의 과정이다. 그러나 이것은, 어떤 개인의 기억과 꿈속에서 움직이는 일종의 자아도취적 격리 형태의 반성이 아니라, 인간 존재에 대한 하나의 포괄적인 양식 — 서구의 역사 체험 — 이, 지금까지 극단적 애국주의나 속물적 문화주의로 인해 자물쇠가 채워져 있던 여러 가지 다른 양식들에 관하여, 즉 키이츠식 은유로 말하자면 '고동치는 맥박들에 관하여' 이해하고자 하는 대표적인 시도이다.

역사적으로 볼 때, **민족연극학**ethnodramatics은 여러 가지 다른 문화・세계관・생활양식 등에 관한 지식이 상당히 증가되어서야 비로소 나타나고 있다. 즉 서구인들이, 그들 자신의 인지구조의 울타리 안에서 비서구적인 철학・연극학・정치학을 붙잡으려고 노력하는 가운데, (그들의 지혜가) 커다란 괴물로서 우리의 인식을 쪼그라뜨리고 초라하게 만들어, 우리 서구인들의 이해가 인간 조건에 관한 새로운 이해에 부적절한 것처럼 보이게 만들어버리는, 카오스의 제왕들인 동방의 용들을 포착하고 나서야 비로소, 이 민족연극학은 나타나기 시작하고 있다.

데카르트의 이원론은 주관과 객관의 분리, 우리와 그들의 분리를 주장했다. 참으로 이것은, 극대화・극소화의 도구를 사용하여 보는 것을 과장함으로써, 서구인들을 관음증 환자로 만들어 버렸으며, 더 나아가 세계를 구조의 '눈'을 가지고 탐구할 수 있는 것이라고 배우게 하였다. 신체와 정신, 무의식적 사고와 의식적 사고, 종種과 자아 사이의 깊은 유대는 분석적인 여러 가지 목적들을 위해서는 부적절한 것처럼 무시된 채 다루어져 왔다.

공연의 '반성성reflexivity'은 이러한 여러 가지 속박들을 용해하여 매우 창조적으로 민주화한다. 이제, 우리 인간 세상이 지구에서 하나의 단일한 인지권人知圈(noosphere)으로 변화됨에 따라, 정신의 귀족정치와 '좀 더 낮거나 외방적인 질서들' 사이의 분열은 이제 더 이상 지속될 수 없데 되었다. 반성적으로 된다는 것은 자기가 자기 자신의 주체이자 동시에 객체가 된다는 것이다. 플라톤의 『국가』에서 거부당한 시인은 객체를 주관화하거나 **'상호주관성**inter-subjectivity'을 포스트모던한 인간의 특이한 양식으로 만들어 낸다.

'공연인류학anthropology of performance'이 인류학으로부터 그들의 어떤 이론적인 도움을 찾고 있는 연극 공연자들과 조우하려 해야만 한다는 것은 아주 자연스럽다. 여러 가지 다양한 종류의 공연에 의해 작동되는 과정으로서의 사회가 새롭게 강조됨으로써, 제의・의식・카니발・페스티벌・게임・스펙터클・퍼레이드・스포츠・이벤트와 같은 장르들은 다양한 레벨들과 다양한 언어적・비언어적 코드들로 일련의 교차적인 메타언어들을 구성할 수 있다는 견해가 이미 발전되기에 이르렀다.

집단이나 공동체는, 이러한 공연들 속에서 조화・일치되어 '흘러갈' 뿐만 아니라, 좀 더 활동적이게는, 이러한 공연들 속에서 그 집단이나 공동체를 변화시키기 위해서 그 집단이나 공동체 자체를 '이해'하고자 한다.

'흐름'과 '반성' 사이의 이러한 변증법은 공연 장르들을 특징짓는다. 즉, 어떤 장르에서의 성공적인 공연은, 자발적인 행동 패턴과 자의식적인 행동 패턴 사이의 대립을 넘어선다.

만일 인류학자들이 '**민족연극학**'을 진지하게 받아들인다면, 우리의 이 학문분야는, 머릿속에서나 놀고 지루한 정기간행물들 속에나 기록되는 지적인 게임 이상의 어떤 것이 되어야 할 것이고, 우리는 그렇게 할 수 있도록 노력해야 할 것이다. 우리는 우리 스스로가 공연자가 되어야만 할 것이고, 지금까지 단지 정신주의적 계획안에 불과했던 것들을 인간적・존재론적 만족을 가져다 줄 수 있는 어떤 것으로 변화시켜야만 할 것이다.

우리는 인류 공통의 과제들과 그러한 과제들에 관한 희귀한 상상적 초월 작업들을 추구하면서, 점점 스스로를 자각해가는 소위 '원시부족들・야만인들・유태인식 이교도들・기타 이교도들・변방인들'[4]-과의 상호관계 속에서, 좀 더 심원한 구조적 지식을 얻어, 이 연극적인 감정이입・공감・우정・사랑에 의해서, 정치와 인지구조 사이의 경계를 허물고 극복하는 방법을 찾아야만 한다.

4_ 서구인들을 제외한 세계 도처의 민족들, 인종들을 말함.

Firth, Raymond, "Society and its Symbols," *Times Literary Supplement*, September 13, 1974, pp.1~2.

Glukman, Max, "On Drama, and Games and Athletic Contests," *In Secular Ritual*. ed. S. Moore and B. Myerhoff, Assen, Holland: Royal van Gorcum, 1977, pp.227~243.

Hornby, Richard, *Script into Performance*. Austin and London: University of Texas Press, 1977.

Turner, Victor, *Schism and Continuity in an African Society*. Manchester: Manchester University Press, 1957.

일상생활 속의 연기와 연기 속의 일상생활

04

―'사회극'과 '무대극'의 관계*

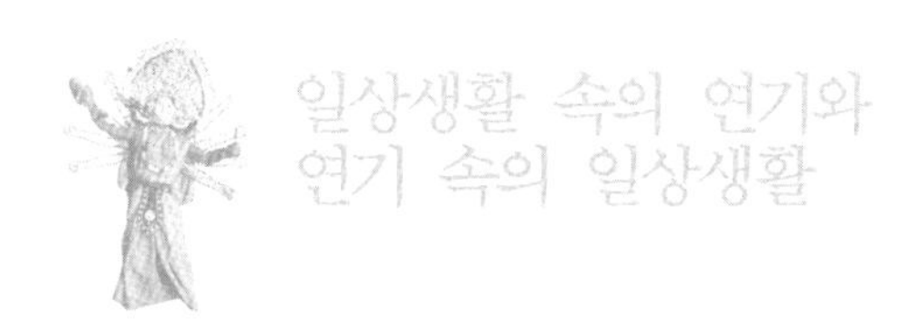

일상생활 속의 연기와 연기 속의 일상생활

'연기acting'라는 말은 모든 '단일한' 앵글로색슨 단어들과 같이 그 의미가 애매하다. 이 말에는 "일상생활 속에서 무엇인가를 행한다" 또는 "무대나 사원에서 공연을 한다"는 의미가 있다.

연기는 신체의 '행동'이나 기계의 '행동'처럼, 작동이나 움직임의 방법일 수도 있고, 연극 공연의 기술이나 업무일 수도 있다. '개인적 진실'을 성취하기 위한 윤리적 동기에서 어떤 행동 노선에다 자아를 맡긴다면, 이 연기는 본질적으로 진실할 수 있고, 무엇인가를 감추거나 시치미를 떼기 위해서 '연기를 한다'면, 이 연기는 본질적으로 거짓일 수 있다. 전자는 예르지 그로토프스키Jerzy Grotowski의 '가난한 연극'의 이념이고, 후자는 날마다 '일어나고 있는' 것이다.

스파이·사기꾼·공작원, 이 모든 자들도 각자 '연기' 솜씨를 가지고 있다. 또 동일한 사람이라도 상황이 달라짐에 따라 하루 동안에도 어떤 거짓스러운 행동을 '꾸며서 하다가' 다시 '신성한 행동'을 하기도 한다. 이 상반되는 행동들은 우리의 공적인 어법 속에 하나로 연결되어 있다. 대통령 자문 역할과 같은 어떤 시민으로서의 진지한 행동을 언급할 때에도 우리는 '하나의 역할을 연기한다'고 말하고, 인간조건에 대한 어떤 가장 심원하고 '진실한' 이해의 원천으로서의 무대 연기에 대해서도 우리는 '위대한

* 이 부제副題는 역자가 붙인 것임. 이 장은 주로 '사회극(social drama)'과 '무대극(stage drama)'의 관계를 논의하고 있다.

연기'라고 말한다. 그러므로 연기는 일이자 놀이이고, 진지하면서도 가볍고, 거짓이거나 진실이며, 우리의 세속적인 상행위이자 제의나 연극이 보여주는 성스러운 것이기도 하다.

'**애매성**ambiguity'이란 말은 '행동하다(act)'라는 뜻의 라틴어 '*agere*'로부터 나온 말이고, '*agere*'는 '방랑하다wander'라는 뜻의 동사 '*ambigere*'로부터 나왔으며, '*ambigere*'는 '*ambi-*(about, around)' + '*agere*(to do)'로 이루어진 단어이다. 결과적으로, 이 말은 '본질적으로 의심스러운', '이리저리 움직이는'의 두 가지 의미 혹은 그 이상의 가능한 의미들을 지니고 있다.

두 가지 중요한 의미로 볼 때, 행동을 하고 공연을 한다는 것, 이것은 정신적인 건강에 필수적인 것이다. 윌리엄 블레이크william Blake는 "욕망을 조장하되 행동을 조장하지 않는 자는 흑사병을 키우는 것, 고여 있는 물로부터 독약을 기대하는, 지옥의 교훈"이라고까지 말하고 있다.

서구어에서 '**행동**action'이라는 말은 또한 '논쟁'의 냄새를 지니고 있다. 행동은 '논쟁적agonistic'이다. '*act* · *agon* · *agony*(고뇌) · *agitate*(격론하다)'는 모두 같은 인도유럽어 어간 '**ag-*(to drive)'로부터 나왔으며, 이 '**ag-*'로부터 라틴어 '*agere*(to do)'와 그리스어 '*agein*(to lead)'이 나왔다. 서구 문화에서, 일과 놀이는 둘 다 기원에서부터 '갈등적'인 성격을 가지고 있으며, 이런 성격은 막스 베버Max Weber의 유명한 '프로테스탄트 윤리'보다 훨씬 앞선 것이다.

그리스 연극에까지 거슬러 올라가는 이러한 문화적 공연의 장르들 — 예컨대 신화 음송, 제의, 구비 서사시 혹은 모험담, 짧은 서사시와 동화의 구술과 연기 — 속에서, 지위 · 권력 · 부족한 재원을 위한 투쟁, 여성과 남성의 갈등, 가까운 혈족 사이의 분열뿐만 아니라, 신들의 집단이나 잘 무장된 기마騎馬들이 이끄는 일족들과 가문들 사이의 전쟁과 불화 등이 생생하게 묘사되고 흉내 내어졌다.

필리스 하트놀Phyllis Hartnoll은 어떤 종교적 축제 동안에 디오니소스의 제단 주위에서 노래 불려진 뒤티람보스(혹은 제창 찬송가)로부터 나온 그리스 비극의 발전에 관해서 기술하고 있다(*The Concise History of Theater*, n.d, : p,8). 그에 의하면, 원래 서정시 형태의 디오니소스 찬가였던 뒤티람보스는, 부활제 아침미사의 서정적인 부분으로부터 상장해 나온, 갈등이 실린 내러티브로서, 그리스도의 출생 · 생활 · 부활에 관한 중세 초기 유럽인의 예배 의식극과 많은 면에서 동일한 방식으로, 디오니소스의 삶과 신화를 다루게 되었다. 물론, 그리스도의 미사와 성찬 그 자체는, 그것이 '수난극Passion Plays'을 생기게 하기 훨씬 이전의 성서 대본을 가진 하나의 드라마였다.

그리스의 뒤티람보스는 좀 더 확장되어, 디오니소스 이야기뿐만 아니라 신 · 반신반인 · 영웅들의 이야기를 포용하게 되었고, 그런 이야기들 중의 어떤 것들은 그리스인 및 그들의 지중해 이웃들의 시조담들로 받아들여졌다. 이에 관해 하트놀은 다음과 같이 쓰고 있다. "이 영웅들의 선행과 악행 · 전쟁 · 불화 · 결혼과 간통 · 부모의 죄로 인하여 고통 받는 자식들의 운명 등은 **극적 긴장**의 원천이고, 인간과 신 · 선과 악 · 자식과 부모 · 의무와 지향 사이의 **갈등**이라는 본질적인 요소를 생기게 한다. 이 갈등 요소는 여러 갈등 요소들 사이의 이해와 조정으로 — 그리스 비극이 반드시 불행하게 끝나는 것은 아니다 — 나아갈 수도 있고, 혹은 몰이해와 카오스로 나아갈 수도 있다. 모든 그리스 연극의 줄거리는 이미 청관중들에게 알려져 있는 것들이다. 그것은 호머 시대부터 시작되었기 때문에, 그 청관중들의 종교적 · 문화적 유산의 일부를 이룬 것이다. 그러므로 구청관중들의 관심은, 이야기의 새로움에 있었던 것이 아니라, 극작가가 그것을 취급하는 방법을 알아차리고, 불행하게도 우리가 거의 모르고 있는 연기의 질을 평가하고, 노래하고 춤추는 코러스의 작업을 평가하는 데 놓여 있었다.(같은 책, pp.8~9)."

이 문제에 관한 한, 하트놀의 이러한 요약은 정확하다. 그러나 그는 그 연극들 — 아이스킬러스의 비극과 소포클레스의 비극들 못지않게 아리스토파네스의 희극들도 — 이, 클리포드 기어츠Clifford Geertz의 용어로 말한다면, 당시의 그리스 사회, 즉 그 연극들의 플롯의 본질이 무엇이든, 그것들이 신화에서 이끌어낸 것이건 유명한 역사적 서술로부터 이끌어낸 것이건 간에, 당시 그리스 사회에 대한 '**사회적 메타주석**social metacommentaries'이며, 이 메타주석들은 매우 '반성적'이었다는 중요한 사실을 언급하지 않고 있다. 그 연극들이 자연을 (혹은 차라리 사회와 문화를) 비쳐보는 거울이라면, 그것들은 활동적인 — 다시 추진력 있는 단어로 말한다! — **거울**이다. 이 거울은, 그것을 통해서 사회구조의 원리와 전제들을 면밀히 조사하고 분석하가도 하고, 문화의 각 구성 부분들을 분리해 보기도 하는 거울이다. 때로 이 거울은, 지상에 결코 존재하지는 않지만 몸에 배인 사회문화적 생활구조나 체험된 사회적 리얼리티의 근저에 놓여 있는 규칙들을 기초로 하여 가능한 변이형들인, 몽상의 나라Cloud Cuckoolands[1]-나 페르시아 궁정과 같은 신기한 지적 구성물을 만들어내기도 하는 거울이다.

우리가 좋아한다면, **연극**은 아마도 가장 강력하고 활동적인 문화적 공연 장르일 것이다. 그러나 이 외에도 내가 앞에서 이미 어느 정도 언급한 바 있는 다른 많은 문화적 공연 장르들이 있다. 어떤 사회를 막론하고, 어떤 메타 주석적 양식, — 기어츠가 말하는 계시적인 어구인, '어떤 집단이 그 집단 자체에 관해서 그 집단 스스로에게 말하는 이야기' 혹은 연극의 경우 '어떤 사회가 그 사회 자체에 관해서 행동으로 연기해내는 연극' 같은 양식 — 즉 그 집단의 체험에 대한 해독일 뿐만 아니라 그 집단의 체험에 대한 해석적인 재연기가 없는 사회란 없다.

산업사회 이전의 좀 더 단일한 사회 속에는, 좀 더 나이든 인류학자들이 표현하려고 하는 것처럼, '사회적 연대감의 재활성화'의 수단으로서 뿐만 아니라 그것에 의해 현재의 문제와 갈등을 표현하고, 어떤 영속적인 우주적 체계 내의 맥락화를 통해 의미를 부여하는 정사精査의 의장意匠으로서 작동하는 복합적인 **제의 체계** — 입사제의 · 계절제의 · 치료제의 · 헌신제의 — 가 있다. 신과 조상들의 분노는, 현재의 불행의 원인으로 제시되기도 하고, 아득한 과거로부터 전승되고 숭앙받는 기원 신화들에 의해서 보증받는 어떤 관습에 관한 야단스럽거나 지속적인 위반에 의해 야기되기도 한다.

레저 영역이 일의 영역과 분명하게 분리되는 복잡한 큰 규모의 사회 속에서는, 헤아릴 수 없이 많은 문화적 공연의 장르들이 노동 분화의 원리와 일치하여 생겨나게 된다. 이것들은 레테르를 붙여 분류하는 예술 · 오락물 · 스포츠 · 놀이 · 게임 · 레크레이션 · 연극 · 가볍거나 진지한 독서 및 이밖에 많은 것일 수 있다. 그것들은 집단적이거

1_ 아리스토파네스의 희곡 『새들』이라는 작품 속에서 신과 인간이 나누어지는 영역.

나 개인적이고, 아마추어이거나 프로이며, 가볍거나 진지하다.

이것들 모두가 많은 그리스 연극들이 가지고 있는 '반성적 성격'을 다 지니고 있는 것은 아니다. 그것들 중의 많은 것들은 그 고객들이 어떤 특수한 고객들 — 남성 · 여성 · 어린이 · 부자 · 가난뱅이 · 지식층 · 지식상의 중간층 등등 — 로 제한되어 있다. 그러나 이제는 전자매체에 의해서 주어지게 되는 좀 더 폭넓은 범위의 수많은 장르들 중에서 몇몇 장르들은, 국가적인 경계를 초월하여 전 세계적인 범위에 걸쳐서 주의를 끌어당기고, 사회 전체 혹은 한 시대의 상상력 전체에 불을 지르는 자동조절적인 혹은 자기비판적인 작업들의 원인이 된다는 점에서, 다른 장르들보다 좀 더 효과적인 것처럼 보인다.

어떤 복합적인 문화 속에서는, 문화 표현의 활동적이고 연기적인 양식인 공연 장르와 이야기 장르의 앙상블을, 거울로 이루어진 하나의 홀 혹은 좀 더 **'마술적인 거울'**로 간주할 수 있게 된다. 그 홀 혹은 마술적인 거울은, 그 안에서 (성별과 연령집단들 사이의 변화하는 기시적 사회범주적 여러 관계들의 확실한 원인들로부터 나오는) 사회적인 문제들 · 이슈들 · 위기들이 다양한 이미지들로 반영되고, 각 장르의 전형적인 작동들 속에서 변형되고 평가 · 진단되고, 그리고서는 그 문제의 여러 작은 국면들이 조명되고, 의식적인 교정 행동에 접근하기 쉽게 만들어질 때까지, 그 여러 국면들의 어떤 양상들이 좀 더 세밀하게 탐사될 수 있는 다른 하나의 장르로 변화되기도 하는 거울로 이루어진다. 여기서의 **'거울'**이란 여러 가지 거울들 — 평면거울 · 볼록거울 · 오목거울 · 볼록 원통거울 · 안장모양의 거울 혹은 주형鑄型거울 — 의 반영면反映面 연구로부터 그 메타포를 빌려온 것이다.

이 '거울'로 이루어진 홀 속에서 그 반영들은 그것들을 들여다보는 얼굴들을 어느 정도 확대하고, 축소하고, 왜곡하기 때문에 다중적多重的인 것이지만, 이러한 방법은 단지 바라보는 사람의 사고뿐만 아니라 그들의 마음속에 있으면서 일상사들을 변경시키는 강렬한 느낌과 의지까지도 자극하기 위해서 그렇게 하게 되는 것이다. 어느 누구도 자기 자신을 추하고 볼품없고 왜소한 것으로 보고 싶어 할 사람은 없다. 거울의 반영 · 왜곡들은 **반성성**reflexivity을 자극하고 야기 시킨다.

「거울 이미지Mirror Image」란 제목의 한 매혹적인 논문(*Scientific American*, 1980 : 206~228)에서 데이비드 에밀 토마스David Emil Thomas는 거울 이미지가 항상 충실한 반영만을 하는 것은 아니라는 것을 논의하고 있다. 거울 이미지는 좌우성左右性에 있어서 상하가 뒤집히고 정반대로 될 수도 있고, 여러 가지 다른 방법으로 왜곡될 수도 있다. 토마스는 어느 정도 기본적으로 구부러진 거울을 통한 변환과 그것으로부터 복합적인 주형의 거울이 구성된다는 것을 분석하고 있다. 즉, "다양한 굴곡들이 반영 표면들로 개입됨에 따라, 그것들이 극적이고 혼란을 일으키는 식으로, 반영하는 대상들의 모양·크기·방위·좌우성左右性을 변환시키는 거울을 창조할 수 있게 된다"(p.206).

연극이 지니는 물질적인 면에서의 관습적 - 공간적 한계에도 불구하고, 대부분의 연극적 공연 장르들은 다른 장르들보다 삶에 좀 더 가까이 근접해 있다. 이 점은 일찍이 머조리 보울튼Marjorie Boulton이 다음과 같이 말한 바와 같다. "연극은 종이 위에 표시되어 있는 것이나 우리의 머릿속에 모양·소리·행동으로 나타나는 것이라기보다는, 오히려 우리의 '눈앞에서' 걷고 이야기하는, 즉 공연되고 '연기되게' 되어 있는 문학이라고 말할 수 있다."(*The Anatomy of Drama*, 1973 : 3).

리차드 셰크너는, 『케년 리뷰*Kenyon Review*』(1981)에 발표한 「일시적 변환과 영속적 변환을 겪는 공연자들과 청관중들Performers and Transported and Transformed」이란 글에서 다음과 같은 것을 우리에게 상기시키고 있다. "공연행위는 자유롭고 손쉬운 것이 아니다. 공연행위는, 그것이 이미 리허설 된 바 있는 것이든, 그 이전에 이미 알려진 것이든, 어릴 때부터 몸에 배이도록 배워온 것이든, 공연하는 동안에 마스터들과 가이드들과 구루Guru들[2]과 어른들에 의해 폭로된 것이든, 혹은 즉흥적인 연극이나 스포츠들 속에서처럼 그 공연들을 지배하는 규칙들에 의해 만들어지는 것이든 간에, '알려져 있고/있거나(and/or) 실천되는 행위' 혹은 '거듭 행위되는 행위', '복원되는 행위restored behavior'이다"(p.84).

그런데 공연이라고 하는 것은 항상 이중화되며, 앞에서도 논의한 바 있는 이 연기의

2_ 구루 : 힌두교 도사.

이중성은 반영과 반성성을 피할 수 없다. 거울에서는 그 거울로부터 일정한 거리를 유지해야 하는 반면, 연극과 삶의 근접성은 연극을 가지고 갈등에 대한 코멘트나 '메타-코멘트'에 가장 적합한 형식을 만들게 한다. 왜냐하면, 인생은 '**갈등**'이고, 그 갈등에 대해 저항하는 것은 오직 인간 종족뿐이기 때문이다. 삶과 죽음・에로스와 타나토스[3]・음과 양을 프로이트의 용어인 '불멸의 경쟁자들immortal antagonists' — '*antagonist*'라는 말은 '*agere*・*agein*・*agon*이 속한 어군語群 안에 있는 다른 하나의 용어이다 — 이라는 의미로 본다면, 블레이크가 말한 바와 같이 "대립이 없는 진보란 없다."

서로 다른 여러 문화들 속의 어떤 종류의 연극에서, 갈등이 침묵되거나 한쪽으로 기울거나 놀이적인 유쾌한 다툼이 될 때조차도, 사회문화적 환경 속에 있는 그 놀이의 요소들과 갈등의 원천들 사이에 있는 관계의 실마리들을 간파하기란 어렵지 않다. 어떤 연극적-자연적 전통 속에 있는 알력・불화의 장면들을 감싸고 회피하는 것 바로 그 자체는, 그 사회 속에 그 불화의 장면들이 현존하고 있다는 것을 웅변적으로 말해주는 것이며, 갈등에 대한 일종의 메타주석이라기보다는 오히려 갈등에 대항하는 일종의 문화적 '방어기제'로 간주될 수 있을 것이다.

나는, 25년 전에 쓴 나의 첫 번째 저서 『한 아프리카 사회에서의 분열과 지속』 이후 몇몇 출판물에서, '사회극'으로서의 사회적 갈등을 논의해온 이래, 줄곧 갈등 및 갈등으로서의 연극에 관한 어떤 지적인 관심을 부단히 가져왔다. 참으로, 나는 이러한 관심 때문에, 이전의 나의 스승이었던 레이먼드 퍼스 경과 고故 막스 글루크만에 대항하여 내 스스로를 옹호해야만 했다. 그분들은 어떤 집단의 관습들 속에서 이루어지거나 해결되는 것이 아니라 주고받는 일상생활 속의 관심사들의 불일치나, 서로 양립할 수 없는 사회 구조적 원리들로부터 야기되어 나오는 자발적인 사회적 과정들을 조명하기 위해서, 문학 — 그들이 서구 문학이라고 말하지는 않았지만, 분명히 그들의 마음속에는 아리스토텔레스적인 비극 모델을 가지고 있었다 — 으로부터 이끌어낸 하나의 모델을

3_ 타나토스(Thanatos) : 고대 그리스에서 의인화된 죽음. 죽음의 본능. 생명활동을 원시적인 죽음 무의 상태로 복귀시키려는 근본적인 충동. 보통 격렬한 공격의 형태로 나타난다.

부당하게 그런 조명에 개입시키려든다고 나를 비난했다.

최근 들어 나는, 클리포드 기어츠가 쓴 「장르들의 탈경계화: 사회적 사고의 재형상화 Blurred Genres: The Refiguration of Social Thought」(*American Scholar*, 봄호, 1980)라는 논문을 읽고 다시 마음을 가다듬게 되었다. 이 논문은, "여러 가지 인간성으로부터 이끌어 내어진 유추의 방법들이, 기교와 테크놀로지로부터 이끌어내어진 유추의 방법들이 오랫동안 물리학적 이해 속에서 해온 종류의 역할을, 머지않아 사회학적 이해 속에서 하게 될 것이다"(p.196)라는 의견을 제시하고 있을 뿐만 아니라, "사회생활을 이해하기 위한 '**연극유추**drama analogy'의 필요성"(p.172)을 인정하고 있다.

기어츠는 나를 '제의적 드라마 이론의 제안자들' 중의 한 사람으로 생각하고 있다. 나의 이 이론은 케네스 버크Kenneth Burke와 관련된 '연극과 수사학의 유사성 - 설득으로서의 드라마, 무대로서의 플랫폼'을 강조하는 '상징행동 탐구symbolic action approach'(p.172)라는 방법에 대응하기 위한 것으로 제안된 것이다. 나의 입장에 대한 그의 힘차고도 간결한 규정은 내 자신의 입장을 반복해서 강조해야하는 노역으로부터 나를 구제해 주었다. 그는 다음과 같이 쓰고 있다. "터너에게 있어서, '**사회극**'이라고 하는 것은 '국가로부터 가족에 이르기까지의 사회조직의 모든 레벨'에서 발생한다. 그것은 여러 가지 갈등 상황들 — 한 마을이 여러 당파들로 나누어지고, 어떤 남편이 아내를 때리고, 한 지역이 국가에 대항해서 일어나는 것 등 — 로부터 발생하고, 늘 공적으로 공연되는 관습화된 행위를 통해서 그것의 대단원으로 나아간다. 갈등은 위기 및 고양된 감정의 흥분된 유동성으로 불어나고, 거기에서 사람들은 즉시 어떤 공통의 분위기에 의해 좀 더 강렬하게 둘러싸인다고 느끼며, 그들의 사회적 고정성으로부터 좀 더 이완되었다고 느끼며, 제의화된 권위의 형식들 — 소송 · 반목적인 싸움 · 희생 · 기도 — 은 그렇게 불어난 위기를 받아들여 질서화 하도록 호소 받게 된다. 그 사회극이 성공한다면, 그 위반은 조정되고, 본래의 상태대로로 혹은 그와 유사한 상태로 복원된다. 그것이 성공하지 못한다면, 그 위반은 교정될 수 없는 것으로 받아들여지고, 사물들은 이주 이혼 혹은 '성당에서의 살인'과 같은 다양한 종류의 불행한 결말로 분리된다. 터너와 그의 동료들은 이 도식을, 엄밀성과 디테일의 차이에 따라, 부족의 통과의례 · 치료의식 · 법률적인 과정들에 적용시켰다. 즉, 그들은 이 도식을 멕시코인의 폭동, 아이슬란드인의 무용담, 토마스 베케트Thomas Becket와 헨리 2세 사이의 다툼, 피카레스크식 서사물, 천년왕국운동, 카리브해인들의 카니발, 인디안의 페요트peyote 사냥, 60년대의 정치적 대변동 등에 적용시켰다. 이 도식은 모든 계절제에도 두루 적용되는 형식이다"(p.172).

이 '파르티아인의 화살대'는, 기어츠의 몇몇 훌륭한 저작들 속에서는, 이 사회극적 접근법이 너무나 협소하게 '사물들의 일반적인 움직임'(필자 강조)에 초점을 맞춘 나머지 가지각색의 문화적 내용들・에토스ethos[4]-와 에이도스eidos[5]-를 구현하고 있는 상징체계들・특정한 문화의 감정과 가치 등을 소홀히 한 그의 주장을 뛰어넘고 있다. 그는 '**텍스트 유추**text analogy'가 이런 단점을 개선할 수 있다는 의견을 다음과 같이 제사하고 있다. 텍스트적 분석은, "행동의 제명題銘inscription이 어떻게 발생되며, 그것의 매재媒材들의 본질이 무엇이며, 그것들이 어떻게 작동하며, 그 사건들의 흐름으로부터 나온 의미 — 일어난 것으로부터 나온 역사, 사고로부터 나온 사상, 행위로부터 나온 문화 — 가 무엇에 '정착'되는가에 주의를 기울이고, 사회학적인 해석을 수행하게 된다. '파악하기 쉬운' 사회 제도・관습・변화를 파악한다고 하는 것은, 어떤 의미에선 테스트 제공자・요인 분석자・여론 조사자보다는 오히려 번역자・주석자・도상학자iconographer에게 더 낯익은 사고 양식들을 향하고 있는 이러한 해석에 대해, 우리의 전체 감각 능력을 호의적으로 변경하는 것이다"(pp.175~176).

기어츠에 대한 나의 대답은 단지 사회극적 접근법의 어떤 특징들을 반복해서 말하는 것일 뿐이다. 그는 '위기를 포섭하여 그것을 질서화하기' 위해서 사용되는 '소송・반복적인 싸움・희생・기도와 같은 제의화된 권위부여의 형식들'에 관해서 언급하고 있다. 이러한 형식들은 어떤 문화의 특성을 구체화할 수 있고, 특정한 계정들에 적용되는 형식들이다.

나로서는 종종 이러한 '텍스트 유추'로서 서부 잠비아의 응뎀부족의 제의적・법률적

4_ 에토스(ethos) : (특정 사회・시대・문화 따위의) 기풍・정신・사조・특질.
5_ 에이도스(eidos) : 플라톤 철학에서 이데아. 아리스토텔레스 철학에서 형상(形相). 문화의 논리적 구조. 관념체계 경험의 해석 기준 따위의, 하나의 문화가 갖는 형식적인 내용.

상징체계를 실제로 다루어왔다. 그러나 나는 이 텍스트들을 추상적인 인지적 체계들로 해부해 내려고 노력하기보다는 오히려 이 텍스트들을 공연의 컨텍스트 속에 위치 지으려고 노력해 왔다. 그러나 기어츠는, 자기 자신을 포함한 오늘날의 많은 인류학자들이 문제와 컨텍스트에 따라 **'텍스트적 접근법'**과 **'연극적 접근법'** 두 가지를 다 사용하고 있음을 사실상 인정하고 있다.

우리가 사회극들과 문화적 공연들[6]- 사이의 어떤 역동적인 상호의존 체계의 구성요소로서, '실제생활 속'과 '무대 위'라는 두 가지 연기 양식 사이의 관계를 잘 관찰한다면, 이러한 오해와 명백한 모순들 중의 어떤 것들은 해결될 수 있다. **'연극 유추 방법'**과 **'텍스트 유추 방법'**은 두 가지 다 자리를 잡아나가고 있다.

셰크너는 **'사회극'**과 **'무대극'** 사이의 관계를 '8자를 수평으로 눕혀 놓고서 양쪽 바퀴를 이분화한 모양'으로 표현한 바 있다(앞의 p.117쪽 도해 참조). 수평 분할선 위의 두 반원들은 명백하고 눈으로 볼 수 있는 공적인 영역을 나타내고 있고, 그 아래의 두 반원들은 잠재적이고 숨겨져 있는 무의식의 영역을 나타내고 있다. 왼쪽 곡선 혹은 바퀴는 사회극을 나타내고 있고, 이 영역은 그것의 네 가지 주요 단계인 **위반 · 위기 · 교정 ·** 긍정적 혹은 부정적인 **대단원**[7]-으로 나누어진다. 오른쪽 곡선은 문화적 공연 장르, 오늘날의 예술극의 무대를 나타내고 있다.

이 도상에서, 명백한 '사회극'이 '무대극'의 잠재적인 영역으로 흘러들어간다는 점에 우리는 주목할 필요가 있다. 어떤 주어진 시간과 공간 안에서, 어떤 주어진 문화 내에 있는 (무대극에 대해서 그것이 활동적이거나 '마술적인' 거울인) 특징적인 형식인 '사회극'은, 무의식적으로 혹은 전의식적으로 '무대극'의 형식뿐만 아니라 내용에도 영향을 미친다. 또 역으로 무대극은, 오락 이상의 것을 하려고 한다면, — 비록 오락이 항상 그것의 살아 있는 목적 중의 하나일지라도 — 명시적이든 암시적이든, 알고 있는 것이든 모르고 있는 것이든, 무대극의 사회적 컨텍스트(전쟁 · 혁명 · 스캔들 · 제도적 변화)인 주요 사회극

6_ 본서에 '문화적 공연들(cultural performance)'이란 말은 음악 · 무용 · 연극과 같은 공연예술들뿐만 아니라 인간의 '신체'를 통해 이루어지는 공연적인 문화행위 전반을 가리키고 있다.

7_ 이러한 대단원을 그는 다른 곳에서는 '재통합(reintegration) 혹은 분리(schism)'라는 용어로 표현하고 있다.

들에 대한 일종의 메타-주석이 된다. 그뿐만 아니라, 무대극의 메시지와 수사학은 사회극의 잠재적인 과정적 구조 속으로 피드백 되고, 무대극의 제의화를 부분적으로 설명해 준다.

그리하여, 이제 삶 자체는 예술을 비추는 거울이 되고, 살아 있는 것들은 이제 그들의 삶을 공연하게 되는 것이다. 왜냐하면, '삶의 드라마'인 '사회극'의 대립항들은 어느 정도 가장 현저한 의견·이미저리·비유·이데올로기적 퍼스펙티브를 가진 '무대극'에 의해서 준비되어왔기 때문이다.

예술이 삶을 비추고, 삶이 예술을 비추는 이 상호반영의 **거울**은 그 어느 쪽도 정확한 것은 아니다. 왜냐하면, 그 각자는 평면거울이 아니라 주형적鑄型的인 거울이기 때문이다. 서로 교환이 이루어질 때에는, 새로운 어떤 것이 첨가되고 낡은 것이 소실되거나 폐기된다. 비록 인간이 고통스러운 체험을 빈번히 억제하기는 하지만, 인간은 체험을 통해서 배우며, 아마도 가장 깊은 체험은, 사회극 혹은 무대극의 어느 한쪽(혹은 그와 동등한 것)만을 통해서가 아니라, 그것들의 상호적이고 끊임없는 순환적 혹은 진동적 과정 속에서, 드라마를 통해서 이루어진다.

우리가 그 기원들을 추측해 보자면, 나의 추측으로는, 부족의 제의로부터 텔레비전의 '특집프로들'에 이르기까지의 **문화적 공연**의 모든 장르들은, (우리가 아직도 특정한 적응 장소들을 채우고 있는 특수한 포유류 형태들의 전 세계적인 분포를 통해 가지고 있는 포유류의 일반적인 조전과 같이) 포괄적인 **'사회극'**의 제3단계, 즉 **'교정단계'** 속에 잠재적으로 존재한다.

'사회극'의 첫 번째 단계는 **'위반'**이다. 이것은 다소간에 구속받는 공동체 내의 사람들 사이를 혹은 하부 집단들 사이를 유지시켜주는 핵심적인 관계로 간주되는 규범이 붕괴되거나 무시될 때 발생한다. 가끔 공공의 주의를 이러한 **'위반'** 쪽으로 모으는 어떤 상징적인 행위도 있다. 예컨대, '보스톤 차 사건Boston Tea Party'[8]과 같은 시민적인 불복종 행위도 있다. 어떤 아프리카 사냥꾼은, 세습적인 권리로 그가 사는 마을의 추장에게 주어야할 뼈 붙은 고기 덩어리 헌납을 거부함으로써 그 마을 추장을 경멸하고 그에게

8_ 제2장의 각주 5)를 참조.

도전한다. 이와 같은 일들이 다 그런 것들이다. 일단 이런 일이 발생하면, 집단의 어떤 구성원도 그 일의 여러 가지 함축된 의미들에는 눈을 돌리지 못한다.

그 다음 단계로 '**위기**'가 온다. 이 단계에서 사람들은 편을 갈라, 규칙 파괴자를 지지하거나 그 반대편을 지지하게 된다. 당파·연합체·비밀결사들이 형성되고, 가열된 언어들이 교환되며, 실제로 폭력이 발생할 수도 있다. 이전의 동지들이 서로 대립할 수도 있고, 이전의 적들이 서로 단합할 수도 있다. 대개 갈등이 전염되어 나아간다. 구원舊怨들이 되살아나고, 옛 상처들이 재발한다. 이전에 있었던 싸움의 승리나 패배의 묻혀 있던 기억들이 들추어진다. 어떤 사회극도 완전히 종결될 수는 없기 때문이다. 사회극의 종결이라는 말은 새로운 사회극의 시작을 의미하기도 한다. 공동체의 통일성과 연속성이 위협받을 수도 있다. 이 모든 것은 '감정을 억누르는 저자세low key'일 수도 있고 혹은 '감정이 민감한 고자세high key'일 수도 있으며, 그 무기는 빤히 쳐다보기·제스처·말·주먹질·투창·화기火器일 수도 있다.

공동체의 **통합성**이 위협받을 때, 그 공동체의 연속성 및 그 연속성의 구조적 형식에 책임을 지는 사람들은, 계속되는 **위반**의 전염을 저지하려 한다. 처음에는 위기를 포섭하려고 노력하고, 그런 다음에는 그 위기를 없애버리려고 노력한다. 이 단계가 '**교정단계**'이다. 이 교정의 대행자들은 추장·연장자·법률가·재판관·군대·신부·무당·점장이·부친·모친·대배심원들·마을회의village panchayats[9]-일 수도 있으며, 그들은 적법성의 저장소이자 대리인들, 즉 확립되어 있는 규칙·기준·원리들에의 순응성의 저장소이자 대리인들이다.

그러나 사령부·법정·의회·국회·협의회·군부대·경찰·협상 테이블·분담기구·신탁소·저주나 기원의 능력 등에서, 그들이 가지게 되는 교정 대행력과 교정 기구들이, 그들의 권위·합법성·그 집단 구성원들의 마음에 있어서의 효험을 이미 상실했거나 상실하고 있는 경우에는, 위기에 대한 반응은 어떤 결정적인 방법 즉 혁명이나 개혁적인 방법으로 사회질서를 변경하거나 재구성하려는 집단적 의도로 나올 수도 있

9_ 판차야트(panchayat) : 인도의 전통적인 선거 선출제 부락회.

다. 파당들을 유지하는 것과 개편하는 것 사이의 이러한 충돌은, 구체제와 신체제의 대표자들이 서로서로 맞서기 때문에, 새로운 위기를 창출할 수도 있다. 그래서 **교정행동**은 시민전쟁 · 반란 · 혁명의 형식을 취할 수도 있다.

집단의 크기와 규모 및 노동의 사회적 · 경제적 분리의 진보 정도에 따라 그 교정의 형식들이 달라지는 경우가 많다. 이러한 요인들은 어떤 교정의 양식들이 적용되거나 고안될 것인가를 결정한다. 계층적 사회구조를 가진 국가사회에서, 지방적 혹은 지역적 레벨에서의 위기 해결의 실패는, 그 국가사회의 법정과 경찰을 통해서 작동하는 중심적인 정치적 혹은 법률적 권위에 의한 '**교정행동**'으로 귀결될 수도 있다.

좀 더 단순한 문자 이전의 무국가 사회에서는, '교정기구'로 가끔 법적인 것과 제의적인 것, 두 종류가 있었다. 법적인 행동은, 어른들에 의한 공식적 · 비공식적 중재 조정, 의원들 및 입회인들을 대동한 추장의 법정으로의 소환, 피의 복수나 반목적인 싸움에의 의뢰를 의미할 수도 있다.

여기서 우리의 특별한 관심사는 **제의적 행동**이다. 작은 규모의 수많은 사회에서는, 서구문화 전통 속에서 우리가 사회적 · 도덕적 · 자연적 질서로 구별하고 있는 것들이, 그리고 가시적인 구성요소들과 불가시적인 구성요소들이, 하나로 통합된 단일한 질서로 간주되고 있다. '자연적'이라는 말과 같이 '초자연적'이라는 말도 서구의 신학적 · 철학적 개념의 일종이다. 그래서 개인적이든 집단 전염적이든, 공동체 내의 질병이나 불운은, 조상들의 영혼들로부터 이어져 내려오는, 공동체 구성원들 사이의 은밀한 혹은 명백한 악의에 찬 행동들(마법 혹은 반목 싸움)에 의해 범해진, 보이지 않는 조상의 영혼들의 행동으로부터 귀결된 것으로 생각되어질 수도 있다. 그것은 또 살아 있는 마녀나 마법사의 숨겨진 악의의 탓으로 돌려질 수도 있다. 질병이나 일련의 불운한 사건들 — 역병 · 메뚜기 떼 · 허리케인 · 기근 · 가뭄 · 예기치 않은 외부인의 침입 · 종류 불명의 동물 — 의 발생이 규칙과 공동체 내의 관계들의 위반과 복잡하게 연결되어 있고, 관습법에 의해 그 문제의 합리적인 해결책이 나타나지 않는다면, 점이나 신탁에 의지하거나, 갈등이 보이지 않는 원인들을 탐지하고 괴롭힘을 주고 있는 영혼이나 마녀 심부름꾼을 달래거나 막아내기 위해 적절한 유형의 **제의** 집행에 의지할 수밖에 없다.

이러한 제의들은 수많은 사회들 속에서 발견되며, 가끔 어떤 정교한 상징체계를 발전시키고 있는 경우도 있다. 나는 이러한 제의를 중앙 아프리카인에 관한 논의 속에서 **'고통제의**rituals of affliction'라고 불렀다. 때때로 이러한 제의들은 다양한 종류의 죽음과 질병들이 어떻게 세상의 인간들에게 들어오게 되었는가를 설명하는 천지창조 신화 혹은 우주론적 신화들과도 관련된다.

이러한 사회들 속에서의 제의는, 프로이트 이후 우리가 제의로 생각하는 딱딱하고 망상에 빠진 행위는 거의 아니다. 오히려 이것은 (시각 · 청각 · 촉각 · 후각 · 미각의) 모든 감각 코드들 속에서, 음악과 무용으로 가득 차고 놀이와 오락의 막간극을 가진 상징적인 행동들과 사물들로 이루어지는 하나의 **'관현악'**이다.

이것은 수많은 요소들을 포함한다. 예컨대, (바디페인팅을 포함한) 회화 · 조각 · 목조 · 기악 · 성악 합창, (환자들이 제의적인 과정의 일부로서 약초 복용과 목욕과 증기흡입 등을 겪는) 체계적인 의료행위, (제의의 사제들이 신화 속에 모사된 바의 신神 · 문화적 영웅 · 조상 · 악마의 역할을 연기하는) 연극적 구성, (어떤 음식과 음료가 특정한 신이나 영혼에게 바쳐지는 의례를 위해 제공되는) 축제 요리, (이러한 유형의 제의들이 혁신적인 언어행위의 많은 자유를 허락하고, 가끔 영혼들이 신들린 매개자나 무당을 통해 보내주는 메시지로 여겨지는 관계로 인한) 설교 및 설교술, (점쟁이가 어떤 고통의 책임이 있는 것으로 믿어지는, 그 공동체 내의 숨겨진 긴장상태와 원한을 면밀히 조사하려고 하는) 심리학적 분석, 일련의 규칙들에 의거한 무용극과 안무술, 후에 좀 더 복합적인 사회 속에서 유사 - 제의적이고 유사 - 세속적인 것으로 특수화되고 그 다음에는 완전히 세속화된 직업으로 특수화되는 그 이상의 많은 미학적 · 인지적 양식들 등등이 다 그러한 것들이다.

'고통제의'뿐만 아니라 (출생 · 사춘기 · 결혼 · 장례식 등의) **'위기제의**life-crisis rituals'와 (첫 수확 · 수확 · 하지와 동지 등과 같은 시기에 행해지는) **'계절제의'**들도 '갈등'과 관계가 있다. 고통제의가 종종 숨겨진 갈등의 어떤 분명한 조짐으로 여겨지는 불행에 대한 직접적인 반응인 반면, 주요 유형의 위기제의들은 도움을 소망하는 생생한 표현들에 의해서 **갈등**을 미리 예견하고 피하는, 갈등에 대한 **예방법**으로 보여 질 수도 있다.

나의 저서 『상징의 숲』에서 나는, 잠비아 응뎀부족 사람들 사이에서 소년 할례제의

Mukanda와 소녀 사춘기제의Nkang'a가 모계사회에서의 남성과 여성의 특징적인 분리와 대립을 어떻게 극화하는가를 이미 보여준 바 있다. 그 분리는 관습 자체로부터 생겨나며, 거기에서는 집단의 배치 · 유산 · 상속권이 어머니 쪽을 통해서 획득되는 반면, 권력 · 권위 · 마을 추장직위 · 수령직위는 남자들 및 결혼 후에 남편의 마을에서 살기 위해서 자기의 어머니와 형제자매들을 남겨두고 떠나온 여성들에 의해서 지탱된다. 여성의 구조적인 연속성과 남성의 동시대적인 권위 사이의 이 **구조적 갈등**은, 비록 제의 · 신화 · 상징이라는 것이 그러한 갈등들을 감추고 기록하고 비껴가거나 그럴싸한 구실을 부여하기 위해서 번성한다고 할지라도, 응뎀부족 문화의 '영원히 죽지 않는 벌레'10_인 것이다.

간단히 말하자면 나는, 복합적인 산업사회의 변론적 - 법률적 제도들뿐만 아니라 그런 사회의 공연 장르들도 역시, 지속적인 인간의 사회극에, 즉 (그것의) 직접적 원천을 사회의 구조적 갈등 속에 두고 있으면서도 그 갈등 뒤에는 아마도 민족 고유의 어떤 진화적인 활동성이 존재하고 있는 '사회극'에, 특히 그런 사회극의 '**교정단계**'에, 그 근거를 두고 있다고 말하고 있는 것이다.

우리는 사회극의 가장 유리한 문화적 적응구조들에도 쉽게 지루해지는 동물인 것 같다. 도스토예프스키의 작품에 나오는 '지하생활자'11_라는 등장인물은 불완전한 성격의 인물이면서도, 범죄나 유죄로 규정할 수 있는 것까지 선택할 수 있는 의지의 자유로움을 찬양했고, 그러면서도 유토피아를 경멸했다. 또 괴테는 말하기를, "끊임없이 노력하는 사람은 겉보기에는 타락된 것 같아도 결국 '파우스트'와 같이 속죄에 도달할 수 있다"고 말하지 않았던가?

이런 관점에서 볼 때, '**사회극**'은 우리를 '살아 있게' 하고, 우리에게 해결해야할 문제들을 제시해 주고, 권태로움을 줄여주고, 적어도 우리의 '아드레날린'12_의 흐름을 보장해주고, 우리로 하여금 인간적 조건 속에서의 새롭고 독창적인 문화를 형성하도록 고

10_ 『성서』의 「이사야서」 66장 24절에 있는 말.
11_ 도스토예프스키의 소설 『지하생활자의 수기』에 나오는 주인공.
12_ 정서적 감동을 불러일으키는 호르몬의 일종.

무하고, 경우에 따라서는 그것을 개선하고 아름답게 가꾸도록 북돋운다.

그러나 좀 더 단순한 산업화 이전의 사회들 속에서도, **위반 · 위기 · 교정 · 재통합/분리**의 '사회극' 구조에 의거하는 일련의 평화 회복의 모든 단계들이, 가끔은 갈 데까지 가는 수도 있다. 왜냐하면, 법적이든 제의적이든 교정이라고 하는 것은, 가치와 의미에 대한 광범위하고 일반적이고 대중적인 동의에 의존하고 있기 때문이다.

그러나 경쟁 · 변화 · 개인주의 · 창의력 · 혁신을 강조하는, 복합적 · 복수적 · 계층적 · 부족적 · 연령적 · 성적으로 분리된 사회에서는, 민족적 혹은 범사회적 규모의 일반적인 합의가 획득되기가 더욱 어렵다. 그럼에도 불구하고, 그와 같은 이유들 때문에, 사회질서 · 유토피아 혹은 그밖에 다른 것들의 수많은 모델들, 그 시대의 전형적 사건들에 의미를 부여하기 위한 다양한 종교적 · 정치적 · 철학적 체계들은, 폭넓고 다양한 수사학과 그밖에 다른 설득 수단들을 동원해서 새로이 생성되고 작동될 가능성이 아주 많다.

그리고 이런 사회에서는, ('사회적 퍼스넬리티'를 의미하는 일련의 지위와 역할들인) **'사회적 페르소나'**보다는 오히려 **'일반적 페르소나'** 속에 있는 **'개인적인 페르소나'**가, 이러한 서사화 되거나 극화되거나 미학적으로 코드화된 모델들 — 말하자면 최종적인 항소심 법정 — 의 발생 원인이자 궁극적인 청관중이기 때문에, 어떤 주요한 위기 속에서의 충분한 의견의 일치라는 것도, 결국에는 평화와 질서의 회복기에 도달할 것이라는 어떠한 보장이라는 것도 없는 것이다. 그러므로 배움 · 읽고 쓰는 능력 · 논증 · 협상 · 설득 · 적법성을 존중하는 이런 복잡화된 사회에서는, 수많은 주요 '사회극들'이, 무장된 힘에 의해서, '고르디우스왕의 매듭'을 푸는 식[13]에 의해서, 즉 어떤 복잡하거나 보통 이상의 어려운 문제들에 대한 신속하고 간단한 해결책에 의해서 해결된다. 이것이 바로 오늘날 그렇게 많은 나라들이 어째서 군사질서 하에 존재하고 있는가를 말해주는 이유이다. 의미와 합의의 상충은 지배력의 힘에 의해서 대치될 수 있는 것이다.

13_ 고르디우스왕의 매듭이란 프리지아(Phrygia)의 고르디우스(Gordius) 왕이 묶은 매듭으로서, 이 매듭을 푸는 자가 아시아를 지배할 것이라는 예언이 있었는데, 알렉산더 대왕이 이것을 칼로 자름으로써 문제를 풀었다 한다.

물론, 강력한 권력의 소유자들과 중심문제의 해결사들은, 힘들게 세속의 제의가 맡고 있는 교정 메커니즘에 한 번 더 동조하는 그러한 방법으로, 합법성을 규정하는 어떤 단일하고 단순화된 신념체계에 의해서, 젊은이들을 사회화하려고 노력한다. 이러한 사회에서는, 산업화·도시화된 정치 조직들과 국제 상업조직들로 복잡화되는 과정 속에서, 부족적·봉건적인 사회들의 제의와 법률 과정들을 대신하는 문화적 공연 장르들은, 가끔 좀 더 강력한 정치적 공격에 무력해진다.

우리가 금세기에 익숙하게 된 국가 규모의 산업화된 **'재부족화'** 양식들retribalization modes은 — 이데올로기에 있어서 좌익이든 우익이든 혹은 중립적이든, 즉 전체주의적 체계이든 혹은 총체주의적 체계이든 — 사고와 생활양식에 있어서의 **다양성**에 대한 대립관계 속에서 이루어진다. 왜냐하면, 다양성은, 사회극들이 드러날 수 있는 사회적 과정이나 국가적인 구도의 어떤 레벨이나 장소에서이든, 그 사회극들의 신속한 해결을 지연시키며, 이러한 위기 해결의 지연은 정치조직 그 자체의 기본적인 전제들에 대한 비평을 야기할 수도 있기 때문이다.

오늘날의 거대하게 산업화된 정치조직 규모로의 '재부족화'는, 근대적인 생산양식과의 첨예한 변증법적 대립관계에 있다. 다양성 및 (예컨대, 컴퓨터·소형화·산업의 로보트화 등과 같은) 테크놀로지에 대한 부단한 반응은, **문화** 영역에서도 그와 동등한 다양성을 요구하고 있으며, 특히 직접적이든 간접적이든 새로운 생산관계로부터 끊임없이 분출되어 나와 새로운 종류의 사회적 갈등을 불러일으키는 사회극들의 교정성과 관련된 문화들에서 그와 같은 다양성을 요구하고 있다.

역설적이게도, 블레이크가 '사자와 황소를 위한 단일한 법'(이 말은 '억압'을 의미한다)이라고 말한 재부족화는, 사회의 '좀 더 높은 단계'로의 진화라는 허울좋은 주장의 옹호 아래에서 수행되고 있다. 재부족화가, '파시스트'·'사회주의자'·'공상주의자'로 규정되든 어떤 다른 권위부여 양식보다 더 총체적인 조절양식으로 규정되든 간에, 힘에 의해서뿐만 아니라 모든 사회극들의 세 번째 단계의 재부족화, 즉 교정단계의 재부족화에 의해서도 모든 유형의 위기들이 조절되도록 한다. 이교도들과 배반자들에 대한 정교하게 제의화된 재판, 최근 들어서 중국의 사인방四人幇[14]에 대한 정교하게 제의화된 재판 등이 바로 그런 것들이다.

이렇게 기술적인 노하우의 개인적 발명이나 집단적 전통들이 경제의 하부구조로 침투해 들어가는 것처럼, 일종의 모순 대립이, 여러 가지 다양한 생산능력과 생산수단 사이에서, 그리고 생산수단의 조절이 오히려 그 생산능력과 생산관계 레벨에서의 창조성을 질식시키는 덩어리 상태의 구조들 사이에서 발생하고 있다.

연극과 달리 **제의**는 공연자와 청관중을 구분 짓지 않는다. 제의는, 그것의 지도자들이 사제・단체장・다른 종교적 세속적 제의의 전문가들로 이루어지는 집회이고, 모든 사람들이 다 본질적・공식적으로 일련의 같은 신념을 공유하며, 일련의 같은 실행체계와 같은 의식과 전례적典禮的 행동을 공유한다. 제의의 집회는 명시적이든 암시적이든 신학적・우주적 질서를 확고히 해야만 하며, **공동으로** 이루어지는 것이어야 한다. 제의의 집회는, 모든 사람들이 그 질서를 스스로의 힘으로 주기적으로 실천하기 위한 것이며, 때로는 (사춘기・결혼・이름난 비밀결사에의 입사・축적적인 교육을 하는 어떤 교육체계를 통해서 측정되는 진전 등을 통한) 출생으로부터 죽음에 이르기까지 등급화 된 일련의 삶의 고비에서 치러지는 제의들 속에서 젊은 구성원들에게 그 질서의 기본 교의를 가르치기 위한 것이다.

연극theatre — 그리스어 '*theasthai*'('to see, to view') — 은 이와 다르다. 셰크너는 이에 관해 최근에 다음과 같이 주장했다. "연극은 청관중과 공연자 사이에 **분리**가 발생할 때 존재하게 된다. 이를 예증하는 연극적 상황은, 청관중들이 공연에의 참석 여부에 따라 연극에 반응할 수도 있고 반응하지 않을 수도 있다는 점이다. 연극의 청관중은 자유로이 공연에 참석할 수도 있고, 떠날 수도 있으며, 만일 그들이 연극에 참석하지 않는다면 상처를 입는 것은 자칭 청관중들이 아니라 그 연극이다. 반면에, **제의**에서 누군가가 그 제의를 떠나는 것은 그 집회의 거부를 의미하거나, 파문・도편추방陶片追放・유형流刑처럼, 그 집회에 의해서 그가 거부당한다는 것을 의미한다"("From Ritual to

14_ 중국에서 모택동 사후 쿠데타를 기도했던 강칭(江清)・왕훙원(王洪文)・장춘차오(張春橋)・야오원위안(姚文元) 등 네 사람을 일컬음.

Theater and Back" in *Essaya on Performance Theory*, 1977 : 79).

덧붙여서, 우리가 만일 입센 · 체호프 · 브레히트 · 이오네스코의 연극에 참석하지 못한다고 해서 치명적인 죄가 되는 것은 아니지만, 만일 천주교 신자가 '일요미사'에 참석하지 못한다면 그것은 치명적인 죄가 되기 마련이다. 그러기에, 일요미사가 그 참석자들에게 좀 더 종교적인 집회 참여를 요구할 때, 오늘날의 카톨릭 교회는 아이러니컬하게도 일요미사 자체를 연극의 양식에 접근하는 것으로 보는지 그렇지 않은지 궁금하다.

전체주의 국가들에서도, 누군가가 만일 국가적으로 지배적인 정치적 인물들을 위한 어떤 지역집회에 참석하지 않으면 — 그 불참자는 사실상 불찬성자이다 — 그것은 죄가 되었다.

이제, **일상생활**은 **연기**와 내적으로 관련되어 있고, 그 역도 또한 마찬가지라는 원래의 관점으로 다시 돌아가자. 내가 보기에 부족중심주의와 자칭 '재부족화'라고 하는 것은 둘 다 사회구조를 강조한다. 그래서 그것들은 뒤르껭으로부터 케넬름 버릿지Kenelm Burridge에 이르기까지의 사회 사상가들이 '**개인**'이라고 불렀던 것을 희생하여, (구조적 '페르소나'에로까지 축약하는) 사회구조의 층위적 구성요소들인 역할 · 계층 · 지위를 강조한다. 버릿지는, "**페르소나**는 본질 그대로의 사물에 만족하고, 개인은 일련의 양자택일식의 도덕적 판별력들을 전제로 한다"(*Someone, No one: An Essay on Individuality*, 1979 : 4)고 주장한다. '개인' 혹은 '보편적 개인'이라고 하는 것은 대부분의 복합적인 문화들 속에서는 오히려 뒤늦게 생겨난 개념이다. 버릿지는 그것의 좀 더 이른 형태들, 내가 판 헤네프의 견해를 따라 (출생 · 사춘기 · 결혼 · 죽음 등과 같은 때에) 하나의 사회적 신분과 계층으로부터 다른 하나의 신분과 계층으로 이행하는 통과의례에서의 '**리미널 단계**liminal phase'라고 부른 것과 관련짓고 있다.

'리미널 단계'는, 하나의 의미 · 행동의 맥락과 다른 하나의 의미 · 행동의 맥락 사이에 존재하는 이도저도 아닌 시공간이다. 이 리미널 단계의 특징은, 의미의 현저한 애매성과 부조화가 나타나고, 자신의 내부에서 여러 가지 애매성과 불일치를 표상하는 전이적이고 악마적인 괴물 같은 형상들이 출현한다는 것이다. 이 단계는, 애매한 형상들을 가지고 양자택일적인 혹은 대립적인 맥락들 사이를 매개하고, 그렇게 해서 그러한 맥락들의 변환을 일으키는 데 중요하다.

비록, 내가 부족적·봉건적인 제의들의 '리미널리티'와 유사하고 또 그것들로부터 유래하면서도 집단적 영감보다는 더 개인적인 창조로서의 전이적인 것들을 이야기하고, 이미 존재하는 사회적 질서의 목표들을 진전시키기보다는 오히려 그것들에 대해 비판적인 것들을 가리키는 '리미노이드'라는 용어를 더 좋아하긴 할지라도, 오늘날의 사회에서 우리는 이오네스코·아라발·베케트의 '부조리극'을 '리미널한 것'으로 볼 수도 있다.

초기의 개인은 문자 이전 사회에서도 나타나긴 했지만, 가끔 베일로 가려지거나 제한된 형태로 나타났다. 버릿지는 이 '**원초의**proto-' 혹은 '**원형의**ur-' 개인에 관한 몇 가지 흥미 있는 고찰을 하고 있다. 그는 이른바 '**자아**self'를 정적인 통로가 아니라 일종의 운동, 즉 구조적인 '**페르소나**'와 잠재적으로 반구조적인 '**개인**' 사이의 진동에너지로 보고 있다. 이것은 그로 하여금 다음과 같이 쓰도록 하고 있다(앞의 책, pp.146~147). "리미널 단계는 도덕적 존재를 소개하는 단계이자 그런 존재의 테스트 단계이다. 일반적으로, 자연으로부터 문화에로의 변환을 다시 연기로 표현하는 일이나 사춘기 의례 등은, 존재를 통합하는 구성요소들을 가져옴과 동시에, 그 구성요소들의 여러 가지 문화적 기능들을 동물적·도덕적·정신적 존재들 사이의 대립·조응과 관련짓는다. 다른 용어를 사용해서 말하자면, 조직과 구조의 여러 가지 요구사항들에 저항하는 '**커뮤니타스**'[15]와 '**반구조**'를 가늠하기 위한 신참자들이 필요하게 되는 것이다. 이런 점에서, 자기의 역할·계층·회원자격·도덕성을 빼앗긴 인간 존재들인 신참자는, 인간적 자아로서의 새로운 친교 속에 있는 것이다."

"이 상황에서 대부분의 신참자들은, 과거의 친척 및 체제 순응자들의 압력에 대항하여, 제의의 좀 더 분명하고 명백한 면들을 산출해낸다. 이때 나타나는 상징이나 상징적 행동들은 그 체제 순응 압력에 대항한다. 따라서 여러 가지 상징과 상징적 행동의 신비

15_ '완전한 공동체', '가장 이상적인 공동체성'이라는 의미의 용어.

— 잠재물 · 약속어음 · 분명하고 명백한 것들 뒤에 있는 것들 — 를 어느 정도 직관적으로 포착하는 작업은, 그 상징이나 상징적 행동들이 살아 있는 전 기간 동안 그것들의 핵심부에 지니고 있을 어떤 진리를 지각하고 질서 지을 수 있을 것이다. 다른 것들은 그런 진리를 질서 지을 수 없는 카오스 속으로 자취를 감춘다. 그러나 어떤 진리에 대한 긍정이 정체停滯를 부르는 반면, 부정은 다른 하나의 진리를 낳는다. 그러한 새로운 진리 발견의 과정은 일종의 끊임없는 여행이 된다. 그리하여, 진리의 중심은, 그 바깥 둘레를 넓히면서 계속해서 각자가 멀리 떠나는 식의 여행과 더불어, 좀 더 먼 곳으로까지 자라 나아가는 것처럼 보인다. 만일, 그런 떠남이 어떤 새로운 출발점을 만들어주고, 각 출발들이 타자와의 관계 속에서 자아의 좀 더 큰 변화를 요구한다면, 그 각각의 떠남의 새로운 도달은 어떤 좀 더 나은 도덕적 선택을 낳게 된다."

인간은 **'반구조'**를 통해서 성장하고 **'구조'**를 통해서 보호 받는다. 버릿지는, 또 다른 지면에서 틀림없이 뒤르껭의 소위 포스트 - 르네상스시대의 '보편적인 개인'을 생각하면서, 개인에 대해서 다음과 같이 쓰고 있다. "**개인**이란 다른 한 종류의 사회적 혹은 도덕적 질서의 탐구자, 균형 잡히고 전통을 변화시킬 준비가 되어 있는 창조적 불꽃을 계획하는 도덕적 비평가이다. 만일 몇몇 사람들은 **개인들**이고, 그밖에 다른 사람들은 '페르소나들'이라면, 대부분의 사람들이 어떤 점에서 빈번히 '페르소나'로 나타날 수 있다는 통찰은, 일반적으로 가능한 통찰이다. 그리고 '페르소나'와 '개인' 사이의 이런 명백한 진동 혹은 운동 — 그 운동이 한쪽 방향으로 이루어지든 혹은 회전운동으로 이루어지든 간에 — 은 **'개성'**으로 규정 될 수 있다. 또 '개성'은 '페르소나'로부터 '개인'에로의 운동 및 그 역방향에로의 운동을 가능하게 하는 기회와 능력을 말해주는 것이다"(위의 책, pp.5~6).

버릿지는 여러 가지 선택 가능성에 의해 특징 지워진 사회에서는, 어떤 생물학적 **개인**은 **극단적으로** 하나의 **페르소나**를 선택할 수 있다는 것을 말하고 있다. 즉 '남부의 육군대령' · '마담' · '위대한 배우' · '북부의 상원의원' 혹은 모든 이용 가능한 사회적 페르소나들과의 동일화를 피하는 개인 등의, 어떤 하나의 페르소나를 선택할 수 있음을 의미하는 것이다.

서구 자유자본주의 사회에서의 **'연극'**은, 일종의 '리미노이드' 과정, '일'의 역할연기 시간 사이사이에 있는 레저의 리미노이드 기간 속에서 펼쳐지는 하나의 리미노이드 — 어원학적으로 '어떤 것 사이에서 벌어지는'것, 그것이 일종의 리미널 혹은 리미노이드 현상이다 — 과정이다.

그것은 보기에 따라 어느 정도 **'놀이'** 혹은 '오락'이다. 원래 나는 **'연극'**이라는 것을 노동의 분화와 전문화가 거대한 앙상블 혹은 게스탈트gestalt[16]-를 특수한 직업들과 일들로 쪼개기 전의 전체 사회의 '놀이'와 '일'의 부분이었던 원래의 범사회적 '제의'로부터 추출된 추상개념들 중의 하나라고 생각했다. 원래 연극은 여러 가지 사물들 중에서 모든 사람들에게 영향을 미치는 위기들을 푸는 일과 관련되어 있었고, 분명하게 자의적이고 가끔 잔인한 것처럼 보이는 개인적 혹은 사회적 갈등을 따라 일어나는 일련의 사건들에 '의미'를 부여하는 일과 관련되어 있었다.

내가 마련하려고 하는 단일한 요점은 다음과 같은 것이다. (그리고 이에 대한 많은 연구가 여러 가지 필수적인 증거들의 뒷받침 속에서 이루어질 필요가 있다.) 산업화 이전의 좀 더 단순한 사회 속에서는 어떤 하나의 사회적인 역할을 하고 하나의 직위를 실천하는 것은, 비록 그것이 세속적인 삶 속에서 담당하는 것과는 다른 역할이었다 할지라도, 일상생활의 매우 많은 부분을 차지했으므로, 하나의 제의적인 역할을 수행하는 것은 아들 · 딸 · 추장 · 샤먼 · 어머니 · 족장 혹은 왕비의 자매로서의 역할을 수행하는 것과 **'같은 종류'**의 것이었다. 이런 사회에서의 일상적인 삶과 제의적(혹은 비일상적인) 삶 사이의 차이점은 주로 질의 문제가 아니라 틀의 형성과 양의 문제였다.

제의 속에서의 여러 가지 역할들은 진행되고 있는 사회생활의 '흐름' 속에 끼워 넣는 역할들과는 '분리'되었으며, 특수한 주의를 위해 선택되었다. 이 밖에도, 이 제의적인 역할들은, 어떤 흥미 있는 과도기적 상징의 출현이나 어떤 시간과 장소에서의 반구조적 '개인'의 인상들의 아련한 출현을 동반하는 (소년으로부터 남성으로, 소녀로부터 여성으로, 보통사람으로부터 대표자로, 마을 주민으로부터 숭배예배의 사제자로, 혼령으로부터 조상신으로, 그리고

16_ 지각의 대상을 형성하는 통일적인 구조.

기타 등등의) 끊임없는 변환 과정 위에서의 출입점들로 보여 졌다. 그러나 이러한 사회들에서의 연기acting는 주로 역할연기role-playing이다. 여기서 지배적인 개성의 기준, 즉 아이덴티티의 지배적인 기준은 '**페르소나**'였다. 그래서 계층적 혹은 부분적 구조들 속에 있는 **페르소나들**을 형성하는 거대한 **집단**은 삶과 제의의 양쪽 모두에서 진정한 주역protagonist이었던 것이다.

이 일상생활과 그것의 경계적 · 이중적 제의 사이의 좌우 '대칭적 관계'에 저항해서 우리는, 후기르네상스 시대와 전체주의 이전의 서구 사회들에서, '**연기**acting'와 '**삶**life'이 서로 마주보는 '균형적 관계'를 발견한다. 그러나 지금 우리는 일종의 역설적이기까지 한 어떤 흥미 있는 '대조적 관계'를 발견하게 된다. 왜냐하면, 서구 연극은 종종 일반적으로 서구의 다른 예술들처럼 (일이든, 제도화된 관심사들에 바쳐지는 비노동적인 것의 일부이든, 혹은 갖가지 비밀결사이든 간에) 일상생활과 (종교 신앙 · 창조자나 관중으로서 예술참여 등의) 반구조적인 '참된 삶' 사이의 '대조적 관계'를 가정해 왔다. 즉 '**페르소나적 일**'과 '**개인적 놀이**'라는 대조적 관계를 말이다. **전자**는 문화의 '**직설법**' 속에 존재하고, **후자**는 '**가정법**' 혹은 기원법 및 각종 정서와 욕망의 화법들 속에 존재한다. 이 후자는 합리적 선택 및 (마음 내키지 않는) 인과론의 완전한 수용, 신비적인 참여나 마술적 친화력의 거부, 개연성 있는 행동 산출의 계산, 행동에 대한 사실적인 모방 인식 등을 강조하는 그러한 인지적 태도들과 대립되는 것이다.

그러나 연극은, 비록 연극 이전의 제의를 포기했을지라도, 보이지 않는 힘들과 궁극적인 리얼리티 사이의 커뮤니케이션 수단의 일종이라고 우리는 주장할 수 있으며, 특히 심층심리학의 발생 이후에는 그것이 역할 연기 가면들 뒤에 있는 리얼리티를 표상한다고 주장할 수 있다. 그래서 그 가면은 말하자면, '부정의 부정'이라고까지 주장할 수 있는 것이다. 그것은 어떤 참된 얼굴의 가능성을 그리기 위해서 거짓된 얼굴을 표현한다. 그래서 위대한 연극은 친족관계의 가면들 뒤로부터 근친상간과 부모살해를 무대위로 가져오기까지 하는 것이다.[17]

17_ 예컨대, 소포클레스의 『오이디프스 왕』 같은 작품의 경우를 언급하고 있다.

연극은 사실상, 보편적인 개인의 영역, 후기 르네상스 시대의 남성과 여성들이 '진정한 자아real self'라고 부르고자 한 것, 혹은 윌리엄 블레이크가 '남녀의 명확하고 결정적인 아이덴티티를 가진 개인'이라고 부른 것의 영역이 되었다. 현대 연극에서의 무대 역할들은, 일상생활의 역할들을 '믿을 만하지 않다'라고 선언하고, 사실상 일상생활 역할들의 토대를 서서히 침식해 들어갔다. 이 관점에서 볼 때, 거짓되고 환영적인 것은 **'페르소나'**의 집인 **세속적인 세계**이고, 진실한 것은 개인의 세계인 연극이다. 연극은, 연극의 인간 존재들을 형성하는 존재 즉 모든 사회구조의 위선적인 행위에 대한 어떤 변치 않는 비판을 표상하는 존재들에 의해서, 그리고 가끔 사회적 계층역할 이미지의 (발 묶기 · 코르셋 · 소화되지 않는 음식물 같은) 정신적 · 육체적 훼손에 의해서, 그런 것이 되는 것이다.

물론 연극은, 모든 문화적 형식들처럼, 일단 한번 그것이 인정받는 공연의 한 장르가 되어버리면, 규범순응적인 사회정치적 입장과 파괴적 · 전복적인 사회정치적 입장 양쪽 모두를 지지하도록 조절될 수 있다. 나는 단지 현대연극과 포스트모던 연극의 발생이 지금까지 알려진 모든 사회구조들에 대한 어떤 근본적인 비판의 맹아들을 그 안에 내포하고 있다고 주장하고 있을 따름이다.

이러한 주장이 가능하다면, 오늘날의 행동의 중심은, 경제학과 정치학의 직접화법계界 안에 있는 직설법의 '실제생활' 세계로부터 간접화법계 안에 있는 가정법의 놀이 · 환타지 · 환상 · 오락의 세계로 변천되어 왔다. 이 점에 대해서는, 특히 오늘날의 종교적 제의가, 가혹한 엄숙성 · 특권화적 - 초월적 '의미들' · (소쉬르의 용어로 '시그니피에'에 관한) 진지하고 공식적인 담론 등을 위한 길을 마련하기 위해, 원래의 종교가 가지고 있었던 유연한 놀이적 요소 · 신성한 어릿광대 · 가면 쓴 사기꾼 · 수수께끼 같은 이야기 등을 빼앗겨 온 경우가 좋은 논의거리이다.

이렇게 해서. 이제 **'가정법적 연기'**는, 비록 예전의 사회적인 것들이 반대 방향으로 선회하는 것 같기는 할지라도, '실제적'이고 '믿을 만한' 것이 된 반면, 소위 '실제적인 세계' 안에 있는 **'직설법적 연기'**는 '위선적'이고 '믿을 수 없는' '부르주아의' '타락'으로 보여 지게 되었다!

몇몇 **'실험극'** 양식들은 최근에 들어 실험극의 창조적인 선택으로서의 '연기'와 (명멸하는 일련의 그림 같은 '페르소나들' 속에 감추어진 진정한 남녀를 역설할 수 있는 세계를 가지고, 즉 자신으로부터 소외된 '개인'이 긴급하고 뜻밖에 출현할 수 있는 장소로서의) '무대'를 가지고, 세속적인 현대사회의 '역할연기' 세계 전체를 표현하는 문제에 본격적으로 착수했다. 이러한 역할연기라고 하는 것들은, 거기에서 '공적인 남성' 혹은 '공적인 여성'으로서의 자기 자신을 창조하는 것 자체가 리차드 세네트Richard Sennet가 말하는 바와 같은 의복·매너·행위의 높은 스타일을 포함하는 하나의 예술작품이었던 부족문화나 봉건문화의 광대한 페르소나들이 아니라, 지루한 하루의 찌꺼기들을 취급하기 위해 가정에 남겨져 있는 가족적 페르소나의 자취만을 가지고 있는 공직·공장·하부계급의 보잘 것 없는 페르소나들이다. 그러므로 여기서 결국, 세속적·직설법적 연기는 허구적이고 거짓된 것들의 영역, '명확하고 결정적인 아이덴티티'를 거부하는 영역인 것처럼 보인다. (스타니슬라브스키·델사트 메이어홀드·아르토 등의 뒤를 이어받은 그로토프스키·피터 브룩·리차드 세크너·스즈키와 같이, 연극을 그것이 '상연될' 때조차도 허위를 소멸시키는 반격으로 보는) 실험극의 거장들이 **'재연기'**를 시키거나 '반대로 행동'하도록 한 것은, 바로 이런 세속적·직설법적 '연기'에 대항하기 위해서였다. 예컨대, 이에 관한 **그로토프스키**의 최근의 몇 가지 개념들(*On the Road to Active Culture : The Activities of Grotowski's Theater Laboratory Institute in the Years 1970~1977*, 1978 : 95~97)을 들추어 보자. 그는 트리부나 루두Trybuna Ludu와의 인터뷰에서 다음과 같이 말하고 있다.

우리는, 삶의 범위를 넓혀주고 삶에 충족감을 부여해 주는 '능동적인 문화active culture' 영역에서의 행동이 많이 필요한데도, 그러한 영역은 거의 남아 있지 않다. '능동적인 문화' 란 어떤 작가가 책을 쓸 때 그 작가에 의해서 계발될 수도 있다. 우리는 그것을 우리가 공연을 준비하는 동안에 계발했다. '수동적인 문화passive culture' — 이것은 여러 면에서 중요하고, 풍부하지만 여기서 그것에 대해 곧바로 말하기는 쉽지 않다 — 는 말하자면 독서·공연관람·영화감상·음악 감상과 같은 능동적인 문화의 산물과 관련을 가지고 있다. 말하자면, 우리는, 어떤 실험적인 차원에서, '능동적인 문화'의 영역을 확장하기 위한 수단들 위에서 작업을 하고 있다고 말하고 싶다. 극히 적은 수의 사람들의 특권인 것은 또한 다른 사람들의 자산이 될 수도 있다. 나는 예술작품의 대량생산에 관해서 말하고 있는 것이 아니라, 어떤 개인의 삶 혹은 그 개인이 다른 사람들과 함께 하는 삶에 무관심하지 않은, 그런 종류의 인간의 어떤 창조적 체험을 이야기하고 있다. (그런데 그로토프스키는 연기는 '공연하는 것'이 아니라 '**존재하는 것**being'이라고 분명히 말하고 있다.)

연극작품을 준비하는 수년 동안의 연극 작업을 통해 우리는, 한 걸음 한 걸음 이러한 '능동적인 인간' / '능동적 배우'의 개념에 접근하고 있었고, 거기서의 요점은 나 이외의 다른 사람을 연기하는 것이 아니라, 스타니슬라프스키가 그렇게 부르곤 했던 것처럼, 자기 자신이 되는 것, 어떤 다른 누군가와 더불어 존재하는 것, '**관계**' 속에서 존재하는 것이었다(1978: 95~97).

지난 몇 년이 지나간 뒤, 그로토프스키는 아마도 그가 '**문화탐구**' 혹은 '**유사 - 연극적 체험**'이라고 부르는 것에 착수하기 위해, 연극을 포기하는 것 같다. 예컨대, 1977년 여름 폴란드의 브로클로우Wroclaw 근처에 있는 화산의 순례, '여러 나라에 퍼져 있는 문화센터들과 함께 다양한 조사연구를 하는 창조적인 센터들의 운영', '일종의 탐구대학'인 글로벌 빌리지Global Village의 설립과 같은 것들이 다 그런 것들이다(같은 책, p.103).

이 프로젝트들의 특징은, '**청관중의 소멸**', 그리고 (내 인류학자의 눈에 비친 바로는) 중앙아프리카 소년 소녀들의 사춘기 의례의 연속적인 여러 단계들의 전형적인 여러 가지 훈련 및 모험과 놀랄 만큼 유사한 '**제의화된 체험들**'의 계발이었다. 이 몇몇 '실험들'은 소그룹과 대그룹 모두에 걸쳐 이루어졌으며, 어떤 독자들에게는 그것들이 인류학적인 비교의 실례들을 제시할 수도 있을 것이다.

그것들은 '철야불침번 서기', '길 걷기', '공포의 조성', '악기의 반복적 - 순환적 연주', '어둠 속에서 반복적 - 순환적으로 소리 지르기', '무엇인가를 끊임없이 자르기'와 같은 것들이다. (우리는 여기서, 할례 수술과 같은 것과의 정확한 병행관계를 배우도록 해방되는 것이 아니라, '정확하면서도 격렬한' 춤을 배우도록 해방된다. 여기서 '자르기'라는 것은 식물성의 자르기, '만남의 씨앗'을 표상하는 것이며, 그것은 여러 사람들 사이의 일종의 직접적인 만남을 의미하는 것이다.)

나는 여기서, **'페르소나'**란 말을 신중히 생각하여 사용하고 있다. 왜냐하면, 폴란드 공산당과 함께 '거대 페르소나persona grata'를 공유한 그로토프스키가, 인간의 제1질료 prima materia 위에다 '바람직한 페르소나'를 각인해주는 좀 더 오래된 형식들, 특히 위대한 종교적 전통들 속에서 실행되는 형식들을 대체할 수 있는 (어떤 인간적인 이미지 속에서 인간 남녀를 형성해 내는) 새로운 제의적 입사의식 형식을 창조하기 위해서, 연극적인 전통을 포기한 것처럼 나에게는 보이기 때문이다.

서구적인 연극 전통은, 극작가 · 연출가 · 배우들에 의해서 표현되는 여러 가지 사례의 옳고 그름을 판단 · 결정하는 배심원으로서의 **'청관중'**의 독립적인 존재를 마음속에 잘 기억하고 존중했다. 여기서 나는, 나의 첫 번째 논문인 「틀 · 흐름 · 반성Frame, Flow, and Reflection: Ritual and Drama in Public Liminality」(M. Benamou and C. Caramello, *Performance in Postmodern Culture*, 1977 : 54)[18]-에서 기술한 내용을 다음과 같이 다시 반복하여 말하고 싶다. "나는 공연자와 청관중의 분리를 음미해 보고, 우주관 · 이데올로기 · 신학으로부터 연극대본이 해방된다는 점을 음미해 본다. '개성個性'의 개념은 어렵게 얻어진 것이며, 그것을 재전이화reliminalization라는 어떤 새로운 총체화 과정에다가 양도해 버린다는 것은 일종의 절망적인 생각이다." (나는 이미 앞에서, '리미널'과 '리미노이드'를 구별함에 있어서, 전자는 제의에서의 의무적 · 부족적 참여와 관련시키고, 후자는 자의적으로 산출되는 예술적 · 종교적 형식들을 특징짓는 것으로서, 개인적 권위의 인식과 관련시키고, 이것은 또 가끔 우세한 구조들을 지향하는 의도에 대해서 파괴적 · 전복적이라는 점을 지적함으로써, 양자를 구별한 바 있다.)[19]- "**청관중**의 일원으로서 나는, 연극의 주제와 메시지를, 수많은 '가정법적' 가능성들 중의 하나로, 조심스러운 심사숙고 끝에 수용되고 거부되는 사상과 행동을 위한 하나의 변이형 모델로 볼 수 있다"(연극 관람권을 삼으로써 우리는 그 연극의 작자와 제작물을 하나의 '상품'으로 '사게' 되었으나, 그렇게 해서 그 작자의 이념들이나 리얼리티 통찰력을 '사게' 되지는 못했다). "사람들이 비록 청관중으로서 연극에 '감동될' 수는 있을지라도, 그 연극 즉 다른 한 사람의 유토피아

18_ 이 논문은 본 역서의 '부록'에 번역되어 실려 있다.
19_ 본서의 제1장 및 부록을 참조.

에, 그로토프스키의 글귀를 사용하자면, **'세속의 성사'**에, 완전히 도취될 필요는 없다. 리미노이드 연극은 양자택일적 선택을 표상하는 데에다 제 스스로를 제한시킨다. 그것은 세뇌의 테크닉이 되어서는 안 되는 것이다." 내가 앞에서 반쯤 인용한 바 있는 시인 윌리엄 블레이크의 "사자와 황소를 위한 단일법칙은 억압이다"라는 문장을 완성하려면 말이다.

그로토프스키의 **실험연극**에서 '야간 불침번 서기'의 목적은, 사람들로 하여금 '그들이 맡은 역할들로부터 벗어나' 서로가 새롭게 만날 수 있도록 해 주자는 것이었다. 그러나 우리가 이 '야간 불침번 서기'나 '양치기 페르소나'의 어떤 육체적 행동들(춤추기 · 접촉하기)을 맡아 하는 방법에 대한 설명을 읽을 때나, 건강한 인간 정서들이 그 정서들을 다시 해방할 수 있는 그러한 방식 — 나의 제자인 심리학자 자니나 두렉츠Janina Dowlasz의 말(위의 책, p.115)을 인용하자면 — 으로 어떤 심리적 상태를 얻는 방향으로 '안내하는' 방법에 대한 그의 설명을 읽을 때, 불쾌하게도 우리는 중앙아프리카의 '할례의례'뿐만 아니라 '의지의 승리'까지도 생각하게 되는 것이다. 역할을 빼앗긴 자아는, 그로토프스키가 무엇인가에로의 '안내들'이라고 부르고 있는 것에 의해서, 다시 다른 어떤 역할로 변화되어야만 하는 것이다.

여기서 나는, '포스트모던 연극'에 관한 논의로 되돌아가기 전에 잠시 버릿지의 주장에 다시 한 번 귀를 기울이고 싶다. 그는 **'페르소나'**와 **'개인'**의 차이점을 구분지은 뒤에, 계속해서 **'개성'**을 음미했는데, — 경우에 따라 그 운동이 한 방향으로 이루어지든 혹은 순환운동으로 이루어지든 간에 — '개성'이라고 하는 것은 '페르소나'와 '개인' 사이의 분명한 진동 혹은 운동이다. (대부분의 사람들에게는 이 두 가지가 다 존재한다). 또 '개성'은 '페르소나'로부터 '개인'에게로 그리고/혹은 그 역으로 운동하는 기회와 능력에 주의를 돌릴 수도 있다(위의 책, pp.5~6). 나는 '개인'의 사회적 차원을 '커뮤니타스'로, 본질적으로는 리미널한 자발적인 관련 양식으로, 때로는 총체적 - 통합적 인간존재들이 새로운 통찰과 존재방식을 산출해내는 의식의 투명성과 그로부터 결과 되는 정서의 투명성을 가지고 다른 한 사람을 선택하는 양식으로, 보는 경향이 있었다.

페르소나의 사회적 차원은 활성화된 사회구조, 즉 규범이나 관습에 지배되는 공적인 관계들의 영역이다. 그러나 물론 그것만큼 단순한 것도 없다. 아우구스티누스Augustine까지도, 실제 역사 속에서는 신국神國과 인국人國이 절망스럽게 뒤섞이며, 만일에 가족생활과 시민정치가 실현되려면 자칭 이상도시Urbs Coelestis의 시민들에 의해서 끊임없는 화해와 타협이 이루어져야만 한다는 것을 인정할 수밖에 없었다.

개성은 획득되어야만 하는 어떤 것처럼 보이며, 그 개성 획득의 한 측면에 대해 버릿지는 "전통적인 혹은 양자택일적 선택 범주들과의 관련 속에서 자기 자신의 존재에 대한 음미"(위의 책, p.6)라고 말하곤 했다. 버릿지는 '입사의식'을, 입사의식의 리미널 단계에서, 주어진 문화에 대한 체험과 그 자체에 대한 반성에 의해, '페르소나'와 '개인' 사이의 딜레마 자세를 취하는 압축된 수단들로 보고 있다.

버릿지의 의미로 볼 때, 리차드 셰크너의 실험주의는, 그로토프스키 열광자들 식으로 어떤 새로운 무계급적 인간 혹은 '소외되지 않은' 인간의 작업을 지향한다기보다는, 오히려 연극을 통한 '개성'의 실현을 지향하고 있다고 나는 생각한다. 키에르케고르의 말로 이야기 하자면, 셰크너는 자기 스스로를 피그말리온[20]-과 같은 존재로 보기보다는 오히려 일종의 '산파'로 보고 있다. 그는 그의 '**퍼포먼스그룹**'을 '페르소나 상의 해방'이라고 생각하는 방향으로 이끌어 갔으며, 이런 방향에서 그의 배우들을 변환시킬 시간이 있었다고 기록하고 있다. 그러나 그들의 대열에 어떤 반란이 점증했고, 셰크너 자신이 어떤 면에서는 연출가라기보다 명령자·독재자가 되었음을 알아차리게 되었다.

그로토프스키와 셰크너는 둘 다 — 그리고 실제로 포스트모던 실험연극에 종사하는 모든 사람들이 다 — '**고정적인 리허설**'의 각별한 중요성을 옹호하고 있으며, 그것은 극작의 효과적인 실현과 그것의 각 부분들에 관한 학습보다 훨씬 더 많은 사항들을 포함하고 있다. 그것은 여러 시간 동안 혹은 어떤 때에는 하룻밤 내내 지속되는 수많은 워크숍 기간을 포함하기도 하며, 그 속에서 호흡연습·목소리 워크숍·교묘한 착상 게임·심리극·춤·요가 그리고 적어도 그로토프스키의 '유사연극paratheater'에서는 숲속

20_ 피그말리온(Pygmalion) : 자기가 만든 상(像)에 반한 키프로스의 왕, 조각가.

진창에서의 뜀뛰기 등의 여러 가지 구성 요소들을 포함한다.

이 모든 훈련과 시련은 집단 속에서 '커뮤니타스' 혹은 그와 같은 어떤 것을 생성하는 것을 목표로 하고 있다. 브로클로우Wroclaw에서 그로토프스키와 함께 워크숍을 한 앙드레 그레고리Andre' Gregory는 『능동적 문화에로의 길*On the Road to Active Culture*』(1978 : 42)이란 책에서 다음과 같이 강조했다. 이 과정(리허설 과정)은 또한 "배우의 내적인 부분, 즉 그의 과거에 도달하는 수단 … 인간 존재로서의 그의 심토深土와 뿌리 속에 있는 자아에 도달하려는 하나의 시도이다. … 우리가 사람들에게 보여주는 예술을 우리가 창조하느냐 하지 않느냐 하는 것은 중요한 것이 아니지만, 사람들 — 삶과 일 속에서 서로서로에게 무관심하지 않은 존재들 — 이 그 창조 과정 속에 포함되는 것은 매우 중요하다. … 나는 연극과 관련된 사람으로서 혹은 구경꾼으로서 그로토프스키의 연극을 필요로 했던 것이 아니라, 하나의 인간 존재로서 그것을 필요로 했던 것이다."

나는 다음과 같은 것을 다시 한 번 강조하고자 한다. 그로토프스키가 호감을 가진 언어는, 하나의 연극을 공연하는 언어로부터 자기발견의 언어 및 다른 사람과의 직접적인 접촉과 이해의 언어로 이동해 갔다. 그로토프스키의 제자들이 비록 전통적인 종교를 거부했지만, 그들의 수사학은 종교적인 것이었다.

우리는 여기서, 종교와 제의 둘 다를 위한 '세속적 대체물'에 관한 뒤르껭의 탐구 및 자기가 국제 운동경기에서 발견했다는 드쿠베르텡 남작의 확신을 생각하게 된다. 쿠베르텡의 이 확신은, 그를 올림픽게임 제도, 즉 모든 인간이 공통으로 가지고 있는 것을 찬양하는 헬레니스틱하고, 인간적이고, 포스트 - 종교적이고, 인터내셔널하고, 고도로 제의화된 페스티벌 — (일종의 세속적인 극기 고행인) 신체 훈련 및 (비록 이 다원주의자의 경쟁성은 주로 서구문화의 특징임이 입증되었지만) 일종의 경쟁적인 응용 — 의 성공적인 확립으로 인도해 갔던 것이다.

우리는 그로토프스키식 제전의 유혹과 매력을 알 수 있다. "리미널한 시공간 '덩어리' 혹은 정신적 편력의 센터를 창조해 내자. 그러면, 거기서 인간 존재들은 '개인'을 질식시키는 거짓된 '페르소나들'을 벗어버리도록 스스로를 훈련시킬 수 있다"라고 그는 말하고 있는 것 같다. 진정한 남성과 여성이 그 안에서 출현하고 인지될 때, 거기에는 분명 대단한 구원의식 혹은 해방감이 있기 마련이다. '자연에로의 회귀'라는 생각은 분명히 이런 구원의식이나 해방감의 출현과 관련이 있다.

인류학자들의 체험에 의하면, 통과의례의 '입사과정'에는 가혹한 위험들이 내재해 있다. 신참자들은 대개 그 어떤 것에로 입사되고 있는 것이다. 즉, 남녀 신참자들은 어떤 일련의 지위 역할들로부터 해방될 수는 있지만, 그것은 오직 다른 하나의 지위 역할을 새로 굳게 인상지우기 위해서인 것이다. 연장자들 · 도사들 · 할례의식 장소의 마스터들 · '가이드들'은, 그 신참자들이 지향하여 끊임없이 그 방향으로 자신들을 축소시켜온 (신참자들의) 그 인간적 '제1질료' 위에다가, (절단 · 할례 · 문신 · 이빨제거 · 출혈 등의 신체적 훼손 형식으로 뿐만 아니라 영혼 그 자체의 형식으로) 지울 수 없는 징표들을 만들어 넣어야 한다.

지금까지, 입사의식의 주관적인 차원, 온갖 유형의 통과의례들의 주관적인 차원은, 실제로 인류학적 연구의 충분한 주목을 받지 못했다. 여기서 우리는 '실험연극'으로부터 많은 것을 배울 수 있다. 그러나 우리는 또 어떤 총체적 혹은 전체주의적 정치조직이나 사회제도가, 제의과정을 잘 이해하는 인정받는 이념주의자들에 이끌려, 세속화된 통과의례의 고도로 세련된 새로운 정교화 형태를 찾아내는 방법도 알 수가 있다.

자기의 이름을 걸고 리차드 셰크너는, 연극은 연극이며 오락은 연극의 기초적인 일부에 불과하다는 것을 늘 강조하곤 했다. '오락enterainment'은 '리미널한' 것이라기보다는 '리미노이드한' 것이다. 그것은 자유로 가득 차 있다. 그것은 '놀이play'의 힘을 깊이 간직하고 있으며, '놀이'는 오락을 민주화한다. 『템페스트』의 끝에서 자기의 지팡이를 던질 때, 프로스페로[21]는 이것을 실현했던 것이다.

셰크너는, 비록 그가 극작가의 대본을 마음대로 바꾼 것 때문에 가끔 비난을 받기도 했지만, 대본을 완전히 내버리지는 않았다. 그가 비록 대본을 신성불가침한 것으로 취급하지는 않았어도, 그는 그것을 리허설 과정에서의 활기 있는 하나의 구성요소로 생

21_ 셰익스피어 작 『템페스트』 중의 인물. 추방된 밀라노의 공작으로, 마술에 능통했다.

각하고 있다. 그것은 최소한 리허설 과정이 그것을 통해서 흘러가야만 하는 하나의 필수적이고 예비적인 '틀', 비록 그 틀의 크기와 성격은 때때로 리허설 과정의 내적인 논리에 의해서 아주 과감하게 수정될 수 있을지라도, 그것을 통해서 리허설 과정이 흘러가야만 하는 하나의 필수적이고 예비적인 틀로 생각했다. 다른 구성요소들, 즉 연출가 · 배우 · 환경 및 모든 제작 때마다 다시 창조되는 무대배경 등도, 거의 이와 대등한 비중을 차지한다.

이 모든 것들 및 대본은, 마치 리허설 과정이 성숙해져가는 것처럼, 그렇게 함께 성장하고, 함께 상호작용한다. 셰크너는 이 과정을 표현하기 위해, 아동심리학자 위니코트Winnecott가 연극적인 성숙에 대해 비유적으로 표현한 공식인 "나me로부터 '나 아닌 나not-me'에로, 다시 '나 아닌 나가 아닌 나not-not-me'에로"라는 구절을 인용하기를 좋아한다.

나, 즉 생물학적 - 역사적 개인인 배우는, 대본이 부여하는 역할, 곧 '나 아닌 나'를 만나게 된다. 리허설 과정의 모진 시련을 겪은 뒤에, '나'와 '나 아닌 나'에게는 이상한 용해 혹은 종합작용이 일어난다. 배우 체험의 여러 양상들은 그/그녀가 떠맡은 대본의 역할을 착색하는 반면, 대본 속에 구현된 극작가의 세계관이나 메시지의 여러 양상들 특히 연기되는 '등장인물'의 퍼스펙티브에서 이해된 극작가의 세계관이나 메시지의 여러 양상들은 한 인간 존재로서의 배우의 본질 속으로 침투해 들어간다. 여기서 연출가의 역할은 주로 '촉매적'인 것이며, 그는 배우가 '나 아닌 나'로부터 '나 아닌 나가 아닌 나'에 이르기까지의 전이영역을 가로질러 갈 때 계속되는 연금술적인 혹은 신비적인 결합을 옆에서 도와준다. 이 제3의 단계에서의 '나'는, 비록 처음의 '나'보다 더 깊어진 '나'는 아닐지라도, 좀 더 풍부해진 '나'이다. (여기서 나는 '깊이'의 은유들에 대해 기분이 좋지 않다. 왜냐하면, 그 은유들이 가끔 무의식적인 서구의 종교철학적 가정들에 의존하기 때문이다.)

그러나 나는 여기서 셰크너의 리허설 테크닉을 설명하려는 것이 아니다. 그런 일은 분명히 그가 나보다 훨씬 더 잘 할 수 있다. 내가 말하고 있는 것은, 대본의 생명줄을 손에 넣음으로써, 즉 '픽션'을 지킴으로써, 셰크너는 자크 데리다의 이른바 '공식적인 의미체계들의 단성적單聲的인 오만'으로부터 그의 연극을 구제해내고 있다는 것이다. 그리고 **대본의 수정 가능성**을 개방시켜 놓음으로써, 어떤 의미에서 대본도 배우 자신들처럼 '나 아닌 나'와 '나 아닌 나가 아닌 나'가 되며, 그리하여 대본 그자체도, 시적인 영감을 '재현의 고전적 양식들'로 경직화시켜버리는 경향을 띠어온 '공식적인 해석들의 단성적인 오만'으로부터 구제될 수가 있다.

드라마틱한 재능을 지닌 작품들이라 할지라도, 그것이 적절하고 완전하고 분명하게 되기 위해서는, 많은 연륜을 필요로 한다. 그 작품들을 각 연극 세대 자신들의 체험에 의해서 새롭게 변환시키는 것은 각 연극 세대들의 임무이다. 그리하여 우리는 다시, 8자를 수평으로 뉘어 놓고 그 가운데를 수평선으로 나눈 본서 제2장에 있는 도표의 순환 고리로, 즉 '사회극'과 '무대극' 사이의 대립과 종합의 관계에로 되돌아가게 되는 것이다.

오락! 이 말 자체가 키워드이다. 글자 그대로, 이 말은 '~사이에서 ~을 붙잡는다'는 의미이다. 즉, 그것은 '리미널리티', '이도저도 아닌 중간'을 마련하는 것으로 해석될 수 있다.

『웹스터 사전』의 다음과 같은 풀이는 이 말의 '놀이적인 매력'과 '진지한 매력' 둘 다의 의미를 다음과 같이 우리에게 제시해 준다. (1) "어떤 것에 대한 흥미를 유지해 주고 어떤 것에 대한 즐거움을 주다. 전환하다." (2) "어떤 것에 대해서 스스로 생각하도록 허락해 주다. 마음속에 품다. 생각하다." 고해자가 사제에게 자기가 음탕한 생각들을 했었노라고 고백하는 고해성사에서, 사제는 고해자에게, "그러나 아들아. 그것을 즐겼느뇨?"라고 물으면, 그 고해자는 아주 정직하고 신속하게, "아닙니다, 신부님, 그런 것이 아니라, 그것들이 저를 즐겁게 하였나이다"라고 대답한다.

이 애매성은 연극의 영혼이다. 이것은 억압 혹은 순화의 메커니즘이 아니다. 연극이 환상을 실현하는 동안에까지도, 연극은 리얼리티를 환상적으로 만든다. 연극은 또 구경꾼들로 하여금 그들의 존엄성의 권리, 그들이 보는 모든 것을 일종의 '마치~처럼as-if'라는 가정법적 방법으로 다룰 권리를 허락해 준다.

셰크너는 최근에, '이원체二元體binary'로서의 **공연**의 일반 이론으로 나아가려 했는데, 그 한 용어가 (변환시킬 의도를 가진, 참여자를 '변환시키는') '**효과제의**'이고, 다른 하나의 용어는 **'오락연극'**이다. 나의 전문용어로 보자면, 이것들은 공연의 '리미널' 양식과 '리미노이드' 양식 사이의 대조를 보여주는 것이겠다. 그로토프스키는 전자를 널리 보급시키려 했고, 브로드웨이의 수많은 연극들은 후자를 널리 보급시키려 했을지라도, 그것들은 둘 다 우리의 현실로 침투해 들어오는 것이다.

셰크너는 다음과 같이 쓰고 있다. "**공연**은 진지하고도 즐거운 충동, 의미를 모으고 시간을 보내도록 하는 충동, '거기 · 그때'를 실현하는 상징적 행위를 펼쳐 보이면서 '여기 · 지금'만을 존재케 하려는 충동, 자기 자신이면서도 다른 존재를 연기하려는 충동, 신들린 상태에 있으면서도 의식적이려는 충동, 어떤 결과를 얻으면서도 시간을 보내려는 충동, 일종의 연금술적 언어를 공유하는 어떤 비밀집단의 행동에 초점을 맞추면서도 관람권을 사는 가장 많은 낯선 청관중들에게 그것을 퍼뜨리려는 충동으로 이해된다"(*Ritual, Play and Performance*, 1977 : 218)라고.

이제, 지금까지의 논의에서 그 아이러니들이 결코 일소되지 못한 우리의 논제로 다시 돌아가 보자. 우리가 직설법적 자극에 대한 '재연기re-act'를 하지 않는 '일상생활' 속에서 연기할 때에는, 우리는 여러 문화적 공연 장르들로부터 우리가 가져온 '틀들' 속에서 연기하는 것이다. 그리고 우리가 '무대' 위에서 연기할 때에는, 우리의 무대가 무엇이든지 간에, 이제 전에는 결코 없었던 심리분석과 기호학적 반성적인 시대에, 우리 리얼리티의 절박한 문제들을 상징적 혹은 허구적 세계 속으로 가져와 표현되도록 연기하는 것이다.

우리는 우리가 매일매일 밥벌이를 하는 우리의 **'일상생활'**에 **'의미'**를 부여하기 위해서는, 잔혹성과 시詩를 동시에 가지고 있는 괴물 · 악마 · 광대들의 가정법적 세계 속으로 들어가야만 한다. 그리고 우리가 우리의 삶이 우리에게 허락해 주는 그런 **'연극'** 속으로 들어갈 때, 우리는 이미 우리의 '일상생활'의 삶이 얼마나 낯설고 여러 겹으로 성층화된 것이며, 그 평범한 것들이 얼마나 비범한 것인가를 배우게 되는 것이다. 그래서 우리는 이제 오든Auden이 말한 대로 이데올로기를 주장하는 자들의 '끝없는 안전'은 더 이상 필요가 없으며, **'연기'**와 **'상호작용'**의 **'불필요한 위험'**을 찬양할 필요가 있는 것이다.

Boultton, Marjorie, *The Anatomy of Drama.* London: Routledge and Kegan Paul, 1971.

Burridge, Kenelm, Someone, *No One: An Essay on Individuality.* Princeton University Press, 1979.

Dowlasz, Janina, "Psychologist at Grotowski's," *Zicie Literackie*, No. 381538, September 18, 1977, pp.111~115.

Geertz, Clifford, "Blurred Genres: The Refiguration of Social Thought," *American Scholar*, Spring, 1980, pp.165~179.

Gregory, Andre, *On the Road to Active Culture*, Wroclaw: Grotowski Theatre Institute, 1978.

Hartnoll, Phyllis, *The Concise History of Theater*, New York: Harry N. Abrams, n.d.

Schechner, Richard, *Ritual, Play and Performance*, New York: The Seabury Press, 1977.

________________, "Performers and Spectators Transported and Transformed," *Kenyon Review*, Vol. Ⅲ, no.4, 1981, pp.83~113.

Thomas, David Emil, "Mirror Images," *Scientific American*, vol. 2/3, no.6, 1980, pp.206~228.

Turner, Victor, "Frame, Flow and Reflection." *In Performance in Postmodern Culture*, M. Benamou and C. Caramello, eds. Madison, Wisconsin: Coda Press, 1977.

틀 · 흐름 · 반성

부록

—공동체의 '리미널리티'로서의 제의와 연극

부록 : 틀 · 흐름 · 반성

일견 생각해 보면, '연극'과 '반성'이라는 행위만큼 서로 떨어져 있고 다른 것은 없을 것이다. 연극은 거기에 무대 · 배우 · 고조된 분위기 · 청관중 · 군중들의 냄새 · 화장하는 소리 등이 따라붙는다. 한편, '반성한다' 곧 '생각한다'고 하는 행위는 적어도 인간이 혼자서 조용히 행하는 것들 중의 하나이다.

그러나 인류학자는 이 두 가지 사이의 '차이'에 대해서, 혼자서 생각하는 것이 아니라 복수로 생각한다. 또한 집단이 반성한다고 하는 의미로 취급하려고도 한다. 즉 집단이나 공동체가 스스로를 묘사하고 이해하고 그리고 행동하는 방법으로 이런 문제를 다루고자 하는 것이다.

이 **'집단적 사고'**는 기본적으로 넓은 의미에서의 **'공연형태'**를 취한다. 어느 집단 안에서 서로 커뮤니케이션을 행하는 데 사용되는 '언어'는 당연히 '음성언어'라고 하는 코드만은 아니다. 거기에는 몸짓 · 음악 · 춤 · 도상 · 회화 · 조각 · 상징으로 표현하는 것들도 포함된다. 이러한 '언어들'은 '연극적'이며, 바로 이런 여러 가지 코드들을 '공연하는 것'이다. 이것은 일종의 '집단적 반성 행위'이며, 이런 행위는 내가 **'리미널리티**liminality' 곧 '전이영역'이라고 불렀던 것과도 관련된다. '리미널리티'라는 말은, 글자 그대로 '문

* 이 글은 Victor Turner: "Frame, flow and Reflection - Ritual and Drama as Public Liminality"(in *Performance in Postmodern Culture*, M. Benamou and C. Caramello, eds. Madison, Wisconsin: Coda Press, 1977)를 완역한 것이다.

턱에 있음'을 나타내고, 통상의 일상적인 문화·사회의 상태와, 어떤 상태를 형성하고 시간을 경과시키고 법과 질서를 유지하고 구조적인 지위를 정하는 상태 사이의, '중간적인 상태'를 가리킨다.

이런 '**리미널한 시간**liminal time' 곧 '전이적 시간'은 '시계의 시간'과는 다르며, 무엇인가가 일어날 수 있는, 아니 일어나야만 하는 '**마술적 시간**'인 것이다. 바꿔 말하면, 현실사회의 구조적인 여러 활동들이 '직설법'이라 한다면, 문화적인 과정에 있어서의 '리미널리티'란 마치 '가정법'과 비슷하다. 이런 '리미널리티'는 가능성이나 잠재적인 힘으로 가득 차 있으며, 또 거기에는 '실험'과 '유희'가 넘쳐 흐르고 있다. 이것은 사고의 놀이, 언어의 놀이, 상징의 놀이, 메타포의 놀이이며, 이것은 '공연'을 하는 것과 잘 어울린다.

이 '리미널리티'는 제의나 공연예술에 한정되는 것은 아니다. 이를테면, 과학적인 가설이나 실험 및 철학적인 고찰도, 확실히 공상 속에서 퍼져 가고 있는 장르들의 형식보다는 규칙이나 조작이 더 엄밀하고 또 사회의 '직설법적' 현실과의 관계도 더 확실한 것이기는 하나, 이것들 역시 '연극적 형식'을 취하는 것이다. 문화의 레벨에서의 '리미널 현상'의 형성은 자연의 레벨에서의 '변이성'의 형성에 해당한다고 해도 결코 과언은 아니다.

'**리미널리티**'라는 용어는 벨기에의 민속학자 판 헤네프가 '**통과의례**'라고 불렀던 세 가지 단계의 두 번째 단계에 해당하는 것을 가리켜서 사용하는 용어이다. 이 통과의례는 모든 문화에 보이며, 어떤 사회 - 문화적인 상태나 지위에서 다른 상태나 지위에로 옮겨갈 때, 이를테면 어린이에서 어른으로, 처녀에서 기혼녀로, 아이에서 부모로, 유령에서 조상의 영혼으로, 질병에서 건강으로, 평화에서 전쟁으로 또는 그 반대로, 곤궁에서 부유로, 겨울에서 봄으로 옮겨갈 때, 그 지표나 매개로서 이것은 나타나고 있다.

그런데 판 헤네프는, 이것을 탄생·사춘기·결혼·죽음 등 인생의 위기에 행해지는 제의 — '**위기제의**' — 와, 평화에서 전쟁으로 혹은 사회적으로 건강한 상태에서 질병이 유행하는 상태로 변화되는 등의 중대한 사회적 전환기나 집단적인 위기에 즈음해서 행해지는 제의 — '**고통제의**' — 로 구별하고 있다. 전자의 제의는 주로 '개인'을 위해서 비밀스러운 혹은 보이지 않는 곳에서 행해지고, 그 다음 단계로 상승한다. 후자의 제의는 '집단'을 위해서 공적인 것으로 행해지고, 상태의 전복·전도를 나타내거나 그렇지 않으면 일상의 갖가지 혼란을 드러낸다.

판 헤네프는 **통과의례의 3단계**를 다음과 같이 구분하고 있다. (1) (일상 사회생활로부터의) **분리**separation. (2) (문지방을 뜻하는) 주변부 혹은 **전이역**轉移域(limen), 이 때 제의의 당사자는 제의 이전 생활양식과 이후 생활양식의 '중간상태'에 빠진다. (3) **재통합**re-aggregation, 이 때 다시 제의적인 과정을 통해 세속적인 집단으로 되돌아오는데, 제의 참여의 당사자는 제의에 참여하기 이전보다 더 높은 상태로 이행하고, 의식이 변하고, 이전과 달라진 사회적 존재가 된다.

나는 일찍이 이 '통과의례'와 지위의 상승에 관해서 상세히 논한 바 있다. 그러나 현재로서는 다른 유형의 제의에 강한 흥미를 갖고 있다. 그것은 내가 '**지위 전도 제의**'라 부르고 있는 것으로, 수많은 문화들에서 보이며, 계절이 크게 변하는 대목에서 행해지고, 일상의 사회적 지위를 역전시키는 제의이다. 거기서는, 가난한 사람이 부자 역할을 연행하고, 부자가 가난한 사람의 역할을 연행하고, 왕이나 귀족이 그 지위로부터 내려오게 되고, 평민이 지배자의 표지를 띠게 된다.

그러나 이러한 지위의 전도 그 자체는 문제의 일부에 지나지 않는다. 중요한 것은, 이 사회적인 제의 속에서 사회가 사회 자체에 대해서 말하고 비판하는 그 방법이다. 여기서는, '탄생'해서 '성숙'하고 '죽음'을 맞이하고 그리고 '재생'으로 이어지는 직선적인 발전의 상징학보다는, 오히려 언어를 초월한 연속적인 '존재' 쪽이 더 중요하다. '통과의례'는 그 의례 참여자나 청관중에게 그들이 이상적인 사회에서 얼마나 멀어져 버렸는가, 어떻게 일탈해 버렸는가를 이해시키는 코드 혹은 표현이므로, 특히 어떤 종류의 제의는, 그 제의에 의해서 사회를 근원적으로 변화시키고 그 사회가 가지고 있던 이상 자체에 대한 의문을 불러일으키기도 하는 것이다.

'리미널한 시간liminal time'에 관해서는 이미 말했으므로, 여기서는 일상적 사회공간과 '**리미널한 공간**liminal space'을 구별해보고 싶다. 공동체의 차원을 한 차원 넘어선 메타-사회적 제의는 공동체의 리미널리티와 관련되며, 촌락이나 도시의 광장에서 여러 사람들이 지켜보는 가운데 행해지는 수가 많다. 이러한 제의는 이교異教의 독화살을 피해서, 동굴이나 숲이나 오두막집 속에서 은밀히 행해지는 것과는 다르다. 제의는 일상적인 세계로부터 '분리된 공간'을 필요로 하는 것이긴 하지만, 이 메타-사회적인 제의는 일상적 공간을 무대로 하고, 그것을 '리미널한 시간'으로 '정화'하는 것이다.

요컨대, 나의 논의의 요점은 다음과 같은 점에 있다. 거의 모든 사회에는, 그것이 어떻게 구성된 사회이든지 간에, 집단적인 '리미널리티'를 획득하는 명료한 방법이 존재한다. '리미널리티'란 말하자면 현실적・직설법적 구조에 대해서 반격하는 '가정법적 시공간'인 것이다.

따라서 원시사회에서는 '제의'나 성스러운 '제사'가 메타-사회적 행위가 되어 있고, 봉건사회 이전 사회 및 봉건사회에서는 '카니발' 혹은 '페스티벌'이 메타-사회적 행위가 되어 있으며, 전기-근대사회에서는 '카니발'과 '연극'이 메타-사회적 행위가 되어 있고, 진화가 고도로 진행된 최근의 사회에서는 '영화'가 그런 메타-사회적 행위가 되어 있다. 물론, 이것은 극도로 단순화한 서술에 지나지 않으며, 이 밖에도 여러 가지 공연의 형식들이 있다. 스펙터클・퍼레이드・행렬・서커스 및 나아가서는 전람회나 텔레비전도 있다.

이 네 가지 시대 구분을 더욱 세분화 할 필요는 있을 것이다. 그러나 우선, '사회적 과정'과 그 과정들의 '공연'과의 연결 관계를 보기 위해서는, 먼저 대담한 스케치에서 출발하여, 그 뒤에 차츰 세부를 메꾸어 나아가는 방법이 최상의 방법일 것이다.

사회가 그 사회 전체를 바라다보려 할 때에는, 그 사회를 부분들로 나누어서 생각하지 않으면 안 된다. 그러기 위해서는 '**틀**frame'을 설정하는 것이 필요하며, 바로 그 '틀' 속에서 나누어진 각 부분들의 이미지나 상징들이 상세히 검토되고 평가되고 혹 필요하다면 고쳐지고 재구성되기도 해야 한다. 제의에서는, 이 틀의 '내부'에 있는 것은 흔히 '성스러운 것'이라 일컬어지고, 그 '외부'에 있는 것은 '비속한 것', '세속적인 것', '현세적인 것'이라 일컬어진다.

그리고 이 틀을 설정하는 것은, '경계'를 만들어 둘레를 형성하는 일이다. 즉, 성스러운 공간이 '경계'를 갖는 것이다. 만일, 그 공간이 사원이라면 항구적인 것이며, 또 그것이 전에 내가 조사한 중앙아프리카의 제의라면 그 성스러운 공간은 그 장소에만 둘러쳐진 담에 의해서 국한되거나 혹은 나무 주위나 조금 열린 장소를 사제자가 '**시계 반대 방향**'으로 돎으로 해서 마련되기도 한다.

시간도 또한 이 틀 속으로 들어간다. 왜냐하면, 판 헤네프가 제시한 바와 같이, 제의는 시작・중간・종결로 명확히 구분되어 있기 때문이다. 거기에는, 종을 울리고 부르짖고 노래하고 타악기를 연주하는 등의 음성적音聲的인 것이 사용되고 있다. 이것으로써 성스러운 시간과 일상적 시간이 연극적으로 '분리'된다.

제의의 시간은, 문자로 쓰여 진 것이든 그렇지 않은 것이든 간에, 그 제의의 진행절차와 법칙에 따른다. 제의는 명백한 시나리오나 악보에 따르고 있다. 근대의 관점에서 제의를 보면, 그 엄밀하고 한 치의 어긋남도 없는 성질이 눈에 띠지만, 부족사회에서 행해지는 제의는 꼭 엄격하기만 한 것은 아니다. 그것은 갖가지 영역의 공연들로 이루어지는 '오케스트라' 혹은 (단순한 음악이라기보다는) 일종의 '심포니'로 보아야 할 것이다.

즉, 춤・몸짓・노래・영창・수많은 악가의 사용・흉내・중심적인 이야기의 공연 등으로 이루어진다. 따라서 모든 감각이 동원되고, 상징적인 사물들과 행위가 그 감각코드 속에서 이용된다. 청교도주의의 발흥 이래, 서구에서는 제의의 엄숙하고도 엄격한 측면이 강조되는 경향이 있다. 그러나 세계 도처에서 행해지는 대부분의 제의들은, 현재에도 축제적이고 즐겁고 놀이적인 요소와 사건들을 포함하고 있다.

호이징하가 말하는 '**놀이**ludic'라고 하는 것은 복잡한 양식 속에서 엄숙한 것과 상호작용을 하면서도, 거기에는 일련의 고정되고 스테레오타입화 된 상징적 행동이 있고, 언어적・비언어적 즉흥성에 주어진 에피소드들도 있다. 사실, 우리가 문화사적인 입장을 취한다면, 이런 종류의 대규모 제의로부터 후세의 진지한 장르의 공연들과 오락적인 공연들이 생겨났다고 할 수 있을 것이다.

제의는, 형식을 가지고 있지만 특수한 종류의 형식이며, 세속적인 사회구조가 이에 의존하게 된 후에 비로소 나타나는 것이다. 제의가 행해지는 전후의 사회생활은 다양한 법・규칙・규정・습관 등에 의해서 지배되어 있고, 이것들이 그 사회를 관리하는 체계를 만들어내고 있다. 이것들 대부분이 내가 말하는 문화의 '직설법'인 것이다. 그러나 제의에서는 더욱 복잡한 상황이 발생한다.

한편, 제의 전체를 통해서 진행되는 **'틀'**을 만드는 과정은 제의의 각 국면이나 에피소드를 구성하면서 그 과정을 늦추거나 앞당기어, 그 과정 전체는 흐트러짐이 없이 의례 규범에 따라 진행되고, 다른 한편으로는 제의의 가정법적 측면이 실제의 사실보다는 상상·희망·가능성 등을 표현하면서, '카리스마적', '신령적', '성스러운 현실', '환상적인 시간', '불가사의한 시간' 같은 말로 묘사된다.

이 세계는 성스러운 상징이나 더욱 고차원적인 현실이 모습을 나타내는 세계이다. 거기에서는, '천지창조'의 이야기가 계속해서 이어지고, 가면을 쓴 환상의 괴물이 나타나기도 한다. 몇 겹으로 이루어진 신전이 세워지고, 작은 입상이나 벽화가 말없이 나타나며, 피부에 문신을 새긴 신참자가 그 제의의 어떤 단계를 넘어서는 체험을 할 때, 이런 여러 가지 것들을 사용한다.

제의에 의한 근원적인 사회적 변화가 일어날 때, 이런 성스러운 것들이나 상징적인 과정은 비밀스런 장소에서 분출해 나와, 공적인 장소로 모습을 드러낸다. 거기서 예언자인 사제자는 제의행위 속에서 사람들을 선동하고, 문화의 심층부에 위협을 주는 침입자들이나 군주들에게 대항케 한다.

그런데 여기서 내가 말하고자 하는 바는 통과의례의 비의성에 관한 것이 아니라, 통과의례의 **'리미널리티'**에 주목하여, 그것을 통해서 큰 규모의 긍정적인 **'페스티벌'**에 관해서 알아보고자 하는 것이다. 그런 제의는 흔히 풍자적이고 장난을 좋아하며, 희극적인 요소들을 지니고 있다. 게다가 기본적으로 모든 것들을 철저히 대등한 차원에서 포착하며, 지위의 전도가 일어나기도 하고, 늘상 하층에서 사는 사람들이 권위를 갖게 되는 일조차 있다. 거기서는 일상적인 직설법으로 된 계층적 권력·부富·권위 등이 날카롭게 풍자된다. 나는 나의 책 『제의의 과정』(1969 : 178~188)에서 이러한 여러 가지 공적인 제의에 대해서 언급한 바 있다. 맥킴 마리오트Mac Kim Marriot도 『사랑의 축제』(1966 : 210~212)에서 쓰고 있거니와, 나도 인도의 키샨 가리Kishan Gari라고 하는 마을에서 행해지는 홀리Holi 축제나, 일상의 사회적 지위가 전도되고 하층인들이 상충인들을 혼내주고 조롱할 권리를 얻는 가나 북부의 아샨티족의 **아포**Apo라는 의식 등에 관해서 말한 바 있다. 이 공적인 제의는 세속적・정치적・법적인 지위 관계를 '연극화'하는 일이 매우 빈번하다. 그런데 그와 같은 경우에 **지위의 전도**는 현저하게 나타난다.

거기서는, 내가 **'커뮤니타스'**[1]라 부르는 것이 직접 나타난다. '커뮤니타스'란 어떤 사람이 지니는 구실이나 지위의 특징을 지워버리고, '있는 그대로의' 상태에서 인간이 서로를 마주하는 그런 상태를 말하는 것이다. 이를테면, 위대한 민족지학자인 앙리 주노(Henri Junod, 1962 : 397~404)는 모잠비크 통가족의 대규모 집단 제의인 **'부칸니의 루마**luma of bukanyi'에 관해서 다음과 같이 말하고 있다. "이 제의 명칭의 기원인 '응카니nkanyi'란, 플럼과 비슷한 과일이 여는 큰 나무를 말하는 것인데, 그 열매로부터 약한 술이 만들어진다. 우선 누가 보아도 분명한 것은, 이 제의에 정치적 계층조직이 존재한다는 것이다. 왜냐하면, 최고위의 수장이 이 제의의 시작을 관장하고, 그 뒤를 이어서 각 구역의 수장이 각 구역으로 나누어 성스러운 말로 고인이 된 왕족의 조상들에게 기도를 드리기 때문이다. '루마lumas'라고 하는 말은 이 제의 기간 동안에 대부분의 사회적 금기 제도가 해제됨을 의미한다. 이것이 금기로 되는 긴 기간이 있기 때문이다. 이 제의가 시작되기 전까지는, 어느 누구에게도 이 '응카니' 열매를 모아 술을 만드는 것이 허용되지 않는다. 그러나 '루마'가 시작되면 이 금기는 풀린다."

주노는 매년 행해지는 이 제의의 공적이고도 분명한 의미는 새해의 시작을 알리는 것이라고 했다. 즉, '부칸니'는 새해의 시작을 의미한다. 그가 기술하고 있는 것들 중에는 수장의 기도 뒤에 벌어지는 다음과 같은 제의 과정도 찾아볼 수 있다.

> 젊은이들이 공공의 광장과 모든 도로를 청소하기 위해 모여든다. 함께 춤을 출 춤판을 준비하지 않으면 안 되기 때문이다. 수도의 여자들은 아침 일찍부터 밖으로 나가, 황금의 과일을 모아다가 그것을 광장에 산더미 처럼 쌓아 올린다. 거기서, 그 여자들은 이것으로

1_ 이상적인 공동체 혹은 이상적 공동체 의식 등으로 번역할 수 있는 용어.

10~15개의 큼직한 술통에다 술을 만든다. … 부족의 남성 전원이 참가하는 집회가 이 수도에서 열린다. 처음에는 군사들이 호령에 따라 완전 무장을 하고 진흙으로 만든 방패를 들고 정렬한다. 하나의 술통을 정하여, 그 안에다 까만 분, 위대한 대지의 약을 넣는다. … 거기서 제의의 세 번째 과정인 마을에서의 음주가 시작된다. 술을 마시기 전에 구역의 수장이 신민들 앞에서 '루마'를 고한다. 그런 다음, 사람들은 처음으로 술을 마시게 된다(p.399).

나는 여기에다 다음과 같은 말을 덧붙여 두고 싶다. 국가 정치구조의 여러 요소들 — 여기서는 주로 수장들과 군사들 — 이 먼저 제의의 '틀'을 부여하여, 그것이 제의의 각 단계를 진행하는 단서를 만드는 구실을 하고 있다. '커뮤니타스'의 상황을 원활하게 전개할 수 있도록 정치구조가 적절히 활용된다. 이 제의는 국가와 대지의 통일과 지속에 끊임없이 관련되고, 수장과 민중, 남자와 여자 등의 구조적 대립을 초월한다.

여기서, 다시 주노의 논의로 되돌아가 보자. 그는 이 '부칸니' 제의가 '디오니소스적 커뮤니타스'나 남성 권위에 의한 '아폴론적 틀'로부터의 해방을 가져다 준다고 다음과 같이 강조하고 있다.

이 순간 — 수장의 기도 순간 — 뒤의 일을 기록할 수는 없을 성싶다. 낮이나 밤이나 술을 마시고, 동네의 술이 떨어지면 이웃 동네로 몰려간다. 이러한 축제는 사튀로스적이고 디오니소스적이고 부족적인 카니발이다. (여기서 주노의 이러한 말들을 비판하자. 이 세 가지 말은 통가족Thonga의 사회에서가 아니라 좀 더 복잡한 사회의 공연 분석을 위해서 놓아두기로 하자.) 이 축제가 열리는 여러 주일 동안, 반 흥분 상태를 계속하는 사람들도 있다. 도처에서 난장판 · 노래판 · 춤판이 계속된다. … '부칸니' 기간 중에 성의 규제는 어떻게 유지되는 것일까? 할례의 기간이 끝난 바페디족Ba-Pedi(남부 반투어족 중의 하나) 같이 무차별적인 난교가 펼쳐지는 정도는 아니라 하더라도, 수많은 성교가 행해진다. 남자든 여자든 행동의 기본적인 규칙을 잊어버린다. 평상시 상황에서는 금기로 되어 있는 것도 이때에는 자연의 본능대로 행한다. "나우, 아 와 하 티 이." 즉, "법은 이미 효력을 잃는다."(p.401).

그러나 각 구역의 수장이 사람을 시켜서 수도로 '새 술'을 가지러 가게 했을 때에, '커뮤니타스' 를 한 번 체험한 이 사회의 사회구조는 새롭게 모습을 바꾼다. 그리고 이번에는, 더 나아가, 최고의 수장이 구역 신민의 촌락으로 찾아와서, 춤을 추고 노래를 하고 연회를 연다.

1912년에 이미 판 헤네프를 잘 이해하고 있던 학자 주노는, 나의 용어인 '구조와 반 - 구조anti-structure ', '사회구조와 커뮤니타스' 같은 말을 사용하지는 않았으나, 공동체의 제의가 서로 대립하는 양극성을 갖는 다는 것을 알아채고 있었다. 이에 관해 그는 다음과 같이 쓰고 있다. "이러한 의례들은 … **계층**hierarchy(주노의 강조) 의식에 의해 지배되고 있다. 신민들은 결코 그 수장을 앞서서는 안 된다. 그렇게 되면 그 수장의 권위가 실추되어버리기 때문이다. 그러한 행위는 질서에 어긋난다."(p.404).

여기서 주노는, 보통의 사회구조에서는 생각할 수 없는 제의의 '반 - 구조적' 과정을 활용해서, 메타 - 사회적인 비판을 하는 기회를 마련하는 것, 더욱 간단히 얘기하자면 일반인이 수장이나 귀족에게 가볍게 말을 걸 기회를 마련하는 것에 관해서는 언급하지 않았다. 그러나 이것은, 그 밖의 남부 반투어족 사람들의 사례들로 미루어보건대, 이 통가족의 제의에도 존재했으리라고 본다. 이를테면, 아일린 예센 크리게Eileen Jensen Krige(1950)는 움코시족 혹은 나탈루의 줄루족의 전국 규모의 첫 수확 의식에서 그의 이러한 '반 - 구조적'인 과정을 보고 있다. 줄루족이 이 농경제의를 전쟁의 천재 '샤카'에 의해 수립된 군사정권의 경축식과 군대 열병식으로 크게 바꿔버렸다는 것은 잘 기억해 두지 않으면 안 되지만, 그렇더라도 농경제의적인 요소는 여전히 거기에 남아 있어서, 왕의 노래가 곡물에 비를 내리게 한다고 일컬어지고 있다. 이에 관해 크리게는 다음과 같이 쓰고 있다.

> 이 열병식의 두드러진 특징은, 열병식을 하는 동안 자유롭게 대화하고 발언할 수 있다는 점이다. 그리고 왕을 모욕하는 말을 하더라도 문책당하는 일은 없다. 사람들은 군사라는 입장으로부터 벗어나 왕이 연설하는 동안에도 계속 앉은 채로 있거나, 왕에게 질문을 퍼부어 해답을 강요하는 수도 있다. 그리고 때로는 왕이 만인들 앞에서 고발당하고, 행동을 비난받

고, 부끄러워해야 할 비열한의 오명을 뒤집어쓰기도 한다. 왕은 대답을 요구당하지만, 그의 대답은 논파당하고, 세세하게 언급당한 끝에, 그의 잘못이 폭로되고, 그에 대한 존대도 위협을 받는다. 이렇게 해서, 그들은 마침내 만족을 얻게 되고 이 열병식은 끝이 난다.(p.260).

이와 같이, 사회구조의 바깥에서는 최고위의 인간이 최저위가 되고 그가 일반인들과 평등하다고 주장된다.

마찬가지의 예는, 많은 민족지들을 펼치면 한없이 발견될 것이다. 그러나 나는 여기서, 앞서 말한 두 번째의 공연 장르, 즉 **'카니발'**에 관해서 계속 생각해 보고 싶다. '카니발'은 사회의 현실을 새롭게 '모델화'하고, 새로운 **'틀'**을 부여하는 방법이며, 또 실제로 민중의 창조력으로부터 생겨 나오는 일종의 작품이라고도 할 수 있다. 이러한 점은 수많은 근거들에 의해서 실증될 수 있다. 이러한 '대중적 리미널리티'를 가끔, 확립된 사회구조를 대표하고 지배하는 모든 권력들이 위험시하는 이유가 바로 여기에 있다. **'대중적 리미널리티'**를 안전판이라고 본다거나 단순한 카타르시스나 '분풀이'라고 가볍게 보아 넘길 수는 없다. 이것은 사회구조에 압력을 가하고, 때로는 구조가 없는 상태를 드러내는 '커뮤니타스'를 제시하기도 한다. 또 옛것을 전복시키고 붕괴시키고, 엉뚱하지만 새로운 패러다임이나 모델을 출현시키기도 한다.

'카니발'은 이 애매성을 특히 흥미 깊게 보여 주고 있다. 이에 관해서는, 나탈리 데이비스Natalie Z. Davis도 다음과 같이 말하고 있다. "축제성이야말로 공동체의 특정 가치를 불멸의 것으로 하든지, 그 존재를 보증하는데, 이것은 한편으로 정치적 질서도 비판한다"(*Society and Culture in Early Modern France*, 1975 : 97).

나는 여기서, 역사적으로 볼 때 교전教典을 가진 종교(유태교 · 기독교 · 이슬람교)가 어째서 대체로 공식적 전례구조 속에서 '엄숙함'만을 강조하는 결과에 이르게 되었는지에 관해서 상세하게 논할 수는 없다. 그러나 이러한 종교들이 '축제'나 '놀이'에 대해 의심은 가지면서도 일단 장려를 하고 있고, 신자의 여러 가지 행위들을 검토해 보아도 '엄숙한' 제의적 행위들뿐만 아니라 이에 대립되는 '놀이적인' 행위들도 많다.

이런 문제를 다루는 연구자들에 의하면, '엄숙한 것'과 '놀이적인 것'과의 대비는 '성스러운 것'과 '속된 것'의 대비라고 한다. 그러나 우리 인류학자가 보기에는, 이것들은 같은 제의 속에 있는 대립하는 양극성으로 보인다. 엄숙한 전례는 종교상의 가치 규범을 '연극화'한다. 축제나 카니발은 상당한 정도의 '창조의 자유'를 허용한다. 그것은 흔히 풍자의 자유를 수반하여 그 시대의 사회구조를 집단적으로 검증하기도 한다.

'카니발'에서 사람들은 일상생활로부터 벗어나 카니발의 특징에 중점을 두게 된다. 우리는 통가족이나 주루족, 그리고 그 밖의 여러 부족들의 제의를 통해서, '엄숙한 것'과 '놀이적인 것'이 서로 엉클어지고 상호 침투해 있음을 보아왔다. 그런데 이번에는, 노동의 사회적 분업이 가장 발달한 단계의 사회에서, 비록 그 놀이성이 아무리 조잡한 것이라 하더라도, 축제적인 놀이의 방향에서 특수화되는 공연 장르에 주의를 기울이지 않으면 안 된다.

'카니발'은 **제의**와는 다음의 점에서 다르다. 즉 카니발은 사회구조나 정치 - 경제구조의 변화에 대해, 제의보다 더 유연하게 대응하는 것처럼 보인다. 구체적으로 말하자면, '카니발'은 사순절 전의 축제나 야단법석revelry 같은 것인데, 프랑스의 마르디 그라Mardi Gras · 독일의 파스트나흐트Fastnacht · 영국의 슈로브 타이드Shrove Tide 등도 여기에 포함된다.

그런데 일반적으로 유포되고는 있으나 어원적으로는 아마 근거 없는 **'카르네 발레** carne vale(육체여 안녕히)'라는 단어는, 세속적 생활양식과 엄숙한 생활양식과의 중간에 있는 이 카니발의 놀이적이고도 전이적인liminal 자질을, 단지 '앞뒤를 잊어버린 **야단법석**'이라는 의미를 표현하는 것 이상으로 잘 말해 주고 있다. '카니발'에서는, 육체에 관한 것은 모두, '만물은 모두 시저Julius Caesar에게 속한다'는 식으로, 민중들이 갖는 관심의 전면으로 터져 나오게 된다. 그래서 일상생활의 세속적 즐거움에 빠지는 한편, 정치적 · 법적 '부정'이 철저하고 엄하게 추구된다.

나의 생각으로는, '카니발'을 연구하는 미국의 가장 뛰어난 두 역사가인 나탈리 데이비스와 로버트 베즈카Robert J. Bezucha가 이론적으로나 자료적으로나 판 헤네프에게 힘입은 바 크다고 스스로 되풀이하여 말하고 있는 것은, 결코 우연이 아니다. 판 헤네프는 현대의 '문화과정주의'의 정신적 지주이며, 그의 저서 『통과의례』가 인류학자에게 많은 영향을 끼친 것처럼, 그의 저서 『프랑스 민속학 입문*Manuel du Folkore Francais*』은 역사가에게 크나큰 영향을 끼쳤다. 이 두 역사가는 유럽사 후반기의 카니발을 연구하고 있는데, 데이비스는 중세 후기 및 16세기의 카니발을, 그리고 베즈카는 19세기의 카니발을 전공하고 있다. 두 사람 다같이, 사회 변화의 유연성이 언제나 풍부하고 다른 어느 나라보다도 자기 인식적 성격이 강한 프랑스에서 연구를 하였다.

여기서 우리는 이 두 학자에게 시간을 조금 할애해서, 나의 논의, 즉 "집단의 리미널리티란 사회 상태가 건강한지 그렇지 않은지를 그 사회 스스로가 검증하는 눈이나 눈초리"라고 하는 나의 주장을, 그들의 자료가 어떻게 예증해 주는가를 살펴 보기로 하자.

데이비스와 베즈카는 둘 다, 중세에 발생한 여러 가지 문화적 장르가 사회 - 문화적 변화에 대해 보여 주는 반응에 많은 흥미를 가지고 있다. 데이비스는 다음과 같이 열거하며 말하고 있다.

> 가면 쓰기, 변장, 감추기, 샤리바리charivaris(공동체 내의 어떤 악행자에게 부끄러움을 주는 요란스런 가장행렬), 소극, 퍼레이드, 행렬 꽃수레, 돈이나 과자를 모아 뿌리기, 춤, 악기연주, 봉화불 올리기, 시 낭독, 게임, 힘겨루기, 이러한 다종다양한 목록들은 브뤼겔Bruegel의 유명한 회화 속의 81종의 게임이나 라블레의 가르강튀아에 나오는 217종의 게임보다도 더 긴 것이다. 이것들은 일정한 기간을 두고서 행해지며, 또 기회가 허용되면 언제라도 할 수 있었다. 그리고 종교상의 달력, 계절의 추이와도 맞물리고(크리스마스의 12일, 사순절 전, 5월의 시작, 성령 강림제, 6월의 성 요한제, 8월 중순의 성모 승천제, 만성절), 게다가 결혼을 비롯한 가족 내의 행사와도 시간을 함께하고 있었다(pp.97~98).

데이비스는 그의 저서 제4장 '무질서의 이성'에서 프랑스인의 '리미널'한 카테고리에 관심을 보이고 있다. 그것은 농민사회의 청년기에 달한 미혼 남성에 관해서이다. "15~17세기에 걸쳐, 대부분의 마을 청년들은 20대 초반이나 중반까지는 결혼을 하지 않았으므로, 청년기가 오래 계속되고, 마을 남성 중에서 독신 남성수가 차지하는 비율은 매우 높았다"(p.104). 거기서, 매년 사순절 전이나 크리스마스 뒤, 그 밖의 시기에 행해지는 '**카니발**'을 위해서, 청년들은 자기네들 중에서 왕이나 성직자를 선출했다. 이 일은 일반적으로 '**무질서의 수도사**'라 일컬어지는 집단 리더가 맡아했다. 이 카니발 집단은 "친구나 가족으로 이루어진 비정규적인 집단으로 이루어지기도 하고, 때로는 직공이나 전문 길드로, 또는 직공끼리만으로 만들어지기도 했고, 아주 드물게는, 역사가들이 글자 그대로 '유쾌한 집단' — 혹은 '바보 집단', '연극 집단' — 이라고 일컫는 조직이 대신하는 수도 있었다"(p.98). 사실 나의 기억에 의하면, 글래스고우의 '참회의 화요일 날'엔 대학생들이 온갖 기괴한 의상을 입고 거리로 잔뜩 뛰쳐나와, 공공의 도로에 뛰어들어 야단법석을 떨고, 시민들로부터 시혜금施惠金을 받는데, 이러한 시혜금은 분명 훗날 '무질서 수도사'의 활동 자금으로 사용하는 것이었다. 이 중세 축제의 수도단은 나중에 정치적인 성격을 띤다.

데이비스는 그의 저서 속의 주목할 만한 부분인 '고위층 여성들'이라는 장에서, 남성이 가면을 쓰고 여장을 하고 여성의 여러 가지 속성을 희화화하는 모습도 전해주고 있다. 여성의 여러 가지 속성이란 '무규칙'·'무질서' 등인데, 그것들이 '카니발'이라는 틀 속에서 제시되는 것처럼 보인다. 그렇다고는 하나, 그것은 부계사회의 고유한 사고방식을 보이는 데 지나지 않는 것이다. 이에 관해, 데이비스는 다음과 같이 말하고 있다. "여성들 중에는, 지위가 낮은 사람이 높은 사람을 억누르고, 만약 자기가 생각한 것처럼 된다면, 자기보다 지위가 높은 사람을 지배하고 싶다고 생각하는 사람들이 있다. 이러한 생각에 대해, 교회의 권력은 여성의 '무질서성'이 여성의 몸에 사악한 마법을 붙이게 했다고 주장했다. 그리고 여성들이 하려고 하는 활동, 이를테면 지적인 활동은 그녀들에겐 어울리지 않으며, 그녀들이 하고자 하는 신학적 사고나 설교라는 것은 여성들의 '**무질서성**'에 불과하다고 주장했다."(p.125).

'무질서 수도사' 단체 및 '왕국'에는 '카니발'의 행동 전반을 다루는 '사관'이 있었다. 이 일은 남자들이 맡아 수행했고, "공주, 귀부인 그리고 특히 어머니의 역할도 있었다. 이 어머니의 계보에는 디죵·란쥬·샤롱 쉬르 산느의 미친 어머니, 파리와 콩페뉴의 멍텅구리 어머니, 보르도의 유모 등이 있었다. … 이한 역할들에는 두 가지 의미에서의 아이러니가 포함되어 있었다. 즉, 대수도원장 역할을 배역하는 젊은 마을 사람이나 왕자로 분장한 직공은, 카니발에서의 '무질서성'을 나타내기 위해, 직접 대수도원장이나 왕자라는 '합법적인' 권력의 모습을 빌린다. 한편, 미친 어머니를 배역하는 남자가 불러일으키는 여성의 힘은, 그것만으로도 자연의 질서로부터의 일탈이며 위험하고 거센 것이지만, 그것은 '공연되는' 것이어서, 남자가 나타내더라도 안전한 것이다"(pp.139~140).

데이비스의 이 자료에서, 순환하고 반복하는 질서를 유지시키는 제도가 원래 갖추어져 있었다는 것을 알 수 있다. 거기서는, 구조적으로 계층화된 남녀 양성의 성질이나 가치가 명확히 그려져 있다. 그렇더라도, 이 '무질서 수도사'의 임무는 남녀를 불문하고 카니발의 '**리미널 영역**liminal domair'에 속해 있으나, 여성의 구실은 본시 본질적으로 '리미널리티'를 띠고 있다. 왜냐하면, 세속적인 '직설법적' 세계에서조차, 여성은 지위가 낮고 주변적이기 때문에, 절반은 '가정법적'인 인물이 되고, 더구나 카니발의 행사에서는 이 점이 더 한층 강조되고 배가되기 때문이다.

여기서 위험하다고 간주되는 것은 단지 여성의 '무질서성' 뿐만이 아니다. 이 무질서성 그 자체는 초전이적인ultraliminal 표시이며, '무엇이라도 할 수 있는' 가능성이 있는 무서운 영역이라는 표시이며, 어떠한 사회 질서에도 위협을 주는 것으로 간주되는 것이다. 그리고 그런 위협을 주면 줄수록 이에 대응하는 질서는 엄격하고 확고한 것이 된다! 이 위압적이고 규정적인 강자들의 권력을 제한하는 것이야말로, 매도하고 비판하는 약자들의 힘에 다름 아니다.

카니발화한 '**여성원리**'가 갖는 파괴적인 잠재력은, **마르디 그라**Mardi Gras[2]-라고 하는 '리미널 세계'로부터 사회적 변화가 소용돌이치는 정치의 세계로 들어갈 때 더욱 명료하고 분명해진다. 나탈리 데이비스는 농민운동이나 그 밖에 다른 종류의 집단 반란에 관해서도 상당히 자세히 언급하고 있는데, 그런 운동이나 반란 속에서는 '미친 어머니'

2_ 고해 화요일(Shrove Tuesday), 사순절(Lent)이 시작되는 전날로 카니발(carnival)의 최종일, 파리나 뉴올리언즈 등지에서는 가장행렬 등을 하면서 유난히 야단법석을 피우며 축하한다.

나 '그녀의 아들들'을 연상시키는 카니발적 '여장'을 한 남자들이, 이른바 여성의 '무질서성'을 띠면서, 비판과 조롱이라는 카니발적인 권리를 현실의 '직설법적'인 반란의 상황 속으로 주입해 간다(p.147).

그녀는 몇 가지 사례를 들어서, **'제의 및 축제의 전도顚倒'**가 어떻게 해서 정치의 장에 공공연히 쓰이게 되는가를 말하고 있다(p.147). 1770년대의 보졸레Beaujolais에서는 남성 농민들이 얼굴을 까맣게 칠하고 여장을 하고 '새 지주를 위해 토지를 측량하고 있는 기사들을 습격했다'(p.147). 영국에서는 실존 여성인 (이른바) '캡틴' 엘리스 클라크Alice Clark라는 여성이, 에섹스의 말던 가까이서 일어난 곡물 소동에서, 여성 및 여장한 직물 공장 직공으로 이루어진 군중들을 인솔했다(p.148). 1631년에는 월트셔Wiltshire 목장의 우유 채취소에서 남성들이 군중을 이루어 반란을 일으키고, 숲속에 있는 왕의 소유지 담벽을 파괴했는데, 그들 역시 여장한 남성들에 의해서 인솔되었고, 그 여장 인물의 이름은 '스키밍턴 부인Lady Skimmington'이라고 내세우고 있었다. 1812년 봄에는, '루드 장군의 아내들'이라는 여장한 두 직물 직공이 수백 명의 군중들을 이끌고 증기 직조기를 파괴하고, 그토크포트Stockport에 있는 공장에 방화를 했다(p.148). 그 밖의 다른 사례들로, 데이비스는 '화이트보이Whiteboys'라는 아일랜드의 예를 들고 있다. 이것은 1760~1770년의 약 10년 동안 긴 흰색 플록코트를 입고 얼굴을 까맣게 칠하고 "민중을 무장시켜 '옛 공유지를 회복하는 일 외에도 각종 고통을 개선하고' 가난한 사람들에게 정의를 가져다주기 위해서 부대를 만든" 사람들이었다.

데이비스는 이러한 '영혼의 출격'은 '19세기의 몰리 마구어들Moiiy Maguires과 리본 기사단'의 원형이라고 말하고 있다(p.149). 이러한 예들은, 카니발의 유희적인 세계에만 국한되어 있던, 여성 고유의 '무질서성'의 반역적인 성질이, 전통적으로 남성의 영역에 속하는 정치 활동이라는 장에, 남성의 손으로 새로 도입되고 이용되고 있는 것을 잘 보여주고 있다. 이에 관해, 데이비스는 이렇게 쓰고 있다. "변장함으로써 남성은 그 행동에 대한 모든 책임에서, 그리고 남성이라면 받아야 마땅한 잔인한 보복의 공포에서 해방되었다. 결국, 이와 같이 무질서한 짓을 하는 것은 **'여성'**이었던 것이다. 그러나 한편으로는, 여성의 무질서한 성적인 힘과 에너지 그리고 '카니발이나 유희에서만 보이는' 여성의 자유분방함을 띰으로 해서, 풍요를 가져오고, 사회의 마땅한 이익과 기준을 지키고, 부정의 지배에 대해서 진실을 말했던 것이다"(p.149).

민중의 축제성을 단지 그것으로서 다룰 뿐만 아니라 사회 문화 및 정치적 변화의 매개로서 다룬 또 한 사람의 역사가는, 시라쿠스 대학의 로버트 베즈카Robert Bezucha이다. 그는 프랑스의 제2공화제를 전공하고 있다. 그는, 1975년에 프린스턴대학의 데이비스센터에서 발표한 논문에서, 모리스 아규롱Maurice Agulhon("La Republique au village", 1960 : 265~266)을 따라, 프랑스 19세기 초두의 민중 '정신' 속에서 일어났던 이중의 진화, 즉 정치에서는 전통에서 진보로, 일상생활에서는 민속folklore(전통적인 관습 · 신념 · 습관의 상호 관계라는 이 단어의 프랑스어적인 의미로 볼 때, 미국인이라면 아마 이것을 '민중문화folk culture'라고 부를 것이다)에서 근대에로라는 두 가지 진화 과정을 추적했다.

이러한 진행 과정들은 시산적인 순서를 따라 일어났고 결코 동시에는 일어나지 않았기 때문에, 마을 공동체 사람들이 어떤 진보적인 정치 이념을 표현하려고 하면, 이 민속 행사 과정 속에서 표현해야 했다. 그 결과, '카니발'의 풍자적인 자유로움이 더욱 퍼지게 되었다. 이에 관해서는 판 헤네프가 다음과 같이 말하고 있다. "전통적으로 자유분방한 이 **'카니발'** 기간이 되면, 일상적인 집단생활의 규칙들이 일시적으로나마 통제됨으로써, 사람들은 다른 때에는 순종하던 국가나 정부의 강제력을 조롱하고 비웃을 수가 있다"(1938~1958년, Vol. Ⅰ: xx; Vol. Ⅲ : 981~82).

이런 자유가 어디까지 가능한가는, 국립자료관에 있는 '행정장관'의 보고서에서 취한 베즈카의 대부분의 자료들을 통해서 알 수가 있다. 이 보고서는, 1848~1851년에 걸친 '마르디 그라' 혹은 '성회 수요일Ash Wednesday(사순절 - 카니발 사이클의 열쇠가 되는 날)'에 공식적으로 발생하는 **'정치적 사건'**으로 자리매김이 되어 있는 사건들에 관한 보고이다.

'카니발'에는 많은 전통적인 상징이나 상징적 행위가 포함되어 있다. 그것들은 정치적 태도를 표현하기 위한 아주 새로운 방식이었으며, 한편으로는 프랑스 혁명의 프리기아 모자[3]-처럼 새로운 심볼이 카니발의 행렬에 도입된 사례도 있다. 베즈카도 역시 데이비스가 말한 의상 전환의 예를 인용하고 있으나, 짧았던 제2공화제 시대까지는,

그것이 주요한 상징으로 통용되지 않았다.

베즈카의 이야기에서 두 가지 사례를 들어 보자. 하나는 우익, 또 하나는 좌익에서의 비판을 대표하는 것이다. 비판의 대상은, 1848년 루이 나폴레옹 혁명에서부터 1852년 그가 스스로를 황제라고 내세웠던 시대에 걸친, 급속한 정치적 변화이다. 이 시대는 농민층에 대한 억압이 고조된 특징이 있는 시대이기도 하다. 최초의 사례는 남 프랑스 가르Gard지방의 위제Uzes 지역에 관한 보고이다("Popular Festivity and Politics During the Second Republic", pp.12~13). 이것은 1849년에 일어난 일이다.

2월 21일은 성회 수요일聖灰水曜日이었다. 이 날 남프랑스에서는 민중계급에 속하는 젊은이들이 카니발의 '매장'을 테마로 한 벌레스크극burlesque[4]-을 상연하는 습관이 있었다. 얼굴을 가리거나 까맣게 칠하고, 괴상한 의상을 입고, 부엌의 불무로 무장을 하고, 거리로 나가 어깨동무를 하고 걷고, 지나가는 사람들에게 불무를 불어댄다. 행렬 선두에 있는 사람은 카리만트란Carimantran(사순절의 도래)이라 일컬어지는 마네킹 인형을 쳐들고, 멈춰서 인형을 내려놓고 쉴 때마다 인형의 주위를 춤추며 돌고, 마지막에는 그것을 물에다 던져 넣는다.

그들은 왕당파—부르봉 왕조의 부흥을 요구하고 있다—에 속해 있으므로, 금년의 이 날에 공화제를 모욕하는 의미를 이 축제로 표현하고자 했다. 그래서 일군의 청소인들은 불무 대신 저마다 빗자루를 하나씩 가지고 있다가, 누군가의 신호와 더불어 거리를 쓸기 시작하여, 먼지를 하늘 위로 쓸어 올리면서, '청소의 노래'라 일컬어지는 노래를 불렀다.

그러나 이런 의미를 좀 더 뚜렷하게 패러디로써 표현하고 있는 것은, 이 청소인들을 앞서 가는 또 하나의 그룹이었다. 그들은 그들의 몸에 붙인 여러 가지 문양으로 분명히 공화제(루이 나폴레옹의 정부)를 나타내고 있었다. 그들 중 한 사람은 지쳐 빠진 당나귀에 올라타고, 더럽혀진 삼색기를 들고, 때로는 그것을 질질 끌고 있었다.

3_ 프리기아 또는 동양 의상의 일부로서, 고대 그리스 예술에 그려져 있는 부드러운 원뿔꼴의 삼각두건, 옛 로마에서 해방된 노예에게 준 것으로 18세기 말에서 19세기 초엽 이래 자유의 상징으로 머리에 썼다.
4_ 어릿광대짓으로 꾸미기. 특히 연극 · 문학에서 진지한 주제를 일부러 희극적으로 묘사해서 웃음을 이끌어내고자 하는 수법.

때때로 청소인들은 이 기를 가진 사람한테로 가까이 가서, 자기의 빗자루로 치는 시늉을 하고, 말에서 끌어내리고, 다른 사람을 말에 태운다. 게다가 청소인들의 흰 빛이 도는 의상과는 대조적으로 여러 가지 빛깔의 의상을 입은 5~6명의 사람들이 가슴에 『개혁』이라는 잡지를 들고서 청소인 앞을 걸어가고 있다. 이렇게 하면, 그 흰색 집단 사람들이 삼색기와 그 주위에 모인 사람들을 쓸어내는 것처럼 보였다.

여기서도 우리는, 이 연기 행위 속에 있는 즉흥성의 사례, 즉 '불무'를 대신하는 **'빗자루'**라는 새로운 요소의 도입을 통해 동시대 사건에 대한 **'비평행위'**를 하고 있음을 간취할 수가 있다. 베즈카는 이러한 역사적・문화적 컨텍스트의 특징들을 우리에게 충분히 제시해 보여 주고 있다(pp.13~16).

그는 또한 이 '불무춤'을 남프랑스에서 행해지는 '성회 수요일'의 뱀춤의 유례로 생각하고 있다. 이것은 판 헤네프가 보는 바로는, 프로방스 지방의 종교 결사인 페니탕Penitents 행렬의 패러디라고 한다. 이 춤 속에도 '제의적인 변장'이 많이 나타나 보인다. 가면을 쓴 젊은이가 여성의 페티코트나 잠옷을 입고, 눈앞에서 춤추고 있는 사람들을 서로 붙들어대고, 그의 스커트를 불에 던지거나 재 속에 그 자신과 함께 내던지거나 해서, 구경꾼들을 웃긴다.

그러나 1849년의 위제Uzes 지역 **'카니발'**에서는 옛 관습이 다시 사용되었다. 가르 지방은 17세기의 카미자르Camisard 전쟁으로부터 왕정복고의 백색 테러[5]까지의 종교 전쟁을 두루 목격해 온 지방이며, 1830년의 혁명 이후, 위제 지역의 프로테스탄트의 엘리트가 행정부나 국민군의 지휘권을 쥐어 왔던 곳이다. 그러나 프로테스탄트인 기조Guizot가 1848년에 몰락했을 때, 권력은 그들의 적, 카톨릭의 다수파로 옮겨가고 있었다.

프로테스탄트는 부르봉가의 세 번째 왕정복고가 임박한 것을 두려워했다. 다른 도시에서는 이 카톨릭 다수파 집단이 '질서의 사도'였다고 말해도 좋다. 그러나 여기서는

5_ 1795년 혁명파에 가한 왕당파의 보복.

많은 사람들이 '민주적이고도 사회주의적인 공화국'을 주창하는 좌익을 지지하고 있었고, 신뢰할 수 없는 정부에 반대하는 수단으로 이 집단을 보고 있었다.

수많은 작은 소지역에서와 마찬가지로, 위제 지역에서도 종교・정치・사회의 구조가 하나의 사회 - 문화적 지평을 형성했다. 카니발 중에서조차 '공화국의 카페'라는 일단의 사람들이 당구의 큐를 들고, 춤을 추고 있는 카톨릭 다수파 사람들을 습격했다. 한편, 카톨릭 쪽 젊은이들은 프로테스탄트 쪽 사람들의 집이나 가게를 습격했다.

어째서 이와 같은 일이 빈번히 나타났던 것일까? 베즈카는 1849년의 사건을 다음과 같이 총괄하고 있다. "이 사건은 좌익의 엘리트에 대한 우익의 민중적인 시위 행위였다. 이 청소인들의 의상은 사실 전통적인 것이었지만, 흰색은 카톨릭의 왕당파를 상징하기도 했다. 또 그들의 춤도 관습적인 것이긴 했지만, '불무'를 '빗자루'로 바꾸고, '삼색기'와 '신문'을 첨가함으로써, '패러디'의 의미를 바꾸었던 것이다. 이 카니발의 테마는 이미 카니발을 매장하자는 것이 아니라 '공화제'를 매장하자는 것이었다. 이 개혁의 메커니즘이 폭력의 쇠사슬을 해방했던 것이다"(pp.15~16).

여기서, **색깔의 심벌리즘**이 특히 두드러진 구실을 하고 있다. 이에 관해서 좀 더 자세하게 말하고 싶다. 왜냐하면, 내가 어떤 부족사회의 문화를 조사할 당시에는, 그 문화의 '기본' 색채인 백색・적색・흑색의 중요성에 관해서만 그저 폭넓게 논의했을 뿐이었기 때문이다. 그런데 제2공화제 시대의 프랑스 지방에서는 이 색채가 중요한 위치를 차지하고 있다. 이에 관해, 베즈카의 두 번째 사례는 다음과 같이 말하고 있다. 이 사례는 북프랑스, 퓌 드 돔Puy-de-Dome 지방 이스와르Issoire 시의 한 구역에서 행해진 1849년의 '성회 수요일'에 관한 세수관稅收官의 보고에 바탕을 둔 것이다. 여기서는 흰색은 두드러지지 않고, 붉은 색이 현저하다.

> 이번 달 21일에 다음과 같은 가장행렬이 이스와르 시의 길거리 중앙 광장에 나타났다. 그들은 부르주아의 옷을 입고, 흰 보자기 가면으로 얼굴을 가리고, 가축을 모는 막대기를 손에 들고, 가축을 모는 사람 시늉을 한다. 그 뒤에는 두 사람이 멍에에 연결된 채, 노동자의 의상을 입고 빨간 보자기 가면을 쓰고 있다. 그 뒤에는, 짐마차가 이어지는데, 거기에는 이

지방에서 '**기욤**Guillaume'이라 일컬어지는 짚으로 만든 인형을 든 5~6명의 사람들이 타고 있다. 이 우의寓意는 매우 명백하다. 즉 부르주아 귀족이 '**국민**people(강조는 원전의 강조임)'을 그 권력의 명에 밑에 억압하고 있다는 것이다.

동시에 거리의 다른 곳에서는, 가면을 쓴 다른 일군의 군중들이 마차로 행진을 하고 있었다. 한 사람이 빨간 보네트 모자를 쓰고, 나무 막대기를 들고, 흰 보네트를 씌운 짚 인형의 옆구리를 계속 치고 있었다. 이 가장행렬은 전자의 행렬과는 반대 혹은 보완적인 것이다. 즉, 이번에는, 부르주아 귀족을 붕괴시켜 복수를 하는 것은 '**국민**' 쪽으로 되어 있다.

마지막으로, 거리의 어딘가에서, 일군의 젊은 농부들이 주먹을 휘두르면서 노래를 부르고, '비열한 흰색분자들을 무너뜨려라!' 하고 외친다(p.16).

이스와르 시는 '야단법석'을 떠는 거리로, 반왕당파가 강하고 그들의 부르주아에 대한 적의도 매우 강하다는 평판을 듣는 도시였다. **색깔의 심벌리즘**은 여기서도 '문화적 의미'를 띠고 있다. 빨간 색은 비단 반 - 왕당파일 뿐만 아니라 혁명에 대한 찬동을 나타낸다. 흰색과 우익이 질서라고 한다면, 빨간색과 좌익은 무질서일 뿐만 아니라 옛 질서를 전복시킨(흔히 유혈을 본다) 토대 위에 세워지는 새로운 질서를 의미하고 있다.

게다가, 짚으로 만든 인형인 '**기욤**'은 매우 재미있다. 전통적으로 기욤은 도깨비이자 어릿광대이고, 영국 민요에 나오는 '브레이의 사제Vicar of Bray'처럼 변절자를 나타내기도 한다. '기욤'은 원칙 앞에서는 기회주의를 나타낸다. 베즈카의 해석(p.18)에 의하면, 왕년에 '기욤'이 그러했던 것처럼, 여기서 기욤은 '카니발의 상징적 표상'이기를 그만두고, 몸에 익고 만인이 받아들이고 있는 구조의 엄격함에 대한 비평적 성형력成形力도 상실해 버렸다. 그리고 이제 '가장한 민중의 적, 이른바 부르주아 귀족이 인격화된 것'이 되어 버렸다. 비록 카니발의 자유스런 세계 속에서라고는 하지만, '기욤'은 여기서 이제 다른 구조적 역할을 맡게 된 것이다.

아직도 많은 전통적인 특징들을 남기고 있는 이 '성회 수요일'의 행사를 치른 4일 후, 이 지방의 같은 동료나 공화당 클럽 사람들은 일대 퍼레이드를 행하고, 공화제 1주년 기념식을 하고 축하했다. 그것은 전통적인 카니발의 우의寓意와 혁명제의 여러 요소들을 의식적으로 결합시킨 것이었다. 그리고 공식적인 가장행렬pageat은 1790년대에 무대화되기 시작한다. 베즈카는 이에 관해 다음과 같이 기술하고 있다.

> 짐마차는 빨간 천, 초록색 보석, **'노동자에게 명예를'**이라고 쓴 표어로 장식되고, '자유'를 상징하는 의상을 입은 사람이 타고 있었다. 그녀 혹은 그(왜냐하면 '자유'는 남성에 의해서 공연되었기 때문에)의 손은 노동자나 농부의 어깨에 올려 져 있었다. '자유' 뒤에는 그녀의 아이인 '천재'와 '교육'이 서 있었다. 이 두 사나이 중 한 사람은 큰 책을 펼쳐 들고 있고, 나머지 한 사람은 '공화국을 세계에 널리'라는 프랑카드를 들고 있다. 이 짐마차는, 로마 사자使者의 의상을 한 농민이 선도하고, 그 뒤로는 '시간'이라는 인물이 따르고 있었다.
>
> 10명의 명예로운 호위대가 그 짐마차 앞에서 행진해 가고, 그 뒤를 5명의 사람들이 쇠사슬에 묶여 걸어가고 있다. 이 쇠사슬에 묶인 사람들 중 첫 번째는 사제 혹은 제스위트 수도사, 두 번째는 백색, 세 번째는 흑색, 마지막 두 사람은 모자에 특권표시를 붙인 귀족이다. 행렬의 마지막을 장식하는 것은 약 150명 정도 되는 군중이다. 서로 스크램을 짜고 '라 마르세즈'나 '여행의 노래'를 부르고, 은퇴한 경찰서장 대리의 집 앞을 통과할 때, 한 사람의 농민이 '피여, 만세!'라고 외치는 소리가 들렸다(pp.18~19).

그날 밤, 여러 사람들이 '길로틴'을 생각했을 것이고 등골이 오싹했을 것이다. 베즈카의 기록에 따르면, 사실 그 밖에 다른 '메르디 그라'의 행렬에서는, 이 시대의 상징적인 길로틴이 행렬용 짐마차에 실려 있었다. 바린 지방의 시르메크Schirmeck에서는, 그와 같은 '길로틴'에 '처형인'이 따라붙고, 그는 빨간 벨트를 차고 핏빛으로 얼굴을 칠하고 있었다. 행렬은 지방 병사의 집 앞에서 멈추고, "로베스피에르여 영원히! 길로틴이여 영원히!"라고 외쳤다.

내가 여기서 거론한 집단 '리미널리티'의 사례, 즉 부족문화에서의 정례 행사나 봉건제 이후 및 근대 초기의 **카니발**은, 개혁을 진행시키기 위해서 혹은 일상생활에 밀려드는 새로운 사회적 현실에 새로운 **'틀'**을 부여하고 모델화하는, 새로운 방안을 창출해내기 위해, **민중**의 역할이 강조되어 있었다. 여기서는 모든 것이 열려 있으며, 이곳은 **공동체**가 '**반성**'을 하는 '**마당**場'인 것이다. 그리고 민중은 민중을 위해서 행동하고, 그들이 처해 있는 상황이나 고난의 인식을 통해서 새로운 변혁을 이루어 나아갔다.

나는 여기서, 이번에는 '반성'이 행해지는 또 하나의 중요한 장르에 관해서 말하고 싶다. 이 장르는 바로 '**무대극**stage drama'이다. 무대극은 '개인'의 카테고리를 중요한 의사결정 단위이자 윤리적 단위로 인식하는 문화에 그 기원을 두고 있으며, 이 무대극 시나리오의 권위는 '개인'에게 돌려진다. 그러나 무대극은 그런 위미에서 개인적인 영위인 동시에 당연히 집단적인 것이기도 하다. 그것은 배우・청관중・제작자・무대 담당자들 및 음악가・무용가 등의 협동 작업에 의해서 만들어진다. 그리고 무엇보다도 이야기의 플롯과 메시지는 글자나 음성의 여러 가지 네트워크에 의해서, 사회에서 사회로, 시대에서 시대로, 다양한 확장과 구성을 이루면서, 일반 대중들에게 전달된다.

연극이 카니발처럼 분명히 제의에서 생겼는지 어쨌는지, 그리고 수렵이나 어떤 추장을 넘어뜨리는 원정을 판토마임으로 재현하는 이야기에서 생겼는지 어쨌는지, 논의의 여지가 있다. 그러나 그 각각의 어느 경우나 간에, 연극이 '**리미널 현상**'이라는 점에는 변함이 없으며, 수많은 반성적 비판과 묘사적 이야기를 하나로 얽어 짠 것이다.

연극을 고찰할 즈음에 우리는, '**흐름**flow'이라는 것을 생각해 보지 않으면 안 된다. 제의에도 카니발에도 '흐름'은 확실히 존재는 하지만, 이런 장르들에서 '틀'의 형성이나 '집단적 반성'으로서의 '흐름'은 중심적인 것은 아니다.

'**흐름**'이란 무엇인가? 시카고대학의 나의 동료 심리학자 미하이 칙센트미하이Mihaiy Csikszentmihalyi는, 최근에 이 알기 어려운 개념에 관한 연구에 한 권의 책(1975) 전체를 다 바쳤다. 그에 의하면, 이 '흐름'이란 우리 측에 아무런 의식적인 매개를 필요로 하지 않는 것처럼 보이는 내적 논리에 의해서, 행동이 다음에서 다음으로 이어져가는 것을 말한다. 우리는 그것을 어느 순간에서 다음 순간에로의 일정한 '흐름'으로 체험하는 것이다. 그리고 그 속에서 행동이 조절되어 있는 것처럼 느껴지고, 자기와 환경, 자극과 반응, 과거・현재・미래 등의 구별이 없어지는 것처럼 느끼는 것이다.

그는 이 '흐름'을, 피할 수 없는 것은 아니나, 사람들의 공통되는 체험이라고 보고 있다. 그리고 이것은 연극이든 스포츠든, 예술・문학과 같은 창조적인 체험이나 종교적 체험이든, 그 행동에 전심전력을 기울이고 있을 때 나타나는 것으로 되어 있다. 그는 다른 내적인 상황과는 다른 이 **'흐름'의 특징**을 다음 6가지 항목으로 지적하고 있다.

(1) 행동과 지각이 하나로 통일되어 체험된다.

(2) 한정된 자극 영역에 주의가 온통 집중된다. 공식적인 규칙이나 경쟁 등의 동기가 있어서 행해지는 게임처럼, 규칙・동기부여・보답・참여의지 등이, 주의를 집중하기 위한 '**틀**frame'을 만들어주고 한계 범주를 마련한다.

(3) 자아ego가 상실된다. 대개 어떤 사람의 행동과 다른 사람의 행동을 결부시키는 '자아self'가 무관한 것이 되어 버린다. 이 '흐름'에 처해 있는 당사자는 그 '흐름' 속에 몸을 담그고 다른 당사자들과 함께 '틀'을 형성하는 규칙들을, 자기의 '틀'을 형성하는 규칙들로 받아들인다. 즉, 무엇을 행해야 하며 무엇을 행하지 말아야 하느냐 하는 것을 헤아리는 것으로서의 '자아'도, 행동의 의미를 '결정하는' 것으로서의 '자아'도 필요로 하지 않는다.

(4) '흐름'에 처해 있는 당사자는 그의 행동과 환경을 스스로 조절한다. 그 당사자가 '흐름'의 상태에 있을 때는 그것을 느끼지 못하겠지만, 나중에 그것을 '조용히' 반성해 보면, 그의 능력이 그 제의나 예술이나 스포츠가 요구하는 정도에 완전히 일치해 있었다는 것을 알게 된다. '틀'이 형성되고 자발적으로 한계가 정해진 '흐름' 상태의 외부에서는, 이와 같은 주관적인 감각이 생겨나기가 어렵다. 우리를 덮쳐오는 광대한 양의 자극들과 문화적 임무들이 이를 방해하기 때문이다. 그러나 '흐름'에 처한 당사자의 능력이 그러한 '흐름'이 필요로 하는 요건들에서 지나치게 벗어나 있다거나 적절하지 않게 되면, 권태가 생겨나고 불안이 생겨나게 된다.

(5) 일반적으로 '흐름'이라고 하는 것은 시종일관 모순 없는 행동을 요구하며, 명확하고 분명한 피드백의 '틀'을 인간 행동에 가져다준다. 오늘날의 문화는, '흐름'의 가능성

을 다음과 같은 어떤 한정된 채널로 축소시키고 있다. 예컨대, 체스, 폴로, 도박, 이미 규정되어 있는 전례행동, 세밀화 그리기, 요가연습, 충분히 단련된 바위 오르기 기술을 활용하여 특수한 등산 체험을 시도하는 일, 외과수술 등등이 다 그런 사례들이다. 우리는 자기 스스로를 게임・예술・소송 등의 문화적 영위 속에 던져 넣고, 그런 문화적 양식들 속에서 규정되어 있는 일련의 행동들을 완성했을 때, 그것이 제대로 잘 되었는지 어쨌는지를 알게 된다.

'흐름'은 일상 행동과는 달라서, 흐름의 틀은 행동과 행동에 대한 가치평가를 통합하는 명확한 규칙들을 가지고 있다. 그러므로 '**속임**'은 '흐름'을 파괴해 버린다. '흐름'이 형성되기 위해서는, 일시적으로나마 '기꺼이 하는 불신의 중단'이 필요하며, 일종의 신자가 되어야만 하는 것이다. 여기서, 적용되는 규칙들은 어떠한 의미에서 자명한 것이라고 믿을 필요가 있다. 만일 수많은 연극이나 제의 형식들이 리미널한 시공간에서 일어난다면, 그 시공간은 어떤 규칙들에 의해서 '틀'이 부여되는 것이며, 그 '틀' 안에서 그것이 진행되고 있는 한은, 가공의 행위에 대해서든 혹은 혁신적인 행위에 대해서든 혹은 가정법적 행위에 대해서든, 그 규칙들은 '확고'한 것이다.

(6) 결국, '흐름'이란 칙센트미하이가 '자기 목적적autotelic'이라 부른 것이며, 그것 자체 이외에는 아무런 결말도 보답도 필요로 하지 않는 것이다. 단지 '흐르는 것to flow'만이 그 보답이다. 사람이 체험할 수 있는 최고의 행복이 그러한 것처럼, 어떤 의미에서는 '흐름'을 일으키고 '틀'을 부여하는 특수한 규칙들은, 그것이 비록 체스의 규칙이건 명상의 기술이건 간에, 그 흐름 자체와는 무관하다.

어쨌거나, 칙센트미하이의 결론에 의하면, '흐름'은 인간 활동을 연구하는 데 매우 중요한 역할을 한다. 왜냐하면, 앞에서 언급한 것들이 사실이라면, 사람들은 이 '흐름'을 낳는 문화적 상황이나 '틀'을 고의로 만들어 내는 것이 되기 때문이다. 만일 어떤 개인에게 있어서, 자기의 생활상의 지위나 신분이 만약 어떠한 이유로 하여 '흐름을 저지하는 것', 즉 지루함이나 불안으로 통하는 것이라면, 그는 그 바깥에서라도 '흐름'을 낳는 어떤 문화적 실체를 찾고자 한다.

'흐름'은, 성공했다고 말할 수 있는 문화적 공연이라면, 어떤 종류의 공연 속에도 포함되어 있다. 그렇다면, 이 **'흐름**flow'과 **'틀**frame'과 **'반성**reflection'의 상호관계는 어떠한 것일까?

우선 **어빙 고프만**Erving Goffman의, '틀'에 관한 최근의 고찰을 생각해 보자. 그는 그의 저서 『틀의 분석*Frame Analysis*』(1974)에서 이에 관해 쓰고 있다. 그에 의하면, **'틀'**이란 '사건을 지배하고 있는 조직의 원리'(p.10)이다. 그것은 몇 가지 유형으로 나누어진다. 우선 '자연의 틀'은 자연의 사건에, 그리고 **'사회의 틀'**은 '관리된 행위'에 관련이 있다(p.22). 제의 · 카니발 · 무대극은 '사회적으로 틀이 부여'되어 있는 것 곧 '사회의 틀' 유형에 속하는 것들이다. '틀'을 위해서는 어떤 주요 장면들을 해석해야 한다. 해석을 하지 않으면 그 실체는 의미를 갖지 않기 때문이다.(p.21). 이 생각은 슈츠Schutz, 가핀켈Garfinkel, 시쿠렐Cicourel 등 현상학적 사회학자들의 견해와 가깝다. 여기서 사회생활은, 문화적으로 부여한 의미의 '틀'이 행동에 관해 어떤 설명을 해주는가를 무한히 계속해서 검토하는 것이 된다.

즉, 어떤 사건이나 행동의 윤리적 · 미적가치에 대해 사전에 서로 공유할 수 있는 이해를 가지고 있다는 것이 먼저 확인되지 못하면, 기본적인 **'틀'**이 형성되는 과정에서 **'흐름'**이 형성되지는 않는다. '틀'을 반성적으로 검토하는 것은 흔히 행위와 지각을 분리해 버리기 때문에 '흐름'의 형성을 방해한다. 고프만은 영화나 연극 같은 공연을 **'이차적인 틀'**이라 부르고 있다. 그리고 그는 이런 것들에 대해 **'만들어낸 틀'**이라는 말도 사용하고 있다. 거기서, 행동은 조작되고, 대담한 트릭스터trickster가 창조한 틀처럼, 사람들은 거기서 무엇이 진행되고 있는지에 관해서 잘못된 신념을 갖게 되기도 한다(p.83).

고프만의 용어에서 **제의 · 카니발 · 연극**은 모두 사회적으로 '틀'이 부여되는 것이고, '관리된 행위'이며, 이 중에 제의와 카니발 두 장르는 **'사회구조'**에 깊이 기인하고 있다. 곧, 그것들은 피터 버거Peter L. Berger나 토마스 루크만Thomas Lickman이 정의한 '연속성 요소와 현실의 대상화'(카니발의 시나리오에 *The Social Construction of Reality: A Treatise in the Sociology of Knowledge*, 1966)에 뿌리박고 있으며, 이것들이 이루어내는 '흐름'의 성질은,

참가자가 스스로 전통적인 제의나 카니발의 시나리오에, 즉 그것의 진행 절차에 어느 정도 참여하느냐에 달려 있게 된다. 그 진행 절차의 전체 '이야기'는 그 공동체의 역사에 대해서 '반성적인 메타 비판'을 행하는 것이다.

한편, **연극** 곧 무대극에 있어서의 흐름은, 극작가가 사회에 대해서 행하는 개인적인 가치평가를 배우가 어느 정도 박진감 있게 공연하고 전달하느냐에 의해서 좌우된다. 여기서, 배우가 반성적인 것은 아니다. 왜냐하면, 반성은 흐름을 방해하기 때문이다. 배우는 상호 관련된 연극의 '흐름' 속에서, 시나리오나 대본의 반성적인 메시지를 전달한다. '성공한 공연'이 가져다주는 힘은 바로 여기서 생겨난다. 즉, 작자는 '**반성**'을 낳고 배우는 '**흐름**'을 낳는다. 이 흐름과 반성 사이에는 서로 상반되지만 풍부한 긴장감이 존재한다. 이 긴장감에 **청관중**이 '감동되는' 것이다. 여기서, 문화적인 문젯거리가 청관중들의 열렬한 반응에 의해서 명료하게 포착된다.

카니발이나 **제의**에서는 '사회구조' 그 자체가 작가이자 대본이라고 생각하더라도 결코 이상하지 않다. 나탈리 데이비스나 로버트 베즈카가 제시한 실례가 흥미로운 것은, 그 속에 '사회구조'에 대항해서 즉 '반-구조'를 만들어 분열한 사회가 보이기 때문이다.

여기서는, 한 쪽 집단이 마임mime이나 가면으로 다른 한 쪽 집단의 몰락을 고안해낸다. 이때, '사회구조'는 상대적으로 유동적이게 되고, 계급과 성은 자기 인식적이고 반성적이게 되고, 그 사회 조직의 일부는 다른 사람들에 대한 하나의 비판을 제공하기 위해서, 이전에 공유했던 문화적 상징들을 골라 선별적으로 선택한다. 집단적이고 반성적인 공연 장르가 현대 사회에서는 일시적인 자기평가를 위해 매우 둔한 도구처럼 보이는 것도 이 때문이다.

이처럼, '틀'과 '틀' 사이에 변환이 일어난다고 하는 고프만의 생각, 즉 그가 '조율'이라 부르는 과정이란 "일련의 관습들로 이루어진 과정이고, 그 과정들에 의해 처음의 '틀' 속에서는 의미 있던 행동이 참여자들에 의해 전혀 다른 것으로 변환되어 버리는 것"이다.

이 과정에서 보면, **카니발**이나 **제의**가 **무대극**으로 변환되어 갔다는 것도 이와 무관하지는 않을 것이다. 이를테면, '**코메디아 델라르테**Commedia dell'Arte'가 생각난다. 이 연극의 배우는 가면을 쓰고 즉흥연기를 잘하며 파리의 생 제르멩Saint-Germain 시장이나 생 로랑Saint-Laurent 시장과 같은 거대한 시장의 분위기 속에서 융성했다. 그리고 일본의 **노오**能는 14세기에 현재의 모습으로 이루어졌다고 여겨지는데, 이것은 몇 가지 선행하는 연극 장르들에서 발전되어온 것처럼 보인다. 그 하나에는 '**기악**伎樂(Gigaku)'이 있다. 이것은 7세기 초 한국에서 가져온 오락 형식이며 '음악 · 무용 · 가면 · 마임으로 왕왕 풍자적인 성격을 띠고 있었으나, 결코 정기적인 축제 양식은 아니었다'.(Henry W. Wells, 'Noh' in *The Reader's Encyclopedia of World Drama*, 1969 : 602).

그 밖에 주요한 연극 장르들도, 그리스 희극이 도취로 이끄는 노래나 춤 · 논쟁 · 구경꾼들에 대한 연설 등을 수반한 행렬의식에 기원하는 것으로 추측되는 것과 마찬가지로, 카니발적인 기원을 갖고 있다. 이러한 경우에 출현하는 등장인물들은 조롱을 당하거나 바보로 취급되거나 무례한 자로 표상된다.

중세 이후의 희극은 로마의 **농신제**農神祭(Saturnalia)에서 파생한 카니발적인 축제인 **바보제**Feast of Fool에서 영향을 받고 있는 것으로 되어 있다. 로즈H. J. Rose는 이 농신제에 관해서 다음과 같이 기록하고 있다. "그 기간 중에는 사회적 구분이 없어지고, 노예도 휴가를 얻고, 주인도 마찬가지로 축제에 참여했다. 모든 규제가 완화되고 시민도 병사도 다 마찬가지로 참여했다. 심지를 뽑아, '무질서의 왕, 농신제의 주인공'이 선출되면, 선물이 교환되었다"(1948 : 77).

무대극은 '리미널리티'라기보다는 '리미노이드한' 것, 즉 '리미널한 것과 유사한liminal-like 것'이라고 부르고 싶은 장르이다. 무대극은 더 나아가 역사적으로는 제의와 관계를 가지며, 리미널한 측면을 가지고 있던 제의를 대신하게 되었다. 그리고 이것은, '가정법성', 일상생활의 계층화로부터의 탈피, 상징적인 수준에서의 변환, 심층 레벨에서의 사회구조의 파괴 등과 같은, '리미널한' 과정과 상태의 중요한 특질들을 공유하고 있다. 그 어느 것이나 다, 사회를 '반성'하는 중요한 양식으로 만들어져 왔다는 점은 같으나, 리미노이드 장르가 리미널 장르와 다른 것은 그 대상 분야에서이다.

'**리미노이드 장르**'는 소설이나 에세이에서부터 초상화 · 풍경화 · 군중화 · 전람회 ·

조각 · 건축 그리고 희곡까지도 포함하는데, **'리미널 장르'**와는 다음과 같은 점에서 대조를 보이고 있다.

즉, **'리미널 현상'**은 부족사회 초기 농경사회의 고유한 것이었다. 그것들은 공동체적이고 계절의 사이클에 맞추어지고 생물학적 사이클과 사회구조 사이클에 맞추어지고 있었다. 즉, 그것들은 사회의 전체 과정 속에 짜 넣어지고 시간을 초월해서 공동체의 체험을 반성하는 것이었다. 이것이 리미널하지 않은 영역에서 발견되는 지위의 계층들을 '전도시키는' 것처럼 보일 때조차도, 그것은 '기능적' 혹은 '선기능적善機能的'이라고 해도 좋을 것이다.

반면에, **'리미노이드 현상'**은, 좀 더 복잡한 사회들 속에서 번성하고, 헨리 메인Henry Main의 말에 의하면, 여기서는 '계약이 주요한 사회적 연대로서의 지위를 대신'하게 된다. 여기서는, 사람들이 '출생'에 의해서 관계를 맺게 되는 것이 아니라 '자발적'으로 관계를 맺게 된다. 아마도, 이 '리미노이드 현상'은, 조지 거비치Geoges Gurvitch가 (희랍 · 로마 · 에트루리아 · 움브리 타임의) '제국이 되어가는 도중의 도시국가'라 불렀던 것에서나 후기봉건제 사회에서 비로소 나타났다고 할 수 있다. 그러나 서구에서 이것들이 실제로 지배적이었던 것은, 산업화와 기계화가 시작되고 거대한 사회 - 경제적 계급이 출현한 초기 자본주의 사회에서이다.

'리미노이드 현상' — 이것은 이보다 앞선 리미널 현상인 카니발 · 퍼레이드 · 구경거리 · 서커스 등에서 파생했다 — 은 집단적이라 하더라도 대중적 집단적 효과를 지니고 있는 '개인적인 창조'일 수도 있다. 이것들은 어떤 주기적 순환에 따르지 아니하고 단속斷續하며, 레저 범위 안의 시공간에서 일어나는 수가 많다. 그리고 '리미널 현상'과는 달리, 정치 경제의 중심 과정으로부터는 멀리 떨어진 곳에서 생기는 경향이 있다. 즉, 조직의 주변 틈새, 엮음새 속에서 생겨나는 수가 많다. 그것들은 그 성질상 복합적이고도 단편적이며, — 어떤 경우에는 신성하고 사회의 중추를 이루기도 하며, 범사회적인 제의의 스파라그모스sparagmos[6]-를 행하기도 한다 — 흔히, 실험적이기조차 하다.

6_ 디오니소스제(Dionysian orgy)를 지낼 때, 바커스신의 사제들 무리가 황소나 송아지 같은 산 제물을 갈

다시 말해서, '리미노이드 현상'은 각본가로서의 '개인'으로부터 생겨나는 경우가 많기 때문에, '리미널 현상'보다 특이하고 변덕스럽고 '빈약하고 신기하고 기괴하기까지' 한 것이다. 그리고 그 상징은, 객관적이고 사회 - 유형적인 연극에 보다는 개인적이고 심리적인 연극에 더 가까운 것이다. 리미노이드한 작가들과 배우들 사이에서 '도당' · '학파' · '동인同人' 등이 생긴다 하더라도, 그것들은 '의무'에 의해서 형성되는 것이 아니라, '희망'이나 '선택'에 의해서 이루어지는 것이다.

'리미널 영역'의 경우에는. '페르소나들'이 태어나면서부터 정해지는 지위에 따라 제의를 체험하지 않으면 안 되지만, 이보다 좀 더 뒤늦게 나타난 '리미노이드 영역'에서는 '경쟁'이 생겨난다. 개인도 학파도 모두 '대중'에게 알려지기 위해서 '경쟁'을 하고, 적어도 초기의 자본주의 사회나 자유민주주의 사회에서는, 그들은 자유시장에서 거래되기 위해 내놓인 일종의 유희적인 판매용품으로 간주된다.

'리미노이드 현상'은 '리미널 현상'과는 달리 일상적이고 권위적인 구조들과 상징들을 '전도'시킨다기보다도 '파괴'해 버린다. 이 파괴적인 성질은 많은 구조적 · 반 - 구조적 관점들 속에 본래부터 내재해 있다. 예컨대, **앙토냉 아르토**는 제의적 리미널리티(전이영역)는 세속화에 대항해서 자기 스스로를 재주장한다고 선언했다. 여기서 그의 책 『연극과 그 이중성*The Theater and Its Double*』(1958)을 인용해 보자.

> 연금술이 그 여러 가지 상징을 통해서 리얼리티의 물질적인 차원에서만 효력을 갖는 하나의 정신적 작용의 그림자라면, 연극은 이제는 단지 활력 없는 모사로 위축되어버리고 있는 그런 직접적이고 일상적인 리얼리티의 이중성—마치 설탕을 입힌 것처럼 속이 텅 빈 리얼리티의 모방—이 아니라, 그 그림자의 실체가 마치 돌고래처럼 잠깐 얼굴을 내밀었다가는 곧 깊은 어둠 속으로 서둘러 되돌아가는, 그런 원형적이고 위험한 리얼리티의 이중성인 것이다(p.48).

기갈기 찢은 일.

여기서, 아르토는 연극의 **반성성**reflexivity을 다음과 같이 보고 있다. 즉, 근대적 일상 현실을 (그의 용어에 의하면) '착란상태에 있는 우주'의 '잔혹한' 심층과 그 비옥하고 원시적인 심층과 맞부딪치게 함으로써, 표피적 - 이성적 리얼리티에 대한 우리의 요설적인 수용 태도를 '파괴'해버리는 것이 연극의 '반성성'이라고 그는 생각하고 있는 것이다.

아르토에게 있어서 '파괴'란, 칼 융Karl Jung의 용어에 가까운 일종의 기이한 '재부족화retribalization'라는 의미를 내포하고 있다. 우리는 우리를 이리저리 안팎으로 휘감고 있는 '신화'로부터 다시 재충전의 길을 찾고 있다. 아르토에게 있어서는, 예컨대 발리섬 등의 동양연극은, 치료적인 효과를 가지고 있는 것이었다. 즉, '생명에 도달하기 위해서 언어를 파괴하는 것'이었다. 이 '파괴'는 가끔, 확립되어 있는 질서를 여러 가지 새로운 구조적 퍼스펙티브로부터 합리적으로 '비판'하는 모습을 취하기도 한다.

교훈주의는 쇼 · 입센 · 스트린드베리 · 브레히트의 연극에서는 분명하게 보이지만, 핀터 · 베케트 · 아라발의 연극에서는 그다지 명확하게 보이지 않는다. 연극이나 그 밖의 리미노이드 장르나 매체들은, 현대의 정치 - 경제적 구조 및 그 과정 속에서 생성되는 부정 · 비능률 · 부도덕 · 소외를 '폭로'하는 것이다.

물론, '리미노이드'와 '리미널'은 그 비율의 차이는 있을지언정, 언제 어디서나 공존하고 있다. 현대의 종교 · 클럽 · 비밀결사 등은 '리미널 단계'를 가진 저마다의 통과의례들을 마련해 놓고 있으며, 반면에 부족사회에서도 '리미노이드한' 게임이 있고, 미술이나 춤에서의 실험적인 실천들이 있다.

그러나 '리미널'로부터 '리미노이드'에로의 이행 경향은, '지위'에서 '계약'으로, '기계적' 연대에서 '유기적' 연대에로의 이행과 마찬가지로 분명한 것이다.

두 용어의 차이를 간추려 보자면, '리미널의 장르'는 사회적인 '틀', 집단적 반성성, 대중적 흐름, 공유된 흐름에 중점을 두고 있는 반면, '리미노이드 장르'에서는 특이질적인 '틀', 개인적 반성성, 주관적 흐름을 강조하고, 사회를 기지既知의 사항들로 보는 것이 아니라 문제의 근원으로 본다.

후기

최근에 들어, 나는 리차드 셰크너와 진지하게 논의할 기회를 가졌다. 셰크너는 '**퍼포먼스 그룹**'의 공동연출가이며, 연극이론가이자, 연극제작자이고, 어떤 상황에서도 걸출한 재능을 발휘하고 있다. 셰크너는 예르지 그로토프스키와 마찬가지로 제의와 연극의 관계에 관한 현안 문제들에 관심을 보이고 있으며, 실제로 셰크너와 매디 슈만Mady Schuman이 편집한 『제의, 연극, 그리고 공연*Ritual, Play, and Performance*』(1976)에는 그로토프스키의 논문 「연극의 신약성서The Theater's New Testament」를 싣고 있다.

예르지 그로토프스키는 분명히 자기의 연극을 현대인을 위한 '**통과의례**'의 한 유형으로 보고 있다. 그에 의하면, '무대를 제거하고 배우와 청관중 사이의 거리를 없애고 그들을 낯모르는 장소로 데리고 가지 않으면 안 된다'(p.189). 여기서 연극은, 구경꾼(구경꾼이 아니라 참여자)에게 연출되는, 일종의 통과의례적인 시나리오를 가진 '리미널 단계'가 된다.

이에 관해, 그로토프스키는 다음과 같이 말하고 있다. "내 연극의 참여자들은 심리적인 통합의 단계 단계를 한 발 한 발 밟아 올라간다. 그들은, 터무니없는 기하학적 - 영적 안정성에 도달하여 안심을 얻어, 무엇이 선이고 무엇이 악인지를 정확히 구분하여 아는 것처럼 되어서, 이미 의심을 품는 일이 없는 그러한 청관중은 아니다. 왜냐하면, 엘그레코 · 노르비트 · 토마스 만 · 도스토예프스키 등이 말한 것은, 그러한 등장인물이 아니라, 끊임없는 자기발전 과정을 거치고 있는 등장인물, 그저 보편적으로 불안이 있는 그런 인물이 아니라, 자기 자신과 자기 인생의 사명에 관한 진실을 추구하는 데서 불안을 가지는 그러한 등장인물에 관해서이기 때문이다"(p.188).

분명, 그로토프스키는, 현대적 개인을 향해서, 즉 '리미노이드'의 광대한 장르에 직면하고 있는 인간을 향해서, 말하고 있는 것이다. 여기서, 그로토프스키는, 현대인 모두는 아니라고 하더라도, 하나의 샤먼 숭배 집단과 같은 아주 소수의 사람들만이라도 '재전이화reliminalization' 혹은 '재부족화'를 시키려고 하는 것이다.

그렇다면, 그의 연극은, '어떤 선발된 사람들을 위한 연극이라고 생각해도 좋은가?'

라는 질문에 대해서, 이렇게 대답하고 있다. "그렇다. 그러나 선발된 사람이라 하더라도 그것은 청관중의 사회적 배경이나 경제 상태나 교육 정도에 의해서 정해지는 것은 아니다. 중등교육을 받은 일이 없는 노동자라 하더라도 자기 탐색의 창조적인 과정을 체험할 수는 있는 것이다. 오히려, 대학교수 같은 쪽이 더 활기를 잃고, 고정된 틀 속에 끼어 놀라울 만치 죽은 듯한 견고함 속에 갇혀 있는 경우가 있다. 우리는, 모든 청관중들을 다 좋아한다는 것이 아니라, 어떤 특수한 청관중들에게 관심이 있다"(p.188).

그로토프스키의 '반지성적 경향'이 여기서 분명히 나타나긴 하지만, 그렇다고 해서 이것이 브로클로우Wroclaw의 '폴란드 연극실험실'에서 그가 주장한 '가난한 연극poor theater'의 가장 중요한 요소라는 말은 아니다. 그것은, 일종의 '프란시스코주의'이다. 사실, 그는 후반으로 가면서 새로 극단에 들어온 사람이 만약 '자기 분석을 활발히'(p.189) 하려고 행각한다면, 순례자처럼 폴란드의 성스러운 산을 도보로 여행하지 않으면 안 되도록 하였고, 또 노련한 배우들로 이루어진 중심 그룹과 함께 고난의 과정을 동반하는 일을 않으면 안 되었다.

그래도, 그로토프스키는 여전히 '리미노이드'의 범주에 있다. 왜냐하면, 그가 아무리 제한을 둔다고는 하더라도, 그는 다른 연극 형식의 유효성을 그의 작업에 허용하고 있기 때문이다. 그러나 그가 이 범주 속에 속해 있다하더라도, 그는 분명히 '인류학적인 관점'을 가지고 있으며, 마치 일련의 통과의례를 행하듯이 '구조된 사람들'로 이루어진 공동체를 창조하고 싶다고 생각한다.

이 '구조된 사람들'이란 정신을 단련함으로써 스스로를 발견하고, 그로토프스키의 활동을 체험함으로써 정신이 주의 깊게 배양되는 사람들이다. 그리고 그의 이러한 시도는, '거기까지 이르지 못하는 정신을 가진' 사람들의 세계로, 베르자에프Nicholai Berdyaev가 '정신적 귀족'이라 부르는 것을 점차 넓혀 가려는 것이다.

그의 이러한 시도의 '리미노이드'한 성격은 역으로 부족적 질서를 역전시키려고 하는 시도로 나타난다. 즉, 그의 리미널한 제의는 선행하는 사회구조를 지시하고 그 구조의 중요한 상태와 지위의 경계를 분명하게 하는 것이다. 그래서 그로토프스키는 '제의' —내가 여기서 이러한 점들을 강조하는 것은 이 '리미노이드'한 성격이 포스트모던의 인간을 형성하는 것으로 보고 있기 때문이다 — 를 우선 실존적 공동체를 창조하기 위해서 사용하고, 그리고 그 다음에는 널리 규범이 되는 공동체를 창조하기 위해서 사용하고 있다. 그는 우선 '경계영역threshold'에서 시작하여, 그 경계영역의 양쪽에다가 사회구조들을 일반화한다. 이것은 '천년왕국운동' 창립자의 방식과 같은 것이며, 유령춤의 보보카Wovoka나 남아프리카의 이시야 쉠브Isiah Shembe와 같다.

그로토프스키의 어휘들 속에는 '복음'을 전도하려는 열의가 넘쳐흐르고 있다. '연극의 신약성서', '성스러운 배우', '스타니슬라프스키와 같은 세속의 성인' 등과 같은 것들이 그러한 말들인데, 이 '성스러운'이라는 말도 통상의 종교적인 의미로 사용해서는 안 된다고 그는 주장한다(p.190).

리차드 셰크너는, 이 '제의/연극'이라는 생각에는 그다지 사로잡히지 않는 입장을 취하고 있다. 그에게 있어서는, '효능/제의 - 오락/연극'의 양극을 완전히 다 포함하는 것이 **'공연'**이다. **'공연'**이라는 이 일반적인 말은 진지하게 되는 것과 즐기는 것 양쪽을 다 포괄할 수 있는 힘을 내포하고 있다. 즉, 공연은 "생각을 집중하는 것과 시간을 보내는 것, '그때 거기'를 실현하는 상징적 행위를 펼쳐 보이는 것과 다만 '지금 여기'에 존재하는 것, 자기 자신이 되는 것과 누군가 다른 사람의 역할을 연기하는 것, 신들린 상태에 처하는 것과 의식적으로 되는 것, 결과를 얻으려고 노력하는 것과 바보같이 빈둥거리는 것, 연금술적인 용어를 공유하는 선택된 집단의 행동에 초점을 맞추는 것과 '티켓'을 사주는 얼굴도 모르는 최대한의 청관중들을 향해서 말하는 것"(p,218) 등등의 양극을 모두 포괄하고 있다.

그러나 우리가 이전보다 사회 - 문화적 과정의 역학을 좀 더 잘 파악하려한다면, 우리는 **'문화적 공연들'**을 인간 집단의 **'반성'** 영역으로 이해해야만 하고, 점증해가는 몸에 배인 '반성성'을 여러 문화적 장르들의 발전적인 연속과정 속에서 보아야만 한다고 나는 생각한다.

셰크너가 말하는 **'공연'**은 현대의 '리미노이드 현상'의 뒤섞인 상태를 정확히 정리하는 데에 아주 안성맞춤이라고 말할 수 있을 것이다. 그러나 그런 집단적 반성의 수준이, 사회형식이 좀 더 나아간 단계, 즉 서구의 자본주의적 자유민주주의 단계와 완전히 일치함을 볼 수 있다는 것은, 역으로 서로 모순 하는 여러 가지 형식들을 받아들이는 포용력과 넓이에 의해서인 것이다.

개인적으로 덧붙이고 싶은 것은, 나는 **'리미노이드 현상'**을 인간의 자유가 역사적으로 진전해 온 결과라고 생각하고 있다. 그렇기 때문에, 연기자와 청관중이 분리된다는 것이나 우주론과 신학으로부터 대본이 자유롭게 된다는 것도 나에게는 바람직한 것이다. 이런 관점에서, **'개성'**이라는 개념은 여러 가지 곤란들에 대응해 왔기 때문에, 이것을 '재전이화reliminalization'라는 하나의 새로운 총체화 과정에 내맡겨버린다는 것은 일종의 자포자기적인 사고방식이다.

청관중의 일원으로서 나는, **연극**이라는 테마와 메시지를, 수많은 '가정법적' 가능성들 중의 하나로, 사고와 행동이 충분히 검토된 후에 수용되거나 거부되도록 하기 위한, 하나의 '변이모델'로 볼 수 있다. 청관중으로서라도 사람들은 연극에 충분히 감동될 수 있다. 사람들이 연극을 통해서 꼭 타인이 가지고 있는 유토피아나 그로토프스키의 이른바 '세속의 성사secular sacrum' 속으로 '휩쓸려 들어갈' 필요는 없는 것이다. '리미노이드'한 연극은 대안적인 것이어야지, 세뇌적인 테크닉이어서는 안 된다. "사자를 위한 법은 황소에게는 억압이다"라고 발언한 블레이크의 말처럼 말이다.

Agulhon, Maurice, *La Republique au village*, Paris: Plon, 1960.

Artaud, Antonin, *The Theater and Its Double*, tr. M. C. Richards. New York: Grove Press, 1958.

Berger, Peter L. and Luckman, Thomas, *The Social Construction of Reality: A Treatise in the Sociology of Knowledgy*, Garden City, New York: Doubleday Anchor Books, 1966.

Bezucha, Robert, "Popular Festival and Politics During the Second Republic," Paper delivered at the Davis Center, Princeton University, 1975.

Csikszentimihalyi, Mihaly. *Beyond Boredom and Anxiety*, San Francisco: Jossey-Bass, 1975.

Davis, Natalie Z, *Society and Culture in Early Modern France*, Stanford University Press, 1975.

Goffman, Erving, *Frame Analysis*, New York: Harper and Row, Colophon Books, 1974.

Junod, Henri, *Life of a South African Tribe*, Vol. Ⅰ. New York: University Books, 1962. Originally published in 1912~1913.

Krige, Eileen Jensen, *The Social System of the Zulus*. Pietemaritzburg: Schuter and Shooter, 1950.

Marriott, McKim, "The Feast of Love" in M. Singer, ed, *Krishna: Myths, Rites, and Attitudes*, Honolulu: East-West Center Press, 1966.

Rose, H. J., *Ancient Roman Religion*. London: Hutchinson, 1948.

Schechner, R., and Schuman, M, eds., *Ritual, Play and Performance*. New York: The Seabury Press, 1976.

Turner, Victor, *The Ritual Process*. Chicago: Aldine, 1969.

Van Gennep, Arnold, *Manuel du Folklore francais contemporain*, 7 Vols, Paris: Picard, 1938~1958.

Wells, Henry W. "Noh" in *The Reader's Encyclopedia of World Drama*, New York: Thomas Crowell, 1969.

역자 해설 및 후기

이 책은 빅터 터너Victor Turne의 *From Ritual to Theater - The Human Seriousness of Play*(New York, Performing Arts Journal Publications, 1982)를 완역한 것이다. 본문 뒤에 실려 있는 '부록'은 터너가 이 책의 본문에 실린 글들보다 앞서 쓴 논문으로, 본서의 몇 가지 주요 개념, 예컨대, '리미널liminal', '리미노이드liminoid', '틀flame', '흐름flow'과 같은 어려운 용어들을 이해하는 데 도움이 된다고 생각되어 함께 옮겨 보았다. 이 부록의 번역은 Victor Turner, "Flame, Flow and Reflection: Ritual and Drama as Public Liminality"(in Michel Benamou & Charles Caramello, eds., *Performance in Postmodern Culture*, Madison & Wisconsin, Coda Press Inc., 1977)를 원전으로 하였다.

본서의 제2장과 부록은 이기우 교수가, 그리고 서론과 제1장·제3장·제4장은 김익두가 번역한 다음, 두 역자의 견해들을 종합하여 김익두가 다시 이 번역 초고를 원문과 대조하면서 가다듬고 주해註解하였다. 이런 일련의 수정 과정은 김익두에 의해 다시 한 번 꼼꼼한 수정 과정으로 이어졌다.

빅터 터너(1920~1983)는 아일랜드에서 스코틀랜드로 이주한 켈트족 가문 출신으로, 스코틀랜드에서 전기 기술자였던 부친과 열렬한 민족주의 연극배우였던 모친 사이에서 태어나, 잉글랜드의 남쪽 오지인 본머스의 아름다운 바닷가에 있던 조부모 집에서 어린 시절을 보내면서 꿈을 키웠다.

그 후, 그는 인류학의 길을 걷게 되었다. 그가 인류학자의 길로 나아가게 된 이유에 관해, 그는 이 책의 서론에서 '부친의 과학정신과 모친의 예술정신이 자기 자신 속에서 하나로 통합되었기 때문'이라고 술회하고 있다. 특히, 그가 결혼을 한 후에, 아내 에디스 터너Edith Turner와 함께 몇 년 동안이나 아프리카의 원주민 마을에서 생활하면서, 그곳 원주민들의 삶을 연구하게 된 데에는, 그의 모친의 열렬한 민족주의적 영향도 컸으리라 생각된다.

초기에는 영국의 구조·기능주의 인류학자들의 가르침을 받았으나, 아프리카 원주민 사회의 현지조사와 독일의 철학자 빌헬름 딜타이Wilhelm Dilthey의 생철학 곧 '체험'의 철학에 영향을 받아, 뼈대만 앙상한 구조·기능주의 인류학을 극복하고, 자기 나름대로의 인류학, 이른바 '상징인류학symbolic anthropology'을 창안해 내었다.

이런 방향에서, 그는 사회와 문화의 실질을 좀 더 포괄적이고 구체적으로 파악할 수 있는 독특한 관점과 방법을 모색하게 되었다. 터너는 또 네델란드의 인류학자 판 헤네프Van Gennep의 '통과의례passage rites'란 것으로부터 많은 영향과 암시를 받아 '사회극social drama'이란 용어를 창안해 내었으며, '리미널'·'리미노이드' 등의 독특한 용어들을 통해, 과거로부터 오늘날에 이르기까지의 세계문화의 여러 측면들을 인류학적인 관점에서 매우 진지하고 해박한 지성을 활용하여 분석하고 해석하고자 하였다.

명망 있는 학자로 성장한 뒤에는, 주로 미국의 코넬대학교·시카고대학교·버지니아대학교·뉴욕대학교 등에서 인류학을 가르쳤으며, 만년에는 뉴욕대학교 공연학과의 리차드 셰크너Richard Schechner와 함께 '공연인류학anthropology of performance' 혹은 '민족연극학ethnodramatics'에 많은 관심을 기울이기도 하였다.

터너의 저술로는 이 책 외에도 『한 아프리카 사회에서의 분열과 지속*Schism and Cintinuity in an Aftican Social*』(1957), 『상징의 숲*The Forest of Symbols*』(1967), 『제의의 과정*Ritual Process*』(1969), 『연극, 장, 그리고 은유*Drama, Field, and Metaphors*』(1974), 『공연인류학*Anthropology of Performance*』(1987) 등이 있다.

이 책의 내용에 관해서 간략히 언급해 보겠다. 이 책은 '놀이의 인간적 진지성'이라는 부제가 암시하는 바와 같이, 넓은 의미의 '놀이', '논다'고 하는 것이 인간적으로 얼마나 진지하고 심각한 것인가 하는 생각을 그 중심에다 놓고서, 인간의 '문화'를 탐구하고 있는 책이라고 할 수 있다. 이런 점에서는 호이징하의 『호모 루덴스』나 로제 까이와의 『놀이와 인간』이 탐구하고 있는 문제와도 서로 상통하고 있다고 할 수 있다.

그러나 이 책이 앞의 두 책들과 가장 크게 다른 점은, 문화인류학, 특히 '상징인류학'의 관점에서 인간의 삶을 제의와 놀이와 연극으로 논의한다는 점일 것이다. 터너는 이 책에서 제의와 놀이와 연극과 레저들이 그저 주변적이고 관습적인 문화가 아니라, 기실은 그것들을 통해 인간이 자신들의 삶을 반성하고 문젯거리들을 해결하고 미래를 개척해 나아가는 문화의 중심적이고 살아 움직이는 '반성적 장르들'이라고 주장하는 입장에 서 있다.

먼저 이 책의 '서론'에서는 저자의 출생과 성장에 관한 이야기로 시작하여, 자신의 학문적 입장과 본서의 중심문제들을 포괄적으로 언급하고 있다. 여기서 그는, 자신이 왜 인류학에 발을 들여놓게 되었고, 어째서 자기는 기존의 '구조 - 기능주의 인류학'을 넘어서서 '상징인류학'으로 나아가야만 했는가를 밝히고, 이 책 전체를 통해 여러 차례 반복되면서 논의의 틀을 구축하게 되는 주요 용어들 — '체험', '사회극social drama', '커뮤니타스communitas' 등 — 에 관해, 매우 암시적이고 상징적인 어법으로 얘기하고 있다.

제1장에서는 자신의 '비교상징학comparative symbology'의 입장을 옹호하면서, '리미널', '리미노이드', '일work', '놀이play', '레저leisure', '구조structure', '반구조anti-structure', '커뮤니타스communitas', '흐름flow' 등의 용어를 중심으로 비교상징학적인 문화해석 방법에 관해 논의하고 있다.

제2장에서는, 터너가 사용하는 중요한 인류학적 용어인 '사회극'과 그 사회극을 구성하는 '이야기story/narrative' 및 그 둘 사이의 관계에 관해서, 저자가 현지조사를 통해 실제로 체험한 아프리카의 잠비아 응뎀부족의 사회극을 그 구체적인 실례로 들어가면서, 진지하게 논의하고 있다. 여기서 터너는, 인간의 사회 - 문화적 삶의 주요 계기들을 '사회극'으로 보고, 그 삶의 내용을 '이야기'로 보아, 그 사회 문화 구성원들의 삶을 하나의 연극theater으로 포착해내는 문화 해석의 방향을 제시하고 있다.

이러한 방법은 어빙 고프만Erving Goffman이나 클리포드 기어츠Clifford Geertz가 제시하는 이른바 '연극유추drama amalogy'의 방법과도 상통하는 것이라고 볼 수 있을 것이다.

제3장에서는 인간의 문화를 이해하고 해석하는 또 하나의 태도와 방법으로서, 이른바 '공연적performative'·'반성적reflexive' 문화 인류학을 논의한다. 이 방법의 골자는 다른 민족과 사회의 문화를 이해하고 해석하기 위해서는 그 문화를 몸소 '공연'해 보고, 그 공연을 통해서 그 문화에 대해 '반성'함으로써, 실제적이고 '체험적'으로 그 문화에 대한 진정한 '이해'에 도달할 수가 있다는 것이다.

이 방법을 좀 더 구체적으로 언급한다면, 어떤 사회의 문화를 이해하고 그 문화의 의미를 해석해 내기 위해서는, 먼저 그 문화에 대한 현지조사를 통해서 그 문화의 민족지ethnography를 작성한 다음, 그 민족지 기록들 중에서 흥미롭고 중요하게 여겨지는 부분들을 연극대본으로 바꾸고, 그 대본을 실제로 공연하며, 그런 다음에는 이를 통해 얻은 여러 가지 실질적인 이해를 가지고 다시 앞의 민족지에 기술된 '인간의 삶'을 좀 더 생생하게 이해·해석할 수가 있다는 것이다. 이 장의 말미에서는 '민족연극학ethno-dramatics'이란 용어를 강조하고 있다는 점도 역자들에게는 매우 흥미로운 것이다.

제4장에서는 일상생활과 연극의 관계를 탐구한다. 즉, 일상생활을 연극으로 보고, 우리의 일상생활이 얼마나 연극적인 것이며, 따라서 평범한 일상생활이 사실은 얼마나 비범한 것인가를, 그리고 연극은 또 얼마나 일상생활에 새로운 의미들과 차원들을 제공하는 것인가를 논의한다. 이 문제는 그 후에 알란 리드Alan Read의 『연극과 일상생활 *Theatre and Everyday Life*』(1993)과 같은 책에서 좀 더 깊이 있게 탐구되고 있음을 볼 수 있다.

이 책의 말미에 붙인 '부록'은 하나의 공동체 사회 속에서 제의와 연극이 차지하는 문화적 위상을 다루고 있는 글로서, 터너는 이 글에서 하나의 문화 공동체는 제의와 연극을 통해서 그 공동체의 '틀flam'을 형성하고 '흐름flow'을 만들어내며, 여러 가지 사회적인 문제들을 '반성reflection'함으로써 그 공동체를 안정시키고 유지·보전해 나아가고, 때로는 변화·혁신해 나아갈 수 있다는 생각으로 향하고 있다.

이 책은 비교적 분량이 많은 책은 아니지만, 문장이 매우 길고 복잡할 뿐만 아니라, 문체가 까다롭고 복합적이며, 워낙 방대한 지식과 체험을 바탕으로, 인류가 축적해온 학문의 대해를 종횡 무진하는 성격이 강하기 때문에, 이상과 같은 요약은 오히려 이 책의 참된 실질을 왜곡하는 길이 될 수도 있을 것이다.

그만큼, 이 책은 꼼꼼한 독서를 요구하는 책이다. 아무쪼록, 이 번역서가 그런 오도誤道에로의 잘못된 안내가 아니라, 터너의 안내를 따라 우리 삶의 도저한 깊이와 궁극의 진실에로 인도하는 계기가 되기를 바랄 뿐이다.

끝으로, 여기서 꼭 덧붙이고 싶은 것은, 이 책을 함께 우리말로 옮긴 나의 존경하는 스승 고 소석素石 이기우 선생님에 관한 것이다. 선생님은 2007년에 세상을 떠나셨다. 돌이켜 보니, 벌써 그동안 7년이란 세월이 흘렀다. 인류의 역사와 사상과 문화와 예술 속에서, 선생님과 함께 대화를 나누던 그 시절이 내겐 학문적으로 가장 행복한 시절이었다. 또 언제, 어디서, 그런 복된 나날을 체험할 수 있을 것인가.

어려운 출판계의 사정에도 불구하고, 이 책이 다시 세상의 빛을 보게 해주신 민속원의 홍종화 사장님, 그리고 이 어려운 책의 편집과 교정을 맡아 애써주신 편집부 여러 관계자 분들께도 깊은 감사를 드린다.

단기 4347년/서기 2014년 6월 30일

전주에서, 공동역자를 대신해서,

김익두 씀.

찾아보기

ㄱㅏ

ㄴㅏ · ㄷㅏ · ㄹㅏ

ㅁㅏ · ㅂㅏ

ㅅ·ㅇ

자 · 차 · 카

타·파·하